本书得到华南师范大学"211工程"经济学重点学科经费资助

Zhongguo quan yaosu shengchanlv zengzhang yu renli ziben xiaoying yanjiu

中国全要素生产率增长与人力资本效应研究

◆ 魏下海 著

人民出版社

责任编辑:邵永忠
封面设计:徐　晖

图书在版编目(CIP)数据

中国全要素生产率增长与人力资本效应研究/魏下海 著.
　-北京:人民出版社,2012.10
ISBN 978－7－01－011092－9

Ⅰ.①中…　Ⅱ.①魏…　Ⅲ.①中国经济–经济增长–研究　Ⅳ.①F124

中国版本图书馆 CIP 数据核字(2012)第 176578 号

中国全要素生产率增长与人力资本效应研究

ZHONGGUO QUANYAOSU SHENGCHANLV ZENGZHANG
YU RENLI ZIBEN XIAOYING YANJIU

魏下海　著

人民出版社 出版发行
(100706　北京市东城区隆福寺街99号)

环球印刷(北京)有限公司印刷　新华书店经销

2012 年 10 月第 1 版　2012 年 10 月北京第 1 次印刷
开本:710 毫米×1000 毫米 1/16　印张:11
字数:200 千字　印数:0,001-2,000 册

ISBN 978－7－01－011092－9　定价:28.00 元

邮购地址 100706　北京市东城区隆福寺街 99 号
人民东方图书销售中心　电话 (010)65250042　65289539

序

　　无论人们如何看待和评价经济增长对于人类发展的意义,经济增长一直都是世界各国不可或缺的生存条件、实力基础和发展手段。随着人类经济形态从工业化到信息化,从国际化到全球化的历史变迁,推动经济增长的引擎在不断地"更新换代"。经济增长也是经济学经久不衰的研究课题,从亚当·斯密到新古典经济学再到新增长理论,经济学家们不懈地探求着经济增长的源泉,力图为世界各国经济增长的实践提供理论上的解释和指引。改革开放以来中国在经济上的卓越表现,以及对中国未来经济增长前景的关心,再一次把研究者们注意力吸引到经济增长的源泉上来。在此时此刻,我很高兴看到魏下海博士的这部学术著作问世。

　　人民是创造历史的真正动力。人类社会任何形式的发展都是靠人的发展所推动,都是人的发展结果,经济增长也不例外。魏下海博士的研究为我们清晰地展现出这一历史发展的逻辑。在本书中,魏下海博士把人力资本视为全要素生产率的决定性因素,运用数据包络分析、随机前沿分析和空间关系分析等计量经济学分析模型,全面、细致地描述了中国分省和分区域的全要素生产率动态演进过程与特点,揭示了人力资本影响全要素生产率的作用机制。更为可贵的是,他的研究发现了人力资本影响全要素生产率的三个效应,即人力资本不平等的差别效应、人力资本的空间溢出效应和人力本效能的门槛效应。这一研究发现深化了我们对全要素生产率变化规律的认识,扩展了我们对人力资本与经济增长关系的理解,是对人力资本理论和经济增长理论的一个重要贡献。除此之外,这部著作的其他学术见解,以及丰富的信息量、宽阔的研究视野、计量经济学方法的科学运用等等,相信都会给读者留下深刻的印象。

　　在当今世界,经济增长已经进入了全要素生产率驱动的时代。全要素生产率不仅决定着经济增长的速度,同时也决定着经济发展的质量。尽管构成全要素生产率的全部因素还有待于进一步揭示,但可以肯定的是,作为推动当代经济增长的新引擎,其核心结构是技术创新和制度创新,而这个结构得以构造和运行的基础是人力资本。在这个意义上讲,人力资本是推动经济增长的终极力量。在经历了 30 年经济高速增长之后,中国能否延续经济增长的奇迹,能否在新一轮的全球经济竞争中取胜,关键也在于对这一新引擎的全力打造。这将是一个重大的挑战,因为中国以往全要素生产率的表现并不尽如人意;这将是一个重大的机遇,因为中国拥有丰富的人力资本投资基础。

　　投资于人,乃制胜之道。

李建民

2012 年 8 月 21 日于南开园

目　录

绪论

改革开放以来,中国经济高速发展,创造了人类经济增长历史上的"奇迹",令世界瞩目,吸引了众多学者的广泛关注和研究兴趣。作为探寻经济增长源泉和评价经济增长质量的主要工具,全要素生产率很自然地成为被深入讨论的焦点,由此形成了许多具有代表性的研究成果。无疑,这些研究成果对于本书的进一步研究具有重要的启示和参考价值。然而,本书并不仅仅停留在有关中国全要素生产率增长核算这一问题上,而是对全要素生产率增长的决定性因素——人力资本的影响效应投以更多的关注。从理论上讲,人力资本作为知识和技术进步的载体,是决定全要素生产率增长的最重要因素,它影响全要素生产率增长主要通过两条途径:一是人力资本通过决定一国国内的技术创新,即创造适宜于本国生产的新技术而直接影响生产率增长;二是人力资本会影响一国技术追赶和扩散的速度,从而影响生产率增长(本哈比和斯皮格尔,1994)。那么在真实的经济世界里,人力资本与全要素生产率增长之间的关系又是如何呢?人力资本的生产率增长效应究竟还有哪些重要的表现特征呢?对于诸如此类问题的解答,有助于我们更为深刻地理解人力资本对全要素生产率增长的影响效应。

本书共分七章:第一章对所要研究的问题进行说明;第二章对相关理论和文献资料进行回顾与综述;第三章是实证分析之一,对中国省际全要素生产率增长进行测算与分解;第四、五、六章为实证分析之二,分别从不同角度考察人力资本对全要素生产率增长的影响效应;第七章为本书的基本结论和政策启示,并对下一步研究方向进行说明。本书的实证发现主要有以下几点:

第一,全要素生产率增长的分解表明,技术进步支撑我国全要素生产率增长,而效率增进贡献不足。从区域上看,各地区全要素生产率增长时间模式的变化特征基本一致,但始终保持相当差距,表现出东—中—西梯次下降的特征。

第二,基于本哈比-斯皮格尔(Benhabib-Spiegel)模型,分别考察人力资本平均水平、人力资本异质性对我国各省份全要素生产率增长的影响。作为模型拓展之一，实证检验人力资本不平等与全要素生产率增长之间的关系。结果表明，人力资本对全国整体的全要素生产率增长以及技术进步具有积极影响；不同教育水平人力资本的增长效应存在差异，其中，高等教育的增长效应最大，中等教育次之，小学教育的作用最小且不显著；东、中、西部地区人力资本对全要素生产率增长的作用具有鲜明的区域差异性。此外，基于中国的数据验证了人力资本不平等与全要素生产率增长之间存在长期稳定的关系，而且这种关系是显著负相关。

第三，在区域经济一体化日益加深的今天，不同地区间的相互影响相互依赖是普遍存在的，基于空间本哈比-斯皮格尔模型，本书实证检验了人力资本的空间溢出效应。结果表明，作为整体的人力资本对全要素生产率增长和技术进步具有显著的正向空间溢出，而对效率增进则是负向溢出；分不同教育水平考察，中等教育人力资本对全要素生产率增长和技术进步都具有显著的正向空间溢出，而高等教育则表现出负向空间溢出。

第四，某一地区人力资本效应的发挥离不开该地区特定的经济环境，诸如一地区的经济发展水平、对外开放程度、物质资本积累、基础设施建设以及城市化水平等变量都会在一定程度上影响人力资本的增长效应，而且这种影响表现出一定的门限特征。从结果看，当变量跨越对应的高门槛水平时，人力资本的影响系数较大。那些跨越高门槛水平的省份大多来自东部发达地区，尚未跨越门槛水平的省份则主要来自中部尤其是西部落后地区。

针对以上基本结论，本书得到几点相应的政策启示：加强人力资本积累，改善人力资本不平等，提高我国整体技术创新和技术吸收能力；重视地区间的经济联动，充分利用人力资本空间溢出效应；重视人力资本与其他经济环境变量的互补匹配关系；建立和发展我国人力资本市场，促进人力资本效应充分发挥。

第一章　导论

第一节　本书研究背景及意义

就现实背景而言,改革开放以来,中国经济高速发展,创造人类经济增长历史上前所未有的奇迹。数据显示,中国的国内生产总值(GDP)从 1978 年的 3645 亿元增长到 2009 年的 684.8 万亿元(不变价),32 年间增长近 19 倍。目前中国经济总量的全球排名已跃升到第 2 位,仅次于美国。中国的经济增长奇迹引发了不少国内外学者浓厚的研究兴趣,由此产生了大量有关于中国经济增长源泉的研究成果。作为探索增长源泉与度量增长质量的主要工具,全要素生产率理所当然成为被讨论的焦点,但迄今为止,这些研究文献尚未得到完全一致的结论。比如世界银行(World Bank,1997)研究表明,全要素生产率(TFP)是中国经济增长的最主要来源(1978 ~ 1995 年);而埃尔维恩·杨(Young,2000)则认为全要素生产率增长对于中国经济增长的贡献份额相当有限,中国经济表现出一种高增长、低效率的增长模式。不同学者的研究结论可谓见仁见智。那么,中国何以实现如此之快的经济增长? 其经济增长质量又是如何呢? 对于诸如此类问题的深入探讨对中国制定宏观经济持续增长政策具有重要意义。

根据经济增长理论,现代经济增长更主要的是依赖于全要素生产率增长,而人力资本作为知识和技术进步的载体,是促进全要素生产率增长的决定性因素,是推动发展中国家走向发达的"强劲引擎"。近些年来,伴随着国民经济的快速发展,我国人力资本积累得到一定程度的提高,然而相比发达国家甚至于一部分发展中国家,人力资本水平依然不容乐观。比如按每万名劳动力中研究与开发(R&D)人员数进行国际比较,我国企业只是日本、德国的 1/10。专业人力资本匮乏、发展滞后严重制约了我国研发创新能力的提升。从人均专利拥有量来看,我国仅是韩国的 1/3,美国的 1/100①。这种低水平的人力资本积累在很大程度上源于较少的教育投入和研发投入。从政府教育经费占 GDP 比重的国际比较看,2003 年经济发达国家(经济合作与发展组织成员国)的政府教育经费占 GDP 的平均比例高达 5.5%,发展中国家的平均比例已达到 4.2%,而我国 2005 年政府教育经费仅占到 GDP 的 2.83%(胡瑞文,2007)。而就研发人员的人均 R&D 经费排名而言,2004 年美国研发人员的人均经费为 14.47 万美元,瑞士高达 20.16 万美元,而我国只有 2.06 万美元,低于墨西哥(4.42 万美元)、巴西(3.51 万美元)和匈牙利(3.71 万美元)②。在新的经济形势下,提高人力资本积累、增强我国技术创新和技术吸收能力,从而促进我国全要素生产率增长、实现经济持续稳定增长是本研究的一个重要现实背景。

就研究背景而言,自索洛新古典增长模型以来,尤其是罗默(Romer,1986)和卢卡斯(Lucas,1988)创立的内生增长理论以来,有关全要素生产率的研究取得了重大发展。理论认为,全要素生产率对一国经济增长和经济发展具有核心作用,而在诸多影响全要素生产率增长的因素中,人力资本是最为关键的因素。本哈比和斯皮格尔(Benhabib and Spiegel,1994)强调,人力资本影响全要素生产率增长主要通过两条途径实现:一是人力资本决定一国的技术创新能力而直接影响一国全要素生产率增长(罗默,1990);二是人力资本水平影响一国的技术追赶和技术扩散速度(纳尔逊和菲尔普斯,1966)。毫无疑问,这一独到的理论观点对于后续的研究提供了重要启示。然而值得注意的是,本哈比和斯皮格尔(Benhabib and Spiegel,1994)仅仅将人力资本视为均一,即研究作为平均整体的人力资本如何对全要素生产率增长产生影响,而没有考虑到人力资本异质性的影响。事实上,异质型人力资本往往具有不同的技术创新和技术吸收能力,因而其对生产率增长的影响是存在差异的。正是基于这种考虑,范登伯斯奇等(Vandenbussche et al. ,2006)、华萍(2005)、彭国华(2007)等学者实证检验了不同教育水平人力资本对全要素生产率增长的影响。从某种意义上讲,不同教育水平人力资本在整体中所占的比重反映了人力资本结构特征,常用人力资本不平等程度来度量,而人力资本不平等程度又可能通过某种传导机制影响全要素生产率增长。可以说,本哈比-斯皮格尔模型至少在这方面值得进一步拓

① 国家科学技术部、科技日报社论:《强化企业主体地位——七论提高自主创新能力》[EB/OL]. http://www. most. gov. cn/gnwkjdt/200511/t20051101_25815. htm。

② 宋卫国、杨起全、高昌林:《正确认识我国研发人力资源》[EB/OL]. http://www. sts. org. cn/fxyj/zcfx/documents/2007122701. htm。

展。此外,由于区域一体化进程不断加快,地区间的相互依赖相互影响日益加深,人力资本与全要素生产率增长之间可能存在一定的空间溢出效应。同时考虑到人力资本效应的发挥离不开特有的经济环境,比如经济发展水平、对外开放程度、物质资本积累、基础设施建设以及城市化水平都会在一定程度上影响人力资本的增长效应,而且这种影响可能表现出非线性的门限特征。显然对于此类问题,是值得深入研究的。

总的说来,全要素生产率问题是研究中国经济可持续增长的核心问题(郑京海,2008),中国富强的关键在于全要素生产率的提高(德怀特·珀金斯,1988)。运用生产率分析工具,由此探寻增长源泉,不仅对企业的发展有着重大指导作用,而且也为政府制定宏观经济的长期稳定增长政策提供了强有力的理论武库(李京文、钟学义,2007)。进一步地讲,从理论上厘清人力资本对全要素生产率作用机制,并从实证角度检验人力资本对中国省际全要素生产率增长效应,不仅可以大大地丰富相关的经济学理论,而且能够为各地区经济发展提供切实可行的政策建议。

第二节　本书研究思路与结构安排

一、研究思路

本书在回顾相关经济理论和分析经验文献的基础上,以全要素生产率增长和人力资本效应这一核心问题作为切入点,探讨中国经济增长问题。旨在回答如下几个主要问题:

1. 中国省际历年全要素生产率增长情况究竟如何? 本书首先运用数据包络分析方法和随机前沿分析方法来测算中国各省份历年全要素生产率增长,并分解为技术进步和技术效率两个部分。在此基础上,进一步比较采用不同测算方法所得结果的异同,以此对中国全要素生产率动态演进给予清晰地描述。

2. 人力资本促进全要素生产率增长的作用机制在中国是否成立? 异质型人力资本影响效应会是如何? 人力资本不平等与全要素生产率增长之间会存在怎样的关系? 本书首先借鉴经典的纳尔逊-菲尔普斯理论与本哈比-斯皮格尔模型,利用我国29个省份1990~2007年面板数据,实证检验人力资本平均水平以及不同教育类型人力资本对全要素生产率增长的影响。此外,考虑到不同教育水平人力资本在整体中所占比重直接影响人力资本分布结构特征,而人力资本分布结构特征多采用人力资本不平等程度来表示。因而一个很自然的问题就被提出:现阶段我国各省人力资本不平等状况究竟如何？人力资本不平等到底会对全要素生产率增长产生怎样的影响？带着这些问题，我们首先梳理人力资本不平等影响全要素生产率增长的传导机制，利用中国省际数据进行实证检验。这在国内相关主题研究中尚属鲜见。

3.在真实世界里，人力资本对全要素生产率增长是否存在空间溢出效应？不同类型人力资本的空间溢出效应究竟有何差异？这些问题是我们所感兴趣的，也是我们需要去解答的。本书采用较为前沿的空间计量分析方法，将空间因素纳入到经济模型中，分别采用3种不同的空间权重矩阵设定实证检验人力资本对全要素生产率增长的空间溢出效应。可以说，从空间溢出效应这一全新的视角考察人力资本与全要素生产率增长关系，有助于我们更为深刻全面地理解人力资本的影响效应，对于区域间人力资本投资政策的制定具有重要的现实意义。

4.人力资本的增长效应是否存在"门限特征"？从现实来看，人力资本对全要素生产的增长效应离不开特定的经济环境，而且人力资本的增长效应会随着经济环境变化而变化，甚至呈现出一定的规律性特征。正是基于这种初步判断，本书运用最新发展的门限回归计量方法，分别选取经济发展水平、对外开放程度、物质资本积累等7个指标作为门槛变量，估计出各个指标变量的具体门槛值（Threshold Value），并考察不同区制下人力资本增长效应的差异。本研究的技术路线见图1.1。

二、结构安排

根据研究思路及技术路线，本书共包括七章内容，具体安排如下：

第一章为导论。主要阐述选题背景与意义、研究思路与内容、研究方法、样本数据说明及本书创新点。

第二章为理论回顾与文献综述部分。对全要素生产率及人力资本等相关概念进行界定，对重要经济理论加以厘清，对经验文献归纳整理，以此确定本研究的切入点，为实证分析部分提供理论依据，也为实证结果的解释做好必要的理论铺垫。

第三章为实证分析之一，主要是测算中国省际全要素生产率增长情况。本章以省际面板数据为基础，分别采用数据包络分析方法和随机前沿分析方法，测算历年我国各个省份全要素生产率增长变动，并对测算结果进行判断和甄选，为下文实证分析做准备。

第四、五、六章为实证分析之二，分别从不同角度分析人力资本对全要素生产率增长的影响效应。具体而言，第四章，首先在基本模型下分析人力资本及人力资本各组成部分对全要素生产率增长的影响，接着进一步分析人力资本不平等与全要素生产率增长之间的长期均衡关系；第五章，分别采用3种不同的空间权重矩阵设定，

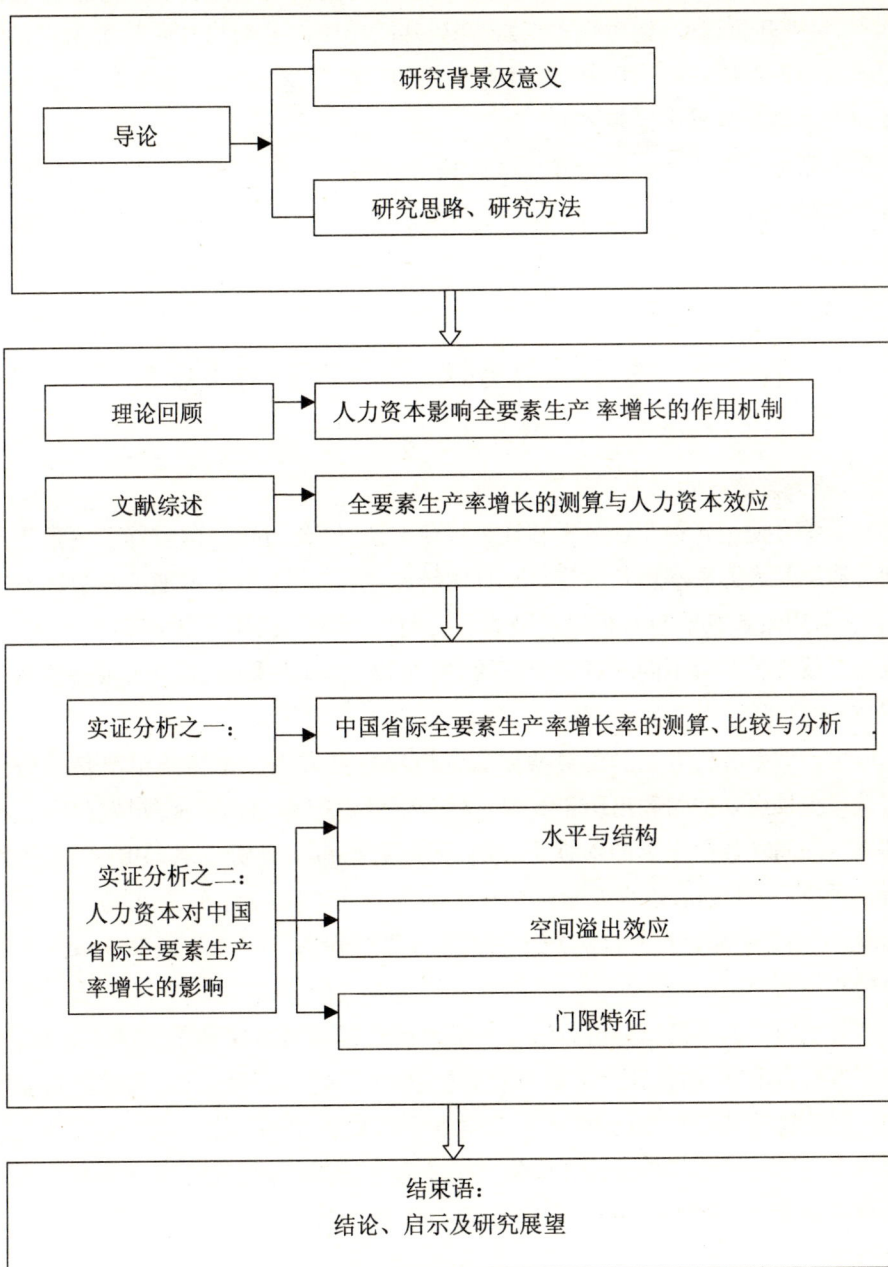

图 1.1 技术路线图

实证检验了人力资本对全要素生产率增长的空间溢出效应;第六章,分别就经济发展水平、对外开放程度、物质资本积累情况、基础设施以及城市化水平等因素考察人力资本对生产率增长的门限特征,并对具体的门槛值进行估计和检验,为各地区制定相应的经济政策提供经验依据。

第七章为本书的基本结论及下一步研究方向。本章主要结合前文的理论和实证分析结果,得出一些有意义的结论和政策启示,并对本书的不足及下一步研究方向进行说明。

第三节　本书研究方法、样本数据与主要变量

一、研究方法

本书综合使用各种实证分析和计量检验方法,研究历年我国省际全要素生产率的动态演进及人力资本增长效应。在具体研究过程中,本书尽可能地吸收已有方法的优点,采用最新发展的面板协整技术、空间计量分析、门限面板回归等方法,从而发现与以往文献有所不同或者未曾有的"发现"。本书所采用的方法、模型及软件主要包括:

1. 生产效率分析方法。测算我国省际历年全要素生产率增长情况是我们研究的起点。为了更好地勾勒出历年我国省际全要素生产率的动态演进情况,我们在相同的样本期间和数据来源的前提下,综合采用数据包络分析方法(DEA)、随机前沿分析方法(SFA)对各省份全要素生产率变动进行基础性的测算,并考虑到中国适用性问题,对测算结果进行判断和甄选。具体计算过程由 DEAP 2.1、Frontier 4.1 等效率分析软件实现。

2. 常规面板数据模型分析方法。由于面板数据兼具时序和个体两个维度,不仅增加了数据自由度,而且综合了截面间信息,相对于时间序列分析,其优势是显而易见的。我们首先基于本哈比-斯皮格尔模型分别采用固定效应模型(FE)和随机效应模型(RE)进行估计,并通过统计检验对模型进行选择,以此分析人力资本及各组成部分对全要素生产率增长的影响。常规面板数据模型的估计过程由软件 STATA 10.1 实现。

3. 面板协整(Panel Cointegration)分析技术。作为面板数据最新发展的分析方法之一,面板协整分析能够帮助我们揭示人力资本不平等与全要素生产率增长之间的长期关系,并且可以估计出人力资本不平等的影响系数。在具体估计过程中,分别

采用 OLS、FMOLS 和 DOLS 三种估计方法,并作选择。估计过程分别由 Eviews 6.0 和 Gauss 9.0 软件实现,其中,四种面板单位根检验由软件 Eviews 6.0 实现,面板协整参数估计则调用了由 Min-Hsien Chiang 和 Chihwa Kao 编写的 NPT1.3 程序包,计算过程由软件 GAUSS 9.0 实现。

4.空间计量(Spatial Econometrics)分析方法。为了考察人力资本是否存在空间溢出效应,我们采用空间计量分析方法。首先运用空间统计分析莫兰(Moran)指数法检验人力资本是否存在空间自相关性,如果存在,在空间本哈比-斯皮格尔模型的基础上分析人力资本及各组成部分对全要素生产率增长空间溢出效应。估计过程由软件 STATA 10.1 和 Matlab 7.0 实现。

5.门限面板模型(Threshold Panel)回归方法。人力资本与全要素生产率增长可能因为地区经济发展水平、对外开放程度以及物质资本积累等方面的差异而表现出非线性的门限特征。为了避免人为划分区间所带来的偏误,我们采用 Hansen 发展的门限面板回归方法,对各经济变量影响人力资本增长效应的门槛水平进行具体估计和检验。计算过程由软件 STATA 10.1 实现,并调用相关的门限面板回归程序。

二、样本数据

本研究所使用的中国省际面板数据主要来源于如下公开出版的书籍(或电子版)以及各种数据库等:

(1)《中国统计年鉴》,国家统计局,中国统计出版社,历年。

(2)《新中国五十年统计资料汇编》与《新中国五十五年统计资料汇编》,国家统计局国民经济综合统计司,中国统计出版社,1999 年版与 2005 年版。

(3)《中国国内生产总值核算历史资料:1952~1999》,国家统计局国民经济核算司,东北财经大学出版社,1997 年版;《中国国内生产总值核算历史资料:1996~2002》,国家统计局国民经济核算司,中国统计出版社,2004 年版。

(4)中国各省、直辖市、自治区统计局编辑,由中国统计出版社出版的省、直辖市、自治区统计年鉴。本研究搜集了中国各省区市 2008 年统计年鉴的电子版。

(5)其他专业统计年鉴:《中国人口和就业统计年鉴》,国家统计局人口与就业统计司编,中国统计出版社,历年;《中国固定资产投资统计年鉴》,国家统计局固定资产投资统计司编,中国统计出版社,历年;《中国科技统计年鉴》,国家统计局和科学技术部,中国统计出版社,历年,《中国贸易外经统计年鉴》,国家统计局,中国统计出版社,历年。

(6)中国各省区市 1990~2001 年人均受教育年限数据来自于陈钊等(2004)计

算结果。

(7)《新编实用交通地图册2006》,北京:中国地图出版社,2006年版。

此外,我们还充分利用学校图书馆各类数据库资料,包括:中国资讯行数据库、中国财经报刊数据库、CCER经济金融数据库等。

三、主要变量

主要宏观经济变量指标包括[①]:全要素生产率增长率、技术进步率、技术效率变动率、人力资本平均水平、人力资本不平等程度、实际GDP总额、实际人均GDP、物质资本存量、实际固定资本投资、积累率、劳动投入、劳动增长率、非国有经济占比、政府规模、贸易开放度、FDI、基础设施、城市化水平以及研发创新等变量。

第四节　创新点

第一,采用面板协整分析方法,实证检验人力资本不平等与全要素生产率增长之间长期稳定关系。基于经典的本哈比-斯皮格尔模型,众多文献从人力资本的平均水平及不同组成部分考察其对全要素生产率增长的影响,而未进一步研究人力资本不平等与全要素生产率增长之间的关系。事实上,人力资本不同组成部分在整体中所占比重直接影响人力资本分布结构特征,而人力资本分布结构特征多采用人力资本不平等来表示。因此一个问题就被自然而然地提出来:人力资本不平等究竟会对各地区全要素生产率增长产生怎样的影响?其传导机制又是如何?显然,对于这一问题的思考,有助于深化对人力资本与全要素生产率增长之间关系的认识,并为各地区人力资本投资提供政策启示。

第二,采用空间计量分析方法,实证考察人力资本对生产率增长的空间溢出效应,这在国内文献尚未见到。由于目前国内多数文献均将各个省区视为相互独立的经济体进行研究,而忽视了人力资本和生产率增长在地理空间上的依赖性和溢出效应。考虑到区域经济一体化进程日益加快的今天,地区之间的经济联系是普遍存在的,本书将空间相关性这一因素纳入经济模型,分别在地理距离权重矩阵、0-1权重矩阵和经济距离权重矩阵3种不同形式的空间权重矩阵设定下,实证检验人力资本对全要素生产率增长、技术进步以及效率增进的空间溢出效应,以更为全面客观地

---

① 关于本研究所使用宏观经济变量的详细说明可进一步参考第三章和第四章内容。

反映经济现实,并对现有的国内研究作进一步拓展与补充。

　　第三,采用较为前沿的门限回归计量方法,实证检验人力资本的生产率增长效应的门限特征。具体而言,分别从经济发展水平、对外开放程度、物质资本积累情况、基础设施及城市化水平等方面对人力资本增长效应的门槛水平进行了具体测算,并分析不同区制下人力资本影响效应的变化规律。

第二章 理论回顾与研究综述

全要素生产率(Total Factor Productivity, TFP)究竟度量什么？如何度量？其内在机制又有何表现？这些问题是本书的研究起点。我们通过对有关概念、方法、理论观点的简要回顾，来对这些问题进行回答。

第一节 全要素生产率与人力资本的界定与度量

一、全要素生产率的概念界定与度量方法

根据《新帕尔格雷夫经济学大辞典》给出的定义,生产率(Productivity)是指产出的某种度量与所用投入的某种指数之比。这样一种度量的意义和性质依赖于它的成分的定义和性质,并且依赖于具体的公式和把各分量加总成一个产出或者一个投入指数所用的相关权数。经济学家们更倾向于认为,生产率度量了一个经济(或行业或厂商)在生产商品和服务时所用的技术的现有状态,并希望把这样一种度量的变化解释成为"技术进步",即生产可能性前沿的移动。因此,人们往往更关注于另一种形式的"全要素生产率"。从上述定义来看,生产率包含多重含义(单要素生产率和全要素生产率),这就要求在使用"生产率"这一术语时谨慎小心,以免混淆①。比如劳动生产率(Labour Productivity)就是属于单要素生产率,它用于描述每一工人的产出或者每个工时的产出,而不是劳动扩大型的生产率度量。而全要素生产率的概念是用来度量生产的所有投入要素的综合效果。全要素生产率的变化,与投入的变化区别开来,代表了所有投入扩大型的技术改进的联合效应以及希克斯中性的技术变化的效应(E. 赫尔普斯,2007)。从传统意义来看,全要素生产率增长常常被视

---

① 为了行文方便,除非特别说明,下文中凡是出现"生产率"字眼皆表示全要素生产率。

为技术进步的指标。

全要素生产率分析不仅是探寻经济增长原因的主要工具,而且是判断评价经济增长质量的主要方法。这牵涉到资源配置及其利用效率、单要素生产率的增长以及全要素生产率增长率等研究,其中全要素生产率增长率的测算是生产率分析的中心内容(李京文、钟学义,2007)。早在1928年,美国数学家柯布(C. W. Cobb)和经济学家道格拉斯(P. H. Douglas)一起提出著名的Cobb-Douglas生产函数(简称C-D生产函数),用以描述生产过程中投入—产出的技术关系。时隔近20年之后,索洛(R. Solow,1957)在全要素生产率的度量上做出了早期的最重要贡献。他在规模报酬不变、希克斯技术中性以及利润最大化等假设条件下,推导出增长方程,进而估算出"增长余值"(等于产出增长率扣除资本和劳动增长率的加权和之后的余值,即为全要素生产率增长率)。具体而言,索洛通过计算了美国非农业私营部门20世纪上半叶的全要素生产率增长情况,发现全要素生产率的增长解释了产出增长率的80%。依此判断,他断言全要素生产率的增长是美国经济增长的主要源泉。1961年,丹尼森(Edward F. Denison)继续沿用Solow余值法,不仅测算出总投入和全要素生产率对经济增长的贡献,而且又把总投入和全要素生产率分为若干因素,并对这些因素进行了详尽的定量分析。具体来说,丹尼森利用美国1905~1957年的历史数据,首先估算出资本和劳动力报酬占国民经济收入比重、国民收入的年均增长率、资本和劳动力的年均增长率,然后将估算值代入增长核算的公式。研究结果表明:在美国年均2.9%的经济增长率中,有1.575%来自于资本和劳动力数量的增加,剩下1.325%的部分来源于全要素生产率的变化,表明全要素生产率增长贡献了47%份额,接近于一半。1967年,乔根森和格瑞利奇斯(Jorgenson and Griliches,1967)采用超越对数生产函数,并在部门和总量两个层次对全要素生产率增长率进行测算。他们的测算结果与索洛和丹尼森的结果有较大差异:1950~1962年间,美国私人部门国内总产出的年均增长率为3.47%,其中要素投入贡献大约70%,全要素生产率增长仅贡献30%。

尽管结论有所差异,但这一时期的研究都毫无例外地将全要素生产率增长等同于技术进步。从这个意义上讲,厂商在生产过程中的技术是充分有效的。然而正如法雷尔(Farrell,1957)所指出:并不是每一个厂商都是充分有效的,大部分厂商的实际生产效率与最优生产效率总会存在一定差距,即存在技术无效率(Technical Inefficiency)。基于这一思想,爱格纳和朱(Aigner and Chu,1968)提出确定性生产前沿,认为所有偏离生产前沿的因素都来自于技术无效率,由此将全要素生产率变动分解为技术进步(Technology Change)和技术效率变动(Technical Effeciency Change)两个部分,前者指的是生产前沿本身的移动,后者是指实际生产点向生产可能性边界的移动,二者具有完全不同的政策含义。确定性生产前沿方法的提出,大大地拓宽了人们的分析视野,使人们对全要素生产率及经济增长源泉有了进一步的认识。然而在现实经济活动中,厂商的生产行为也会受到一些随机因素的干扰,从而影响技术效率。正是基于这种考虑,有爱格纳,洛弗尔和施密特(Aigner, Lovell and Schmidt, 1977)以及米奥森和布鲁克(Meeusen and Broeck, 1977)随后分别独立地提出随机前沿分析方法(Stochastic Frontier Analysis),他们在确定性前沿的基础上引入一个表示统计噪声的随机干扰项,以描绘厂商的实际生产活动。后来一些学者如施密特和西可勒斯(Schmidt and Sickles, 1984)、奎哈卡等人(Kumbhhakar et al. ,1991、2000)、鲍尔(Bauer, 1990)以及巴蒂斯和科埃利(Battese and Coelli, 1992、1995)不断跟进研究,进一步丰富了全要素生产率分析的主题内容。应该说,随机前沿分析作为一种研究全要素生产率变动的参数估计方法,正逐渐被越来越多的文献所采用。考虑到随机扰动项的影响,随机前沿分析对生产函数和随机扰动项的概率分布做了事先的设定,会对回归结果造成一定影响。

另一种生产前沿方法是以数据包络分析(Data Envelopment Analysis, DEA)为基础的非参数方法。数据包络分析方法是运筹学的新的研究领域,最早由美国运筹学家查恩斯(A. Charnes)、库珀(W. W. Cooper)和罗兹(E. Rhodes)在1978年提出的。它是直接基于一组特定的决策单位(DUM)的数据而不是某种特定的函数形式来界定生产前沿的,某个决策单位的实际生产点与最优生产前沿的距离即反映了这一决策单位的无效率。1994年,费尔等人(Färe et al.)提出用于表示全要素生产率增长率的曼奎斯特(Malmquist)指数,利用谢发德(Shephard)距离函数(Distance Function)将全要素生产率变动拆分为技术进步和技术效率变动两个部分。库马尔和罗素(Kumar and Russell, 2002)基于数据包络分析方法将生产率增长分解为资本积累、效率改善和技术进步各自的贡献,并分别研究这三个组成部分对生产率分布演进的单独效应。作为一种非参数的生产前沿方法,DEA方法具有其他方法所无法比拟的优势,比如不需要设定具体的生产函数形式,不需要特定的行为和制度假设,也不要求对无效率分布作先定假设等。当然DEA方法也有局限性,突出表现在于假设不存在随机误差的影响,由于忽略潜在的偏误,随机扰动可能包括到无效率方程的估计中,特别是如果处于效率边界上的决策单位存在随机扰动,就会影响所有决策单位的效率估计(郝睿,2006)。

下面我们就全要素生产率增长率的度量方法做简要回顾,常见有如下几种方法:

1. 生产函数法

生产函数是表示投入和产出之间关系的函数。其严格的叙述是："生产函数是一种技术关系,被用来表明每一组具体投入品(即生产要素)所可能生产的最大产出量。在每一种既定的技术条件下,都存在着一个生产函数"。生产函数具有多种不同的形式,因而采用不同形式生产函数得到的全要素生产率增长率会表现出不同特点。常见的生产函数形式有如下几种[①]:

(1)柯布-道格拉斯(Cobb-Douglas)生产函数(简称 C-D 生产函数)

C-D 生产函数的形式为:

$$Y = AK^\alpha L^\beta$$

其中,Y,K,L 分别表示总产出、资本投入和劳动投入,α 和 β 分别表示资本贡献额和劳动贡献额,A 为全要素生产率。在规模报酬不变和生产者均衡的条件下,满足:

$$\alpha = \frac{\partial Y/Y}{\partial K/K}, \ \beta = \frac{\partial Y/Y}{\partial L/L}, \ \alpha + \beta = 1 \tag{2.1}$$

那么由此得到的全要素生产率增长率为:

$$\frac{\dot{A}}{A} = \frac{\dot{Y}}{Y} - \alpha \frac{\dot{K}}{K} - \beta \frac{\dot{L}}{L} = \Delta TFP \tag{2.2}$$

(2)不变弹性生产函数

不变弹性(Constant Elasticity of Substitution, CES)生产函数的基本形式为:

$$Y = A\left[\delta L^{-\rho} + (1 - \delta)K^{-\rho} \right]^{-\mu/\rho} \tag{2.3}$$

其中,μ 表示规模报酬参数,δ 表示分配系数,ρ 以 $1/(1 + \rho)$ 形式表示替代弹性。CES 生产函数不仅可以表示出产出对单要素的产出弹性和规模报酬,而且可以表示出独立的替代弹性和分配参数。比较而言,CES 生产函数比 C-D 生产函数更具丰富的经济涵义。

在生产者均衡的条件下,满足:

$$\frac{w}{r} = \frac{\delta}{1 - \delta}\left(\frac{L}{K} \right)^{-(\rho+1)} \tag{2.4}$$

其中,w 和 r 分别表示工资报酬和资本价格。对上式两边取自然对数,得:

$$\ln \frac{w}{r} = \ln \frac{\delta}{1 - \delta} - (\rho + 1)\ln\left(\frac{L}{K} \right) \tag{2.5}$$

[①] 有关生产函数法度量全要素生产率增长率的详细论述请进一步参考李京文、钟学义(2007)。

根据实际观测到的 w,r,L,K 数据,即可估计出 δ,ρ ,并将值代入:

$$\ln Y = \ln A + \mu\delta\ln L + \mu(1-\delta)\ln K - \frac{1}{2}\rho\mu\delta(1-\delta)(\ln L - \ln K)$$

$$\frac{\dot{Y}}{Y} = \frac{\dot{A}}{A} + \mu\delta - \frac{1}{2}\rho\mu\delta(\frac{\dot{L}}{L} - \frac{\dot{K}}{K}) \tag{2.6}$$

由此可以估计出全要素生产率增长率 $\frac{\dot{A}}{A}$ 的数值。

(3)超越对数生产函数

超越对数(Trans-logarithm)生产函数基本形式为:

$$\ln Y = \alpha_0 + \alpha_K\ln K + \alpha_L\ln L + \frac{1}{2}\beta_{KK}(\ln K)^2 + \beta_{KL}(\ln K \cdot \ln L) + \frac{1}{2}\beta_{LL}(\ln L)^2 \tag{2.7}$$

超越对数生产函数具有较强的包容性,它可以视为任何形式生产函数的二次泰勒近似。当 $\beta_{KK} = \beta_{KL} = \beta_{LL} = 0$ 时,超越对数生产函数就简化为 C-D 生产函数。在具体分析过程中,超越对数生产函数常常包含时间因素 t 。故

$$\ln Y = \alpha_0 + \alpha_K\ln K + \alpha_L\ln L + \alpha_t t + \frac{1}{2}\beta_{KK}(\ln K)^2 + \beta_{KL}(\ln K\ln L)$$

$$+ \beta_{Kt}(t\ln K) + \frac{1}{2}\beta_{LL}(\ln L)^2 + \beta_{Lt}(t\ln L) + \frac{1}{2}\beta_{tt}t^2 \tag{2.8}$$

由此得到全要素生产率增长率为

$$\frac{\partial\ln Y}{\partial t} = \alpha_t + \beta_{Kt}\ln K + \beta_{Lt}\ln L + \beta_{tt}t \tag{2.9}$$

2. 索洛增长核算法

索洛对全要素生产率的测度是基于一般生产函数在规模报酬不变、希克斯技术中性、市场完全竞争以及利润最大化的假设条件下进行的。假设生产函数一般形式为:

$$Y = F(K,L,t) \tag{2.10}$$

其中 t 表示时间,F 表示 K、L 与 Y 之间的函数关系,假定生产函数所表达的技术变化是通过时间 t 来体现的,将式(2.10)中的时间 t 提取出来,成为独立因子,即:

$$Y = A(t) \cdot f(K,L) \tag{2.11}$$

对式(2.11)两边同时取自然对数,再对时间 t 求导数,得:

$$\frac{\dot{Y}}{Y} = \frac{\dot{A}}{A} + \frac{\partial Y/Y}{\partial K/K} \cdot \frac{\dot{K}}{K} + \frac{\partial Y/Y}{\partial L/L} \cdot \frac{\dot{L}}{L} \tag{2.12}$$

利用国民核算体系(SNA)可以很容易计算出 $\dot{Y}/Y$、$\dot{K}/K$ 以及 $\dot{L}/L$ 的数据,但要

得到 $\dot{A}/A$(全要素生产率增长率),就必须得知 $\dfrac{\partial Y/Y}{\partial K/K}$ 和 $\dfrac{\partial Y/Y}{\partial L/L}$ 的数据,这两个参数分

别代表资本的产出弹性和劳动的产出弹性。在市场完全竞争和利润最大化条件下,
资本与劳动的产出弹性分别等于产出中资本与劳动所占份额。即

$$w_K = \frac{r \cdot K}{p \cdot Y} = \frac{\partial Y/Y}{\partial K/K} , \ w_L = \frac{w \cdot L}{p \cdot Y} = \frac{\partial Y/Y}{\partial L/L} \tag{2.13}$$

其中,p、r、w 分别表示产出、资本、劳动的价格。在满足生产规模报酬不变的情

况下,资本与劳动产出弹性之和等于 1,即 $w_K + w_L = 1$。通过国民核算体系可以直接

计算出资本与劳动的份额,因而,全要素生产率增长率 $A/\dot{A}$ 就可以直接计算得到。

3. 随机前沿分析方法(Stochastic Frontier Analysis,简称 SFA)

爱格纳和朱在 1968 年提出确定性生产前沿,认为所有偏离前沿的因素都来自于
技术无效率。基本思想表示如下:

$$y_{it} = f(x_{it})\exp(-u_{it}) \tag{2.14}$$

其中,y_{it} 表示厂商 i 在 t 时期的产出,x_{it} 表示要素投入,u_{it} 表示非负随机变量,
$\exp(-u_{it})$ 表示技术非效率(Technical Inefficiency)。

式(2.14)表示的是确定性生产前沿,因为 y_{it} 是以非随机(确定性)变量 $f(x_{it})$ 作
为上限。然而在现实中,厂商行为的实际观测值往往会受到随机扰动的影响。基于
这种考虑,爱格纳、洛弗尔和施密特(Aigner,Lovell and Schmidt,1977)以及米奥森和
布鲁克(Meeusen and Broeck,1977)分别独立地提出随机前沿分析方法(Stochastic
Frontier Analysis),即在确定性前沿的基础上引入一个表示统计噪声的随机干扰项,
以便能够准确地描述厂商的实际生产行为。随机前沿生产前沿模型表述如下:

$$y_{it} = f(x_{it})\exp(v_{it} - u_{it}) \tag{2.15}$$

式(2.15)除了添加表示统计噪声的对称随机误差项(v_{it})之外,该模型与式
(2.14)完全相同。这里的 v_{it} 即表示观测误差和其他随机因素(如天气、运气等不可
控的随机因素),通常假定服从零均值和不变方差的独立正态分布,即 $v_{it} \sim iid. N(0,$
$\sigma_v^2)$。由于实际观测的产出水平是以随机变量 $y_{it} = f(x_{it})\exp(v_{it})$ 为上限,所以式
(2.15)定义的模型被称为随机生产前沿。随机误差项(v_{it})可正可负,也就使得随
机前沿产出表现出围绕确定性部分 $f(x_{it})$ 上下波动的特征。厂商的技术效率可以通
过多次观测确定,一般将其定义为产出期望与随机前沿期望的比值,即,

$$TE = \frac{E[f(x)\exp(v-u)]}{E[f(x)\exp(v-u)\ u = 0]} \tag{2.16}$$

　　通过图例可以直观地表达随机生产前沿分析。图 2.1 分别给出两个厂商 1 和 2 的投入和产出,横轴表示的是投入值,纵轴表示的是产出值,$f(x)$ 表示的是生产前沿模型的确定性部分,其曲线特征反映了规模报酬递减的存在性。厂商 1 利用投入 A1 得到产出 P1,厂商 2 利用投入 A2 得到产出 P2。从图形看,由于随机因素影响是正的(即 $v1 > 0$),厂商 1 的前沿产出位于生产前沿确定性部分(A1C1)之上;而厂商 2 的前沿产出位于生产前沿确定性部分(A2C2)之下是由于随机因素影响为负(即 $v2 < 0$)。由于随机因素影响和无效效应之和为负($v1 - u1 < 0$),厂商 1 的实际产出(A1P1)位于生产前沿确定性部分之下。当然,厂商 2 的实际产出(A2P2)也位于生产前沿确定性部分之下。由此可以分别得到厂商 1 和厂商 2 技术效率值,其中厂商 1 的技术效率为:TE1 = A1P1/A1B1,厂商 2 的技术效率为:TE2 = A2P2/A2B2。通过对厂商生产行为的多次观测,即可估计出前沿生产函数 $f(x)$ 并求得每个厂商的技术效率值。

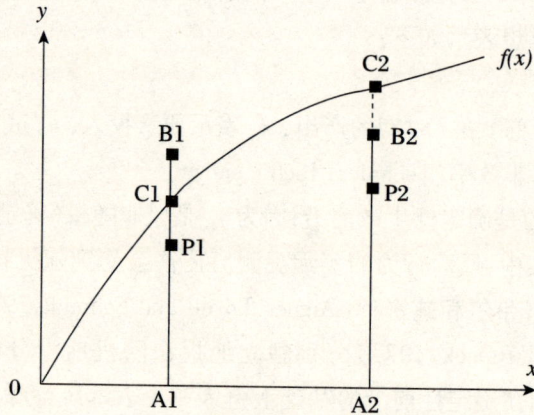

图 2.1　随机前沿生产函数

图表来源:傅晓霞、吴利学. 随机生产前沿方法的发展及其在中国的应用. 南开经济研究,2006(2): 130~141.

　　4. 数据包络分析方法(Data Envelopment Analysis,DEA)

　　费尔等人(Färe et al.,1994)基于 DEA-曼奎斯特指数方法,利用谢发德距离函数(Distance Function)将全要素生产率变动拆分为技术进步和技术效率变动两个部分。其基本思路是:对于每一个决策单位(Decision-Making Unit,简称 DMU),从产出的角度构造在每一个时期的生产最佳实践前沿面,并把每一个决策单位同生产最佳实践前沿进行比较,从而测度相应的技术效率变化和技术进步。假定在时期 $t = 1, 2\cdots,T$ 有两种投入 $x^{k,t} = (X_{1k}, X_{2k})$ 生产一种产出 $y^{k,t} = (Y_k)$, $k = 1,2\cdots,N$ 代表所有决策单位。用 DEA 从产出角度构造 t 时期规模报酬不变的技术前沿:

$$S_{CRS}^t = \left\{ (x^t, y^t) : \sum_{k=1}^{29} z_k y_k^t \geq y^t, \sum z_k x_{nk}^t \leq x_n^t, z_k \geq 0, n = 1, 2, k = 1, \cdots, N \right\}$$

$$(2.17)$$

其中 z_k 表示权重。根据技术前沿 S^t，建立基于产出的距离函数为：

$$D_o^t(x_i^t, y_i^t) = \min\{\theta : (x_k^t, y_k^t/\theta,) \in S^t\}$$

$$= [\max\{\theta : (x_k^t, \theta y_k^t) \in S^t\}]^{-1} = [F_o^t(x_k^t, y_k^t)]^{-1} \qquad (2.18)$$

其中 $F_o^t(\cdot)$ 表示基于产出的法雷尔技术效率指数。由(2.18)式可知，距离函数是法雷尔技术效率的倒数。

根据费尔等人(Färe et al., 1994)，基于产出的曼奎斯特生产率指数可表示为：

$$M_o^t = D_o^t(x^{t+1}, y^{t+1})/D_o^t(x^t, y^t) \qquad (2.19)$$

式(2.19)测度的是在时期 t 的技术条件下，从时期 t 到时期 $t+1$ 的技术效率变化。

同样可以定义在时期 $t+1$ 的技术条件下，测度从时期 t 到 $t+1$ 的技术效率的变化的曼奎斯特生产率指数为：

$$M_o^{t+1} = D_o^{t+1}(x^{t+1}, y^{t+1})/D_o^{t+1}(x^t, y^t) \qquad (2.20)$$

为了避免在选择生产技术参考系时的随意性，可用(2.19)式和(2.20)式两个曼奎斯特生产率指数的几何平均值来衡量从时期 t 到 $t+1$ 生产率变化的曼奎斯特指数。当该指数大于 1 时，表明从时期 t 到时期 $t+1$ 的 TFP 是增长的。

$$M_o(x^{t+1}, y^{t+1}; x^t, y^t) = \left[\frac{D_o^t(x^{t+1}, y^{t+1})}{D_o^t(x^t, y^t)} \cdot \frac{D_o^{t+1}(x^{t+1}, y^{t+1})}{D_o^{t+1}(x^t, y^t)} \right]^{1/2}$$

$$= \frac{D_o^{t+1}(x^{t+1}, y^{t+1})}{D_o^t(x^t, y^t)} \left[\frac{D_o^t(x^{t+1}, y^{t+1})}{D_o^{t+1}(x^{t+1}, y^{t+1})} \cdot \frac{D_o^t(x^t, y^t)}{D_o^{t+1}(x^t, y^t)} \right]^{\frac{1}{2}}$$

$$= EFFCH \cdot TECH \qquad (2.21)$$

式(2.21)给出的曼奎斯特生产率指数分解为两部分：技术效率变化 EFFCH 和技术进步 TECH。其中，EFFCH 测度的是从时期 t 到时期 $t+1$ 每个决策单位到最佳实践前沿面的变化情况，反映了决策单位 k 生产效率的提升，在收敛文献中，常被称为技术扩散或技术转移；TECH 则测度了技术前沿从时期 t 到时期 $t+1$ 的移动。

二、人力资本的概念界定与度量方法

有关人力资本观点的产生可以追溯到 200 多年前亚当·斯密年代，然而真正具有现代意义的人力资本理论是在 20 世纪 50 年代末舒尔茨(T·W·Schultz)提出人力资本概念并首次阐述人力资本形成等观点后才得以完全确立。按照舒尔茨的观

点,人力资本是体现在人身体上的知识、能力和健康。进一步总结归纳,对人力资本
定义如下:对于个体,人力资本存在于人体之中、后天获得的具有经济价值的知识、
技术、能力和健康等质量因素之和;对于群体,人力资本是存在于一个国家或地区的
人口群体每一个人体之中、后天获得的具体经济价值的知识、技能、能力及健康等质
量因素之整合(李建民,1999)。

　　既然人力资本是以不同的形式存在于人体之中,那么人力资本的形成途径究竟
有哪些呢? 经典的人力资本理论认为,人力资本形成主要包括四条途径,相应地,人
力资本可分为四种形式:(1)教育人力资本,即人们接受正规教育而获得的知识和技
能;(2)"干中学"(learning by doing)人力资本,这种资本是人们通过生产或服务过程
的实际中积累的经验;(3)健康人力资本,是指人的体能、精力和健康状况与寿命长
短;(4)迁移形成的人力资本,是指由于人口迁移或者职业选择,使人力资本处于最
佳配置,提高其效应,从而增加人力资本的收益(王金营,2001)。

　　要定量地研究人力资本的经济增长效应,首先面临的难题是关于人力资本的具
体度量。然而迄今为止,有关人力资本的度量尚未形成完全一致的结论[①]。但需要
说明的是,由于在各种人力资本形成途径中,教育起着核心关键的作用,具有其他途
径所无法比拟的优势。因此,一些经验研究多采用与教育有关的相关指标来度量人
力资本水平。在早期的有关经济增长的经验文献中,成人识字率和入学率常作为人
力资本水平的替代指标而出现[②]。

　　首先是成人识字率指标。由于识字一般被定义为与理解联系在一起的读写能
力,是一个与日常生活相关的简单陈述。因此,成人识字率度量成人识字者(比如 15
岁及以上人口)人数占相应年龄人口数的百分比:

$$l = \frac{M_A}{P_A} \qquad\qquad (2.22)$$

　　其中,l 表示成人识字率,M_A 表示成年人口中的识字者人数,P_A 表示成年人口
的总数。

　　早期一些文献曾以成人识字率作为人力资本的代用指标,比如阿扎雷迪斯和德

---

　　① 根据王金营(2001)的总结,人力资本度量指标大体包括两大类:基于产出的度量方法和基于投入的度
量方法。其中,基于产出的度量方法最常用的指标是劳动报酬法,但在实际运用中,由于存在收入与人力资本
投入不对应、灰色收入、统计来源等问题,采用这种度量方法常常导致对人力资本价值的低估,因此,较少使用;
而基于投入的度量方法主要包括:学历指数法、技术等级法、教育经费法、受教育年限法等。
　　② 有关人力资本度量的详细讨论进一步参考:唐纳德·A·R·乔治等著,马春文等译:《经济增长研究综
述》,长春出版社 2009 年版,第 2 章。

拉赞(Azariadis and Drazen,1990)和罗默(Romer,1990)。然而一些学者指出,成人识字率只能反映人力资本形成的一个很小部分,而大部分(比如数字能力、逻辑分析推理能力、科学知识等方面的获取)都被遗漏了,因此用这一教育指标度量人力资本不能令人满意。

其次是入学率。入学率度量在某一年级水平上的入学学生人数与相应年龄组的总人数的比率,用于描述一个国家教育的普及程度,是评价国民受教育状况的一项标准。其公式如下:

$$e_g = \frac{E_g}{P_g} \tag{2.23}$$

其中,e_g 表示 g 年级水平的入学率,E_g 表示 g 年级水平的入学人数,P_g 表示国家法律规定或习俗认为应该就读于 g 年级的年龄组的总人数。

在早期的经济增长文献研究中(比如巴罗,1991;曼昆等人,1992;莱文和瑞纳尔特,1992),入学率也曾一度作为人力资本的替代指标而出现。然而一些学者指出,入学率是一种流量形式,当前入学的儿童尚未成为劳动力一部分,他们当前接受的教育还不能用于生产。换言之,当前入学率与当前劳动力的人力资本存量之间并不必然存在着直接的和稳定的关系,而表现出明显的滞后效应。因此,入学率作为人力资本替代指标存在缺陷。

既然成人识字率和入学率都存在缺陷,那么何种教育指标更适于度量人力资本? 一些学者通过构造劳动者最高教育水平的数据,来对劳动力的平均受教育年限进行量化。由于教育年限是一个存量的概念,它考虑了劳动力所接受的正规教育的总量,因此,相比于成人识字率和入学率,平均受教育年限作为人力资本替代指标显得更为合理。按照王金营(2001)的总结,受教育年限法有诸多优点,主要有:第一,劳动力受教育年限的相关数据具有较强的可得性和精确性;第二,劳动力受教育年限与接受教育或培训的人力资本投资成本成较强的正相关性,从而排除了用货币计算人力资本投资成本的价格因素的影响;第三,劳动力受教育年限与劳动力在"干中学"的人力资本积累成正相关,劳动力受教育年限越长,其积累经验的能力就越高,并越容易接受新技术知识;第四,劳动力受教育年限与劳动力的收入成正相关;第五,劳动力受教育年限越长越有利于自身健康(王金营,2001)。从某种意义上讲,平均受教育年限在一定程度上捕捉到其他不能观测到的人力资本(姚先国、张海峰,2008)。正是由于平均受教育年限具有诸多优点,它也就成为目前研究文献中较为流行和通用的人力资本度量指标。这些文献包括:巴罗和萨拉-伊-马丁(Barro and Sala-I-Martin,1995)、巴罗(Barro,1997、2001)、本哈比和斯皮格尔(Benhabib and

Spiegel，1994）、奥尼尔（O'Neill，1995）、克鲁格和林德（Krueger and Lindhl，2001）。有鉴于此，在本书实证研究过程中，我们采用平均受教育年限作为人力资本的度量指标。

平均受教育年限的计算公式如下：

$$H = \sum_{i=1}^{n} p_i y_i \tag{2.24}$$

其中，H 是平均受教育年限，p_i 表示与某一受教育水平相对应的人口比例，y_i 表示与某一受教育水平相对应的教育年限。

第二节　人力资本作用机制的理论分析

一、卢卡斯（Lucas，1988）模型

1988 年卢卡斯（Lucas）在其影响深远的论文"*On the Mechanism of Economic Development*"中强调了人力资本积累的重要性，认为人力资本积累是经济长期增长的发动机。在该文中，卢卡斯沿袭舒尔茨和贝克尔的思路在经济模型中引入人力资本，并吸收宇泽（Uzawa）模型的基本思想，假定每个生产者用一定比例 μ 的时间来从事生产，而用 $1-\mu$ 比例的时间从事人力资本积累。因此卢卡斯提出如下形式的生产函数为：

$$N(t)\, c(t) + \dot{K}(t) = AK(t)^{\beta} [u(t)\, h(t)\, N(t)]^{1-\beta} h_a(t)^{\gamma} \tag{2.25}$$

式中：$h_a(t)^{\gamma}$ 为人力资本的外部效应，$\dot{K}(t)$ 为物质资本的增长率，技术水平（A）目前假设不变。

进一步地，卢卡斯假设人力资本存量的增长 $\dot{h}(t)$ 取决于原有的人力资本存量和新的人力资本投资 $[1-u(t)]$。所以，人力资本存量的变化为：

$$\dot{h}(t) = h(t)\, G(1-u(t)) \tag{2.26}$$

在以上两个约束条件下求解效用最大化问题

$$\max \int_0^{\infty} e^{-\rho t} \frac{c^{1-\delta}}{1-\delta} N(t)\, dt \tag{2.27}$$

最终，卢卡斯推导出经济均衡增长率（等于人力资本均衡增长率）为：

$$v = [\sigma(1-\beta+\gamma) - \gamma]^{-1} [(1-\beta)(\delta-(\rho-\lambda))] \tag{2.28}$$

其中，λ 是人口增长率。

卢卡斯模型避免了"没有人口增长就没有经济增长"这一"令人不愉快的结果"，也就是说，即使人口增长率等于零，经济持续增长仍然有可能实现。正是由于人力资本的外部效应(这种外部效应可以理解为向他人学习或相互学习，一个拥有较高人力资本水平的人能够对其他人产生正向影响，提高他人的边际生产率，但自己并没有因此获得任何补偿)，才使得生产具有递增收益，从而成为"增长的发动机"。然而外部性不得不面临着竞争性均衡问题，这就造成最优增长路径与均衡增长路径存在一定偏差。如果不存在政府干预，经济增长均衡将是一种社会次优，人力资本投资将过少。因此，政府的干预是必要的。此外，根据卢卡斯模型，发达国家由于拥有较高的人力资本水平，使得物质资本的边际效率和劳动者工资水平相对较高，这就造成了物质资本生产的收益递增，从而诱使外国资本和工人不断地向发达国家流动。同样道理，在一个国家内部，资本和劳动也会向经济发达地区转移，从而使一国的资本和人口集中于一些大的城市和发达地区(朱勇，1999)。

总之，卢卡斯模型的基本观点是：人力资本作为投入要素直接进入生产过程，经济持续增长主要是由人力资本积累所推动的，跨国间的增长率差异归根结底是由这些国家的人力资本积累速度差异造成的。

二、纳尔逊-菲尔普斯(Nelson-Phelps，1966)模型

与卢卡斯(Lucas，1988)所认为的人力资本作为投入要素进入生产过程而对经济增长产生影响的观点不同，纳尔逊和菲尔普斯(Nelson and Phelps，1966)强调人力资本是通过对全要素生产率这一中介影响经济增长。具体而言，一国的经济增长主要依赖于技术创新以及对技术前沿的吸收与扩散，而人力资本水平是影响这两方面的关键性因素。以下我们参阅纳尔逊和菲尔普斯(Nelson and Phelpls，1966)原文及李平(2007)、刘凤良、高东明(2006)著述对纳尔逊-菲尔普斯模型的基本思想加以说明。

1966年纳尔逊和菲尔普斯在其一篇简短的论文"*Investment in Humans, Technological Diffusion, and Economic Growth*"中提出了一种新的解释经济增长的假说，这一假说由两部分组成：假说一，当前技术前沿的增长反映了新发明的速度。一国全要素生产率的增长速度取决于这些发明的应用、现有生产率水平与技术前沿之间的差距，且与差距呈同方向变化。在技术扩散过程中，那些引领世界全要素生产率增长的国家就代表技术前沿。需要说明的是，假说一使得由乔克汉克隆(Gerchenkron，1962)率先提出的赶超假说得以正式化。假说二，技术前沿与现有的生产率水平的缺口闭合速度取决于人力资本水平。同时，某种类型的教育人力资本的提高不仅仅

可以使得一个人更有效率地完成某项工作或执行某项职能,而且更为重要的是,它提升了个人在接收、解析并理解信息方面的能力。在一个技术不断进步或者动态经济中,劳动者接受的教育程度越高,其引起的生产技术的增长速度就越快,技术扩散速度也就越快。总体而言,纳尔逊-菲尔普斯模型突破了人力资本作为生产过程中一种投入的观点。

纳尔逊-菲尔普斯模型表述如下:

假设存在一个引领世界全要素生产率增长的技术前沿 $A_m(t)$,以指数形式增长,且其外生的增长率为 g ,即为:

$$A_m(t) = A_m(0)e^{gt} \tag{2.29}$$

世界上其他国家可以通过把这种技术前沿融入到自己的生产过程并从中获益。但是这种融合是一种人力资本密集型的活动。例如,一国需要高技能的工程师把世界性技术转化为适应本国条件的技术,然后组织实施,包括训练工人使用这些技术。因此,纳尔逊和菲尔普斯假设国家 i 的技术演进遵循如下微分方程,

$$\frac{\dot{A}_i(t)}{A_i(t)} = c(H_i)\frac{[A_m(t) - A_i(t)]}{A_i(t)} \tag{2.30}$$

其中, H_i 是国家 i 的人力资本,它随时间而变化,且满足 $c(0) = 0$, $c'(H) > 0$ 。这个方程表明一国离世界技术前沿越远,其技术进步率就越快。其理由是,离世界技术前沿越远意味着该国学习模仿的先进技术选择集就越大,该国也就越可能利用技术落后优势获得更多的技术模仿收益,即存在技术后发优势。并且,由于 $c'(H) > 0$,一国的人力资本水平越高,它追赶前沿的速度就越快。这里 H_i 可以表示为平均受教育年限,高技能劳动力(大学生或工程师)所占比重,或者人力资本分布的其他特征等。

式(2.30)的第一个含义是,

$$\frac{\partial^2 \dot{A}_i(t)/A_i(t)}{\partial A_m(t)\partial c(H_i)} > 0 \tag{2.31}$$

这个式子表明当技术进步得越快时,人力资本就变得更有价值。

式(2.30)的第二个含义是,从长期来看,对所有国家而言,只要 $H > 0$,实际技术 $A_i(t)$ 都会以同样的速度 g 增长,并且这种稳态跨国分布由以下给定:

$$A_i^*(t) = \frac{c(H_i)}{g + c(H_i)}A_m(t) = \frac{c(H_i)}{g + c(H_i)}A_m(0)e^{gt} \tag{2.32}$$

在一个技术停滞的经济中($g = 0$),对于每个 $H > 0$,技术差距接近于0;在一个技术不断进步的经济中($g > 0$),对于每个 H 和 g 而言,均衡差距随 g 递增、随 H 递

减。如果假定每个国家的产出水平与 $A_i(t)$ 成比例,那么方程(2.32)式就意味着低人力资本水平的国家将会陷入贫穷,因为他们将会较少地吸收世界技术前沿。这种效应再加上人力资本对产出增长的直接贡献,表明人力资本差异在解释跨国间的收入差异方面比基于教育私人回报率的解释更重要。

三、本哈比和斯皮格尔(Benhabib and Spiegel,1994)技术扩散有限指数模型

在纳尔逊-菲尔普斯框架下,本哈比和斯皮格尔先后在 1994 年和 2002 年推广技术扩散的两种形式:限制指数形式(Confined Exponential Technology Diffusion)和逻辑斯蒂形式(Logistic Technology Diffusion)。在 1994 年,本哈比和斯皮格尔(Benhabib and Spiegel)在其发表的*"The Role of Human Capital in Economic Development: Evidence from Aggregate Cross-Country Data"*一文中强调人力资本主要通过两个渠道对全要素生产率产生直接影响:一是遵循罗默(Romer,1990)思想,假定人力资本决定一国国内技术创新能力而对生产率产生直接影响;二是依据纳尔逊和菲尔普斯(Nelson and Phelps,1966)思想,人力资本直接影响到一国的技术追赶与技术扩散的速度。换言之,一国的技术创新能力是该国人力资本水平的函数,同时,在任何一个时点上总会存在着一个世界技术领先国,追随国对领先国的追赶速度依赖于追随国的人力资本水平。

以下参阅本哈比和斯皮格尔(Benhabib and Spiegel,1994)原文及李平(2007)的表述对两种模型进行简要介绍,首先是限制指数技术扩散模型(班克斯,1994)。

$$\frac{\dot{A}_i(t)}{A_i(t)} = g(H_i(t)) + c(H_i(t))\left(\frac{A_m(t)}{A_i(t)} - 1\right) \tag{2.33}$$

其中,i 表示追随国,m 表示领先国。$A_i(t)$ 为 TFP,$g(H_i(t))$ 是 TFP 增长中取决于人力资本水平 $H_i(t)$ 的部分,$c(H_i(t))\left(\frac{A_m(t)}{A_i(t)} - 1\right)$ 表示从领先国 m 到追随国 i 的技术扩散率。假定 $c_i(\cdot)$ 和 $g_i(\cdot)$ 都为递增函数。人力资本水平 $H_i(t)$ 会影响技术缺口 $\left(\frac{A_m(t)}{A_i(t)} - 1\right)$ 闭合的速度。如果跨国间的 $g(H_i(t))$ 排序不变或者 $H_i(t)$ 为常数,那么技术领先国开始将以 $g_m = g(H_m(t)) > g(H_i(t)) = g_i$ 的速度增长,最后在某一个时点过后,追随国将与领先国一样以 g_m 的速度增长,虽然追随国的 TFP 水平仍然落后于领先国。当 H_i 为常数时,微分方程(2.33)的解是,

$$A_i(t) = (A_i(0) - \Omega A_m(0))e^{(g_i - c_i)t} + \Omega A_m(0)e^{g_m t} \tag{2.34}$$

其中，$c_i = c(H_i)$，$g_i = g(H_i)$，$\Omega = \dfrac{c_i}{c_i - g_i + g_m} > 0$，显然，由于 $g_m > g_i$，$\lim\limits_{t \to \infty}$

$\dfrac{A_i(t)}{A_m(t)} = \Omega$。即将所有因素参数化，在一个世界均衡增长路径上，领先国扮演着增长"发动机"的角色。技术扩散和技术追赶保证了所有国家最终在同一速度上增长。

四、本哈比和斯皮格尔（Benhabib and Spiegel,2002）技术扩散逻辑斯蒂模型

本哈比和斯皮格尔（Benhabib and Spiegel,2002）推广了纳尔逊-菲尔普斯技术扩散模型。技术扩散形式除了采取限制指数形式（Confined Exponential Technology Diffusion）之外，可能采取的是逻辑斯蒂形式（Logistic Technology Diffusion）。这两种技术扩散形式对于一国的增长路径有着非常不同的涵义：对于限制指数扩散过程，在平衡增长路径上，所有的落后国家都按照影响国家的节奏增长；相反，逻辑斯蒂模型则允许落后国家与领先国家的差距持续扩大情形的出现，如果落后国家的人力资本存量足够低（低于某一特定临界值）。因此，逻辑斯蒂模型预测了跨国间可能存在TFP 的发散，而不是收敛。逻辑斯蒂形式的技术扩散模型（沙里夫和拉曼纳坦，1981）表示如下：

$$\frac{\dot{A}_i(t)}{A_i(t)} = g(H_i(t)) + c(H_i(t))\left(1 - \frac{A_i(t)}{A_m(t)}\right)$$

$$= g(H_i(t)) + c(H_i(t))\left(\frac{A_i(t)}{A_m(t)}\right)\left(\frac{A_m(t)}{A_i(t)} - 1\right) \tag{2.35}$$

可以看出，逻辑斯蒂形式与限制指数形式的差异是由 $A_i(t)/A_m(t)$ 这一项引起的。由于此项的存在，使得随着与领先国家差距的拉大，技术扩散率会下降，反映了采纳远距离技术的困难。正如巴苏和韦尔（Basu and Weil,1998）所言，如果领先国与追随国之间的要素比例差距过大，那么前沿技术可能不能立即适用于追随国。杜尔劳夫和约翰逊（Durlauf and Johnson,1995）认为只有通过投资于物质资本和人力资本才能突破俱乐部收敛的状况。因此，当与领先国的距离过远或过近时，追赶速度可能比较慢，而距离适中时，追赶速度最快。

和前面分析类似，如果我们假定 H_i 为常数（从而 c_i，g_i 也为常数），$H_m > H_i$，因此 $c(H_m) > c(H_i)$，那么逻辑斯蒂技术扩散模型的解可由如下给出：

$$A_i(t) = \frac{A_i(0)e^{(g_i + c_i)t}}{\left(1 + \dfrac{A_i(0)}{A_m(0)}\dfrac{c_i}{g_i + c_i - g_m}\right)\left(e^{(g_i + c_i - g_m)t} - 1\right)} > 0 \tag{2.36}$$

上式也可以写为：

$$A_i(t) = \frac{A_m(0)e^{g_m t}}{(e^{-(c_i+g_i-g_m)t}(\frac{A_m(0)}{A_i(0)} - \frac{c_i}{c_i+g_i-g_m}) + \frac{c_i}{c_i+g_i-g_m}} \qquad (2.37)$$

取极限，得：

$$\lim_{t\to\infty}\frac{A_i(t)}{A_m(t)} = \begin{cases} \dfrac{c_i+g_i-g_m}{c_i} & (c_i+g_i-g_m) > 0 \\[2ex] \dfrac{A_i(0)}{A_m(0)} & (c_i+g_i-g_m) = 0 \\[2ex] 0 & (c_i+g_i-g_m) < 0 \end{cases} \qquad (2.38)$$

式（2.38）意味着在逻辑斯蒂技术扩散模型情形下，领先国与追随国之间的稳态增长关系取决于追赶速度与由创新导致的增长率之间的差异，即 $g_m - g_i$。如果 $c(H_i) + g(H_i) - g(H_m) > 0$，那么领先国将充当增长火车头的角色，对追随国的技术进步起到带动作用，在这种情况下，增长率将会收敛。然而，如果追随国的人力资本水平太低，$c(H_i) + g(H_i) - g(H_m) < 0$，那么追随国将不会实现赶超，增长率的差距越拉越大，最终增长率将会发散。

技术扩散及其与人力资本的交互作用促进经济增长的作用主要表现在：如果人力资本达到可以实现充分扩散的程度，追随国将会受到技术领先国的拉动作用。如果技术扩散是逻辑斯蒂形式的，人力资本水平太低的国家将会变得落后，而形成落后国家的俱乐部收敛现象。要想摆脱这种低水平的俱乐部收敛，落后国家必须通过投资于人力资本来实现（巴苏和韦尔，1998）。因此，逻辑斯蒂技术扩散模型与指数技术扩散模型对经济增长的涵义是有很大差异的。

第三节 研究综述

一、中国全要素生产率增长率的测算

有关中国全要素生产率研究，自改革开放以来尤其是 20 世纪 90 年代以来取得重大的发展。为了对中国全要素生产率研究有更为清晰的脉络，我们基于不同研究方法对有关文献进行回顾。

（1）采用生产函数法的经验文献

王小鲁（2000）使用生产函数模型对 1953～1999 年间我国经济增长进行了计量

分析。实证结果表明,改革开放期间资本增加对经济增长率的贡献为 5.1 个百分点,比改革开放前提高了 2.5 个百分点;劳动力在改革开放时期对经济增长的贡献约 0.8 个百分点,与改革开放前相当;同期人力资本的贡献接近 1 个百分点,比改革前有所下降。这三种要素对经济增长贡献了 6.9 个百分点。按照调整以后的经济增长率计算,经济增长中的 1.46 个百分点得益于全要素生产率的提高。也就是说,全要素生产率的提高对我国改革开放期间经济增长的贡献份额大约为 18%。

邹和林(Chow and Lin ,2002)基于生产函数法研究表明,1978～1998 年间,中国大陆年均 GDP 增长率为 9.3%,其中物质资本贡献 62%,劳动投入贡献 10%,TFP 贡献 28%。

张军、施少华(2003)利用 C-D 生产函数估算出我国 1953～1998 年间全要素生产率的变动情况。研究发现,我国全要素生产率大约为 1.07%,而同期产出的年平均增长率大约为 7.68%,意味着 1953～1998 年的产出增长中的大约 13.9% 是由全要素生产率增长带来的。其中,改革开放期间(1979～1998 年)全要素生产率年均增长率大约 2.81%,其对产出增长的贡献份额大约 28.9%。可见,经济改革显著地提高了我国全要素生产率增长。

(2)采用增长核算法的经验文献

沈坤荣(1997)首先确定资本产出弹性为 0.4,劳动产出弹性为 0.6,以此进行经济增长因素分析和全要素生产率的测算。他的研究结果表明,1953～1994 年间,中国经济增长年均增长率为 7.07%,其中资本投入的贡献为 3.59%,劳动投入的贡献为 1.57%,经济增长的 73.03% 是由生产要素带来的,而全要素生产率仅为 1.91%,对经济增长贡献了 26.97%。其中,1979～1994 年间,年均经济增长速度为 9.25%,全要素生产率年均增长速度为 4.05%,对产出增长的贡献达到 43.81%,深刻反映了改革开放对经济增长的积极效应。

李京文、钟学义(1998)采用索洛总量生产函数,并首先通过国民核算体系恒等式计算出资本产出弹性和劳动产出弹性,进而估算出我国 1953～1995 年间全要素生产率变动情况。他们分析发现,1953～1970 年的 18 年中生产率有 9 年出现负增长;1971～1976 年间,生产率出现多次负增长;1977～1995 年间,经济增长率与生产率增长率之间几乎保持同步的关系,经济平均增长率为 10.78%,资本投入增长率为 10.5%,劳动投入增长率为 2.77%,生产率平均增长率为 4.25%。要素投入对经济增长的贡献份额为 63.35%,生产率对经济增长的贡献为 36.65%。这一结果深刻反映了中国生产率的真正水平。

王和姚(Wang and Yao ,2003)考虑到人力资本因素,并假设劳动产出弹性和资本产出弹性都为0.5,以此来分析中国1953~1999年间经济增长。他们研究发现,1953~1999年间全要素生产率年均增长率为0.02%,贡献份额为0.2%,物质资本贡献份额为50.9%,劳动贡献份额为19.0%,人力资本的贡献份额为29.8%。其中,改革开放期间(1978~1999年),全要素生产率年均增长率为2.41%,对经济增长的贡献份额为25.4%,而物质资本、劳动以及人力资本的贡献份额分别为47.7%、15.9%和11.0%。

(3)采用随机前沿分析方法的经验文献

王志刚等(2006)运用超越对数生产函数的随机前沿模型,对改革开放以来(1978~2003年)中国分省全要素生产率变动情况进行研究。结果表明,全要素生产率增长率在1990年代之后明显减速;从全要素生产率分解结果看,主要是技术进步而不是技术效率改善支撑全要素生产率增长;就技术效率而言,东部地区的技术效率最高,中部次之,西部最低。

傅晓霞、吴利学(2006)提出了一个基于随机前沿生产函数的地区增长差异分析框架,利用1978~2004年28个省份的面板数据测算了各因素在中国地区劳均产出差距中的贡献,并讨论了全要素生产率对地区经济收敛的影响。结果表明,资本等要素投入是目前中国经济增长的主要源泉,全要素生产率对经济增长贡献在不断增强。1990年以来中国地区全要素生产率呈现出绝对发散趋势,严重的技术扩散壁垒加剧了体制转轨过程中的"马太效应"。

傅晓霞、吴利学(2009)利用随机前沿生产函数模型将地区劳均产出增长分解为物质资本深化、人力资本积累、前沿技术进步和技术效率提高,采用反事实思路和收入分布方法分析了这些因素对中国地区差异的影响。基于1978~2004年28个省份面板数据,他们实证发现:改革以来中国地区劳均产出逐步呈现双峰分布,物质资本深化并不能完全决定地区差异的变化过程,1990年以来全要素生产率同样是地区差异扩大的主导力量之一。

吴延瑞(2008)考察中国近期的经济增长情况发现,尽管中国经济增长大部分是由要素投入推动,但全要素生产率也扮演着重要的角色,平均解释了1993~2004年间经济增长的约27%。技术进步随时间推移相对稳定,技术效率随时间波动较为明显。同时该文还发现,与发达经济体相比,中国在以技术进步作为经济增长的主要推动力方面,仍存在较大差距。

(4)采用数据包络分析方法的经验文献

颜鹏飞、王兵(2004)运用DEA的方法测度了1978~2001年中国30个省份全要素生产率增长情况,研究发现:中国全要素生产率整体呈现增长特征,主要是由技术效率改善带来的;由于技术进步减慢,1997年之后全要素生产率的增长出现了递减;1992年以前中国经济出现了效率的趋同,1992年以后追赶效应消失,技术进步成为各个地区生产率差异的主要原因。

孟令杰、李静(2004)对中国28个省份1952～1998年间的全要素生产率增长情况作了测算。结果表明,中国全要素生产率表现出阶段性的增长变化:改革前只有微弱的增长,并且呈现地区间较大差距;20世纪80年代早期呈现出较高的增长速度;1985～1992年间由于当时各种因素的影响,全要素生产率增长率曾一度下滑得较严重。1992年后由于改革开放的全面深入,成功地扭转了全要素生产率下降的势头,走上了以技术进步为主导的良性发展轨道。

郑京海、胡鞍钢(2005)利用DEA方法对中国省际全要素生产率增长及其组成部分的测算,研究发现中国经济增长在1978～1995年间经历了一个全要素生产率的高增长期(为4.6%),而在1996～2001年期间出现低增长期(仅为0.6%)。就整个样本期间看,全要素生产率增长主要是技术进步带来的,而效率改善的速度明显落后于技术进步的速度。

郭庆旺等(2005)估算了中国各省份1979～2003年间的全要素生产率增长、效率变化和技术进步率。实证结果表明:中国整体的全要素生产率增长和技术进步率较低,而且普遍存在效率恶化现象。就分区域而言,东部地区存在着较为显著的全要素生产率增长和技术进步,但效率提升并不明显;而中、西部地区普遍不存在全要素生产率增长、技术进步和效率提升。

岳书敬、刘朝明(2006)考虑到人力资本因素的作用,实证考察1996～2003年间我国30个省市区的全要素生产率增长、技术进步以及技术效率变动情况。他们发现,如果不考虑人力资本影响因素,会低估了样本期间的效率提高程度,而高估技术进步率。总体而言,1996～2003年间我国的全要素生产率增长主要是由技术进步带来的,其中全要素生产率年均增长1.35%,技术进步是1.22%,技术效率变化是0.16%。

胡鞍钢等(2008)进一步考虑到环境因素的影响,研究中国各地区生产率绩效度量中的"技术效率"指标。结果表明,东部地区技术效率最高,中部地区次之,西部地区最低;就生产前沿面而言,除了有传统意义的高技术效率地区,如上海、江苏,还包括像辽宁、安徽、云南等在考虑各类环境因素下的高技术效率地区。此外他们的研究还发现,各地区考虑环境因素的技术效率的进步与地区增长模式具有重要的关联,一个地区增长模式越是接近"集约式",其技术效率的进步就越快;反之,一个地区增长模式越是接近"粗放式",其技术效率的进步就越慢,这一结论对于指导地区经济增长道路的选择具有重要的指导作用。

二、人力资本的生产率增长效应

本哈比和斯皮格尔(Benhabib and Spiegel,1994)利用1965～1985年78个国家的跨国数据检验人力资本对生产率增长的影响。全样本回归结果表明人力资本积累通过影响一国技术追赶进而促进生产率增长。对于经济发展水平较低的国家,从国外先进经济体吸收采纳新技术将比国内自身研究开发更有效率,而对于技术较为发达的国家而言,这种情况恰恰相反。从子样本回归结果看,人均GDP低于1250美元的最贫穷国家中,追赶变量回归系数显著为正,而国内技术创新变量系数为负,尽管不显著,这一结果与全样本回归结果相似;而对于最富裕的国家而言,追赶变量系数变得不显著,而国内技术创新变量系数显著为正。

米勒和阿帕德海耶(Miller and Upadhyay,2000)利用83个国家1960～1989年的平均数据考察了贸易开放度和人力资本对全要素生产率的影响。研究发现,总体而言,贸易开放度对全要素生产率有积极的影响,但人力资本对全要素生产率的影响却存在一定的差异性:在高收入国家中,人力资本存在负向影响,中等收入国家为正向影响,而在低收入国家中只有当贸易开放度达到一定阈值,人力资本才能产生显著的积极影响。

艾亚尔和费勒尔(Aiyar and Feyrer,2002)研究表明,人力资本水平对于全要素生产率长期的稳态增长路径产生显著的积极影响,他们的研究结论支持了纳尔逊-菲尔普斯假说,即人力资本水平的提高有利于一国更好地利用国际间技术溢出(Technological Spillovers),拥有较高人力资本水平的国家将向较高生产率水平收敛。并且作者认为,技术的吸收采纳对于经济合作与发展组织国家并不适用,因为这些国家的生产率增长更多是源于国内R&D的活动,而不是来自于对外部技术的模仿吸收。此外,作者进一步将人力资本分解为初等教育、中等教育和高等教育,考察各种不同类型教育水平对全要素生产率的影响,结果表明,三种教育水平人力资本对全要素生产率均产生积极促进作用,而且高等教育的影响力度最大、中等教育次之,初等教育最小。他们认为,高等教育之所以对生产率增长产生较大的影响力度,是由于高等教育人力资本对应用实现新技术产生更大影响,而不是从教育的私人回报率进行解释。

范登伯斯奇等(Vandenbussche et al.,2006)认为不同发展水平的国家,全要素生产率增长来源是不同的。对于那些离技术前沿较远的国家而言,技术模仿成为全要素生产率增长的主要发动机;而对于那些趋近于技术前沿的国家,技术创新则成为主要来源。他们研究还发现,对发达国家的生产率产生积极促进作用的是高等教育人力资本,而非平均人力资本。

就国内研究文献而言,华萍(2005)首先应用 Malmqust 指数法测算了 1993～2001 年间中国 29 个省份全要素生产率的变动情况,然后通过面板数据计量方法研究了不同教育水平对生产率增长的影响。研究结果表明,大学教育对效率改善、技术进步和生产率增长具有正效应,而小学教育和中学教育对技术效率改善具有负效应。具有大学教育水平的人通过向更有效率的非国有企业流动而对效率提高具有正效应。而小学教育和中学教育对技术效率改善的负效应可能反映了属于他们的劳动力市场的流动性不是很高的问题,也可能反映了中国的经济结构还不完全符合其相应的比较优势。

许和连等(2006)在内生增长理论框架下,利用 1981～2004 我国 29 个省区面板数据进行研究,结果表明人力资本积累水平提高对全要素生产率的影响比对经济增长的影响更加直接,贸易开放度主要通过影响人力资本的积累水平而影响全要素生产率。

彭国华(2007)考虑到人力资本组成部分的异质性,研究了全要素生产率与人力资本构成之间的关系,并运用动态面板(Dynamic Panel Data)一阶差分广义矩(GMM)估计方法对 1982～2004 年间中国 28 个省区市的面板数据进行了实证检验。研究结果表明,在人力资本构成中,只有受过高等教育的人力资本才能对全要素生产率产生显著的促进作用,即高等教育人力资本每提高 1%,将会使潜在全要素生产率增长 5.5%;而中学教育程度和基础教育程度的人力资本与全要素生产率存在显著负相关,平均人力资本作为一个整体也与全要素生产率显著负相关。

何元庆(2007)首先运用 DEA 的方测算出 1986～2003 年中国 28 个省市区的技术效率、技术进步和全要素生产率增长,然后实证研究人力资本、进出口以及外商直接投资对三者的影响。他的研究结果表明,人力资本和出口对技术效率的提高具有显著的正向作用,进口负向影响技术效率,外商直接投资的影响不显著。人力资本、外商直接投资对技术进步和全要素生产率增长的正向影响要大于进口。对外开放对全要素生产率增长的综合影响为正,但影响幅度偏小,只有人力资本作用效果的1/10。

魏下海(2009)基于分位数回归方法,重点考察人力资本和贸易开放度对中国全要素生产率的影响。结果表明:从全国范围看,人力资本对全要素生产率增长存在较弱的即期效应,而贸易开放度则表现为滞后效应;这两个因素在各分位点处对全要素生产率增长的影响表现出鲜明的区域差异。只有在东部地区,人力资本对全要素生产率增长的影响才具有较强的即期效应,西部地区贸易开放度对全要素生产率的影响存在滞后性,且滞后期相对较长,而中部地区与全国整体表现较为相似。

第四节　本章小结

本章首先对全要素生产率的定义及度量方法做简要的回顾,以使我们能对全要素生产率主题研究发展脉络有清晰的认识。然而,我们的研究内容并不仅仅停留于此。事实上更为重要的是,我们试图发现影响全要素生产率增长的最重要因素及其作用机制。按照经典的本哈比和斯皮格尔(Benhabib and Spiegel,1994)模型观点,人力资本主要通过两个渠道对全要素生产率产生直接影响:一是遵循罗默(Romer,1990)思想,假定人力资本决定一国国内技术创新能力而对生产率产生直接影响;二是依据纳尔逊和菲尔普斯(Nelson and Phelps,1966)学术思想,人力资本直接影响到一国的技术追赶与技术扩散的速度。换言之,一国的技术创新能力是该国人力资本水平的函数,同时,在任何一个时点上总会存在着一个世界技术领先国,追随国对领先国的追赶速度也依赖于追随国的人力资本水平。因此,我们通过对相关文献进行回顾和评述,以确定本研究的切入点,为后续的实证研究找到理论依据。

从已有国内研究文献来看,关于中国全要素生产率变动情况的测度,更多的文献采用单一方法进行测度,为数不多的研究文献则综合采用多种不同方法进行测度并进行比较。然而,就人力资本与中国全要素生产率增长之间关系的研究文献就更为鲜见。在这些文献中,尽管考虑到平均水平人力资本以及异质型人力资本对生产率增长的影响,但几乎都没有考虑到不同类型人力资本的整体分布在很大程度上决定了人力资本不平等程度。我们认为,人力资本不平等是值得关注的问题,而人力资本不平等与生产率增长之间的关系显然可以作为本哈比和斯皮格尔模型拓展内容之一,因而值得深入研究(至少在实证研究方面)。此外,在区域经济一体化进程日益加快的今天,地区之间的经济联系是普遍存在的。一地区人力资本发展状况可能会对相邻地区生产率增长产生影响,亦即空间溢出效应。那么,在真实世界里,是否真的存在人力资本的空间溢出效应? 如果存在,这种溢出效应是正向还是负向? 异质型人力资本的溢出效应是否存在差异? 显然,这些问题是我们所感兴趣的,回答这些问题有助于我们更为全面深刻地理解人力资本对生产率增长的影响。而关于人力资本对生产率增长的空间影响,至少在目前国内研究文献中,尚未发现。另一方面,考虑到人力资本效应的发挥离不开特有的经济环境,比如经济发展水平、对外开放程度、物质资本积累、基础设施建设以及城市化水平都会在一定程度上影响到人力资本的增长效应,而且这种影响可能表现出非线性的门限特征。本研究所要做的,就是努力去探寻那些尚待"发现"的奥秘,这就是本研究的重要出发点。

第三章 中国省际全要素生产率增长与分解

从已有的研究文献看,早期有关中国全要素生产率的研究多采用时间序列生产函数法和 Solow 增长核算法。按照郑京海、胡鞍钢(2005)的总结,这两种研究方法从经验方法上来讲存在三方面的局限性:一是增长核算法需要较强的行为和制度假设,如利润最大化的厂商行为假设、完备竞争市场以及生产个体完全有效假设。然而对于目前仍处于经济转轨时期的中国而言,这种假设是难以满足的;二是两种方法都无法将全要素生产率变动拆分为技术进步(Technological Progress)和技术效率变化(Technical Efficiency Change),而这两个拆分项却蕴含着完全不同的政策涵义(尼西姆伊祖和裴吉,1982);三是上述研究方法采用的时间序列存在样本数量偏少的问题,很难选择较复杂的函数形式进行生产函数估算,或考虑更多的变量加以分析。近些年来,由于对区域经济增长差异以及经济持续增长问题的关注,加之各个省份时间序列数据的搜集整理,基于面板数据生产前沿分析日益成为研究中国经济增长问题的重要分析工具。生产前沿方法可以分为两类:随机前沿分析方法(SFA)和数据包络分析方法(DEA)。SFA 最先由爱格纳等人(Aigner et al. ,1977)以及米奥森和布鲁克(Meeusen and Broeck,1977)分别独立地提出,它以回归分析为基础的参数方法,其特点是能够考虑到随机因素对厂商的生产行为的影响,但必须事先对生产函数和随机项的概率分布进行界定。而 DEA 作为一种非参数方法,具有其他方法所无法比拟的优势,比如不要求价格信息,不需要特定的行为和制度假设,不需要设定具体的生产函数形式,也不要求对无效率分布作先定假设等,其局限性在于假设不存在随机误差的影响。从目前研究来看,采用 SFA 方法进行省际面板数据分析的代表性文献主要有王志刚等(2006)、傅晓霞和吴利学(2006a,2006b,2007,2009)、吴延瑞(2008)等;而基于 DEA 方法的代表性文献主要有颜鹏飞、王兵(2004)、郑京海、胡鞍钢(2005)、华萍(2005)、郭庆旺等(2005)及岳书敬、刘朝明(2006)、胡鞍钢等(2008)。鉴于两种方法各有优劣,分别采用 SFA 和 DEA 两种不同方法对中国全要素生产率变动情况进行测算,将可以在很大程度上避免因采用单一方法而造成的片面判断。为此,本章将分别采用基于面板数据的 DEA 方法和 SFA 方法测算历年中国省际全要素生产率增长情况,并就两种截然不同方法得到的测算结果进行比较,以选择更加适合于中国经济现实的估算结果。

第一节　中国省际全要素生产率增长与分解:数据包络分析

一、数据包络分析的基本原理

以 DEA 为基础的曼奎斯特生产率分析技术,可以用基于投入(input orientation)和基于产出(output orientation)的两种不同方法,本章研究主要是采用基于产出的方法。

借鉴费尔等人(Färe et al.,1994)的方法,并参照郑京海、胡鞍钢(2005)的表述,假定在每个时期 $t = 1,2\cdots,T$ 生产技术 S^t 将要素投入 x^t ($x^t \in R_+^N$)转化为产出 y^t ($y^t \in R_+^M$),用集合表示为:

$$S^t = \{(y^t,x^t):x^t \text{ 可以生产 } y^t\} \tag{3.1}$$

S^t 就是前面提到的生产可能集,其中每一个给定投入的最大产出子集就是生产技术的前沿,即前面提到的生产前沿(面)。

t 时期的产出距离函数可以定义为:

$$D_o^t(x^t,y^t) = \inf\{\theta:(y^t/\theta,x^t) \in S^t\} = (\sup\{\theta:(\theta y^t,x^t) \in S^t\})^{-1} \tag{3.2}$$

其中,$D_o^t(x^t,y^t) \leqslant 1$ 当且仅当 $(x^t,y^t) \in S^t$,$D_o^t(x^t,y^t) = 1$ 当且仅当 (x^t,y^t) 位于生产前沿面上,意味着生产从技术将是完全有效的,即在给定投入的条件下实现最大产出。

为了定义曼奎斯特指数,我们给出一个含有两个不同时期的距离函数:

$$D_o^t(x^{t+1},y^{t+1}) = \inf\{\theta:(y^{t+1}/\theta,x^{t+1}) \in S^t\} \tag{3.3}$$

这个距离函数测度的是以 t 时期的生产技术为参照时投入 (x^{t+1},y^{t+1}) 所能达的最大可能产出与实际产出的比率,则在 t 时期的技术条件下曼奎斯特生产率指数为:

$$M_o^t = D_o^t(x^{t+1},y^{t+1})/D_o^t(x^t,y^t) \tag{3.4}$$

同样可以定义距离函数 $D_o^{t+1}(x^t,y^t)$,即以 $t+1$ 时期的生产技术为参照时投入产出 (x^t,y^t) 所能达到的最大可能产出与实际产出的比率。由此,我们可以定义产出导向型的曼奎斯特指数:

$$M_o^{t+1} = D_o^{t+1}(x^{t+1}, y^{t+1}) / D_o^{t+1}(x^t, y^t) \tag{3.5}$$

为了避免在选择生产技术参考系时的随意性,可用(3.4)式和(3.5)式两个曼奎斯特生产率指数的几何平均值来衡量从 t 时期到 $t+1$ 时期生产率变化的曼奎斯特指数。当该指数大于1时,表明从 t 时期到 $t+1$ 时期的 TFP 是增长的。

$$M_o(x^{t+1}, y^{t+1}; x^t, y^t) = \left[\frac{D_o^t(x^{t+1}, y^{t+1})}{D_o^t(x^t, y^t)} \cdot \frac{D_o^{t+1}(x^{t+1}, y^{t+1})}{D_o^{t+1}(x^t, y^t)} \right]^{\frac{1}{2}} \tag{3.6}$$

根据费尔等人(Färe et al. ,1994),曼奎斯特生产率指数可以分解为技术效率变化(Technical Effeciency Change,EFFCH)和技术进步(Technology Change,TECH)

$$M_o(x^{t+1}, y^{t+1}; x^t, y^t) = \frac{D_o^{t+1}(x^{t+1}, y^{t+1})}{D_o^t(x^t, y^t)} \left[\frac{D_o^t(x^{t+1}, y^{t+1})}{D_o^{t+1}(x^{t+1}, y^{t+1})} \cdot \frac{D_o^t(x^t, y^t)}{D_o^{t+1}(x^t, y^t)} \right]^{\frac{1}{2}}$$
$$= EFFCH \cdot TECH \tag{3.7}$$

其中, $EFFCH = \dfrac{D_o^{t+1}(x^{t+1}, y^{t+1})}{D_o^t(x^t, y^t)}$, $TECH = \left[\dfrac{D_o^t(x^{t+1}, y^{t+1})}{D_o^{t+1}(x^{t+1}, y^{t+1})} \cdot \dfrac{D_o^t(x^t, y^t)}{D_o^{t+1}(x^t, y^t)} \right]^{\frac{1}{2}}$

上式给出的曼奎斯特生产率指数分解为两部分:技术效率 EFFCH 和技术进步 TECH。其中,EFFCH 测度的是从 t 时期到 $t+1$ 时期每个决策单位到最佳实践前沿面的追赶程度(catching-up)。当 $EFFCH > 1$,表示技术效率上升,反之则为技术效率下降。TECH 则测度技术前沿从 t 时期到 $t+1$ 时期的移动。当 $TECH > 1$,表示技术进步,即技术前沿提升,反之为技术倒退。

按照费尔等人(Färe et al. ,1994)所述方法,对于第 i 个决策单位而言,为了测算 TFP 变化,必须计算两个时期的 4 个距离函数值,这需要求解四个线性规划(LP)问题。假设有 K 种要素投入,M 种产出,第 i 个决策单位在第 t 时期的投入产出向量分别为 x_i^t 和 y_i^t,设 λ 为常数列向量,φ 为标量,表示第 i 个决策单位的技术效率。则基于产出的四个线性规划分别为:

$$[D_0^t(x^t, y^t)]^{-1} = \max_{\varphi, \lambda} \varphi ,$$
$$\text{s. t. } -\varphi y_{i,t} + Y_t \lambda \geq 0,$$
$$x_{i,t} - X_t \lambda \geq 0,$$
$$\lambda \geq 0,$$
$$[D_0^{t+1}(x^{t+1}, y^{t+1})]^{-1} = \max_{\varphi, \lambda} \varphi ,$$
$$\text{s. t. } -\varphi y_{i,t+1} + Y_{t+1} \lambda \geq 0,$$
$$x_{i,t+1} - X_{t+1} \lambda \geq 0,$$
$$\lambda \geq 0,$$

$$\left[D_0^t(x^{t+1}, y^{t+1}) \right]^{-1} = \max\nolimits_{\varphi, \lambda} \varphi,$$

s. t. $-\varphi y_{i,t+1} + Y_t \lambda \geqslant 0,$

$x_{i,t+1} - X_t \lambda \geqslant 0,$

$\lambda \geqslant 0,$

$$\left[D_0^{t+1}(x^t, y^t) \right]^{-1} = \max\nolimits_{\varphi, \lambda} \varphi,$$

s. t. $-\varphi y_{i,t} + Y_{t+1} \lambda \geqslant 0,$

$x_{i,t} - X_{t+1} \lambda \geqslant 0,$

$\lambda \geqslant 0,$ $\hspace{6cm}$ (3.8)

需要提及的是,在这四个线性规划中,λ 和 φ 可能取不同值。而且,对样本中的每个决策单位都必须求解如上的四个线性规划。因此,倘若有 20 个决策单位和 2 个时期,就必须求解 80 个线性规划,当增加一个额外时期时,每个决策单位就必须多求解 3 个线性规划。如果 T 时期,则对样本中的每个决策单位就必须求解($3T-2$)个线性规划。因此假定有 N 个决策单位,需要求解 $N \times (3T-2)$ 个线性规划(Coelli,1996a)。

上述的分解是基于规模收益不变的假定做出的。费尔等人(Färe et al.,1994)指出,技术效率变化指数还可以通过可变规模收益与不变规模收益假定的差别,进一步地分解为纯技术效率指数(Pure Technical Efficiency Change, *PECH*)和规模效率指数(Scale Efficiency Change, *SECH*)①。纯技术效率是指实际产出对可变规模收益生产前沿上产出的比值,而技术效率是实际产出对不变规模情收益情况下生产前沿产出的比值。规模效率可以定义为这两个技术效率之间的比值,规模效率的改善表现为要素投入量沿着生产前沿向最佳投入产出规模方向的移动。为了计算纯技术效率变化和规模效率变化,需要求解两个附加的线性规划,即在求 $D_0^t(x^t, y^t)$ 和 $D_0^{t+1}(x^{t+1}, y^{t+1})$ 时,需施加 $I\,1'\lambda = 1$ 的凸限制条件。对于有 N 个决策单位与 T 个时期的情况而言,计算线性规划的数量就从 $N \times (3T-2)$ 增加到 $N \times (4T-2)$。具体运算过程由 CEPA 开发的 DEAP Version 2.1 软件来实现,详细内容可参见科埃利(1996a)。

通过图例可以让我们更为直观地理解基于产出的曼奎斯特生产率指数及其分解。在图 3.1 中,一种投入生产一种产出,从原点出发的两条射线代表 t 和 $t+1$ 时期的规模报酬不变的生产前沿,可以用生产可能性集合 S^t 和 S^{t+1} 来表示。那么在 t 时

---

① 事实上,近些年来出现不少有关技术效率分解的方法,例如费尔和格罗斯克夫在 1996 年将其分解为投入偏差、产出偏差和"数量"组分。但本研究主要采用费尔等人(Färe et al.,1994)的分解方法,尽管这种分解方法存在较大的争议(蒂莫西·J·科埃利等,2008)。

期观测到的投入产出点为 (x^t, y^t)，则以 t 时期的技术表示的距离函数 $D^t(x^t, y^t) = 0a/0b$，即在给定投入情况下实际产出与生产前沿面的产出之比。同样地，在 $t+1$ 时期观测到的投入产出点为 (x^{t+1}, y^{t+1})，以 t 时期的技术表示的 $t+1$ 时期距离函数 $D^t(x^{t+1}, y^{t+1}) = 0d/0c$，那么 t 时期技术条件下的曼奎斯特生产率指数可以表示为：

$$M_o^t = D_o^t(x^{t+1}, y^{t+1})/D_o^t(x^t, y^t) = (0d/0c)/(0a/0b) \tag{3.9}$$

以 $t+1$ 时期的生产前沿为参考时，(x^t, y^t) 和 (x^{t+1}, y^{t+1}) 这两个观测点对应的曼奎斯特生产率指数为：

$$M_o^{t+1} = D_o^{t+1}(x^{t+1}, y^{t+1})/D_o^{t+1}(x^t, y^t) = (0d/0f)/(0a/0e) \tag{3.10}$$

如前所述，基于产出的曼奎斯特生产率指数是取上述两个指数的几何平均值，且可分解为技术效率变化与技术进步率，因此

$$M = (M_o^t \cdot M_o^{t+1})^{1/2} = [(0d/0c)/(0a/0b) \cdot (0d/0f)/(0a/0e)]^{1/2}$$
$$= [(0d/0f)/(0a/0b)][(0f/0e)/(0c/0b)]^{1/2} \tag{3.11}$$

其中，$EFFCH = [(0d/0f)/(0a/0b)]$，$TECH = [(0f/0e)/(0c/0b)]^{1/2}$

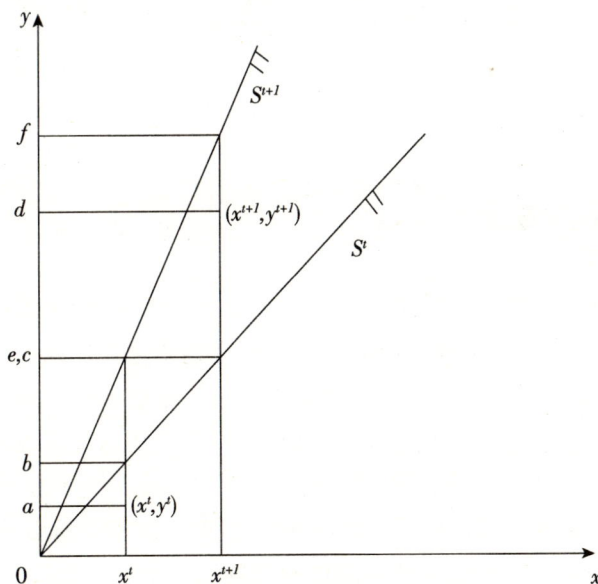

图 3.1　基于产出的曼奎斯特生产率指数及其分解

图表来源：郑京海，胡鞍钢：《中国改革时期省际生产率增长变化的实证分析(1979～2001 年)》，《经济学》(季刊)2005 年第 4 期。

在图 3.2 中，一种投入生产一种产出，OBE 为规模报酬不变的生产前沿，ABC 为规模报酬可变的生产前沿，AB 表示规模报酬递增，BC 表示规模报酬递减，D 点为实

际的投入产出点(x^t, y^t)。以规模报酬不变前沿面为参照,D 点的技术效率为 DE/EF,纯技术效率是以规模报酬可变生产前沿面为参照,E 生产点的纯技术效率为 DE/CF,规模效率为 CF/EF(何元庆,2006)。

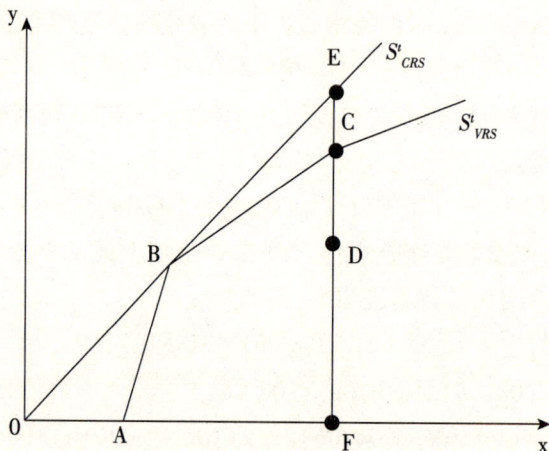

图 3.2　基于产出的纯技术效率及规模效率

图表来源:何元庆:《对外开放与生产率增长:基于中国省际面板数据的经验研究》,浙江大学博士论文,2006 年。

二、数据来源与变量选择

(一)样本说明

与大部分研究文献类似,我们以 1978～2007 年间作为本章研究的样本期间[①]。样本期间选择的相同,可以方便本研究与已有研究结果进行比较,更为重要的是,通过对这一样本期间的估计,能够使我们更为明朗地洞悉改革开放 30 年来我国全要素生产率的动态演进特征,为探寻经济增长源泉及评价经济增长质量提供依据。同时考虑到 20 世纪 90 年代前后,我国经济结构和对外开放格局发生较大变化,全要素生产率增长特征应当有所差异,因此在实际分析过程中,将样本期间进一步划分为两个子区间:1978～1990 年间和 1991～2007 年间[②]。

---

①　基于 DEA 方法,颜鹏飞、王兵(2004)选择样本期间为 1978～2001,郑京海、胡鞍钢(2005)选择样本期间为 1979～2001,郭庆旺等(2005)的选择样本期间为 1979～2003。本章做法与这些文献类似。

②　事实上,本研究将 1991～2007 年作为一个重要的子样本期间加以考虑,一个重要原因是由于数据不足引起的。由于在第 4、5、6 章内容中,我们将重点分析人力资本与全要素生产率增长关系以及各个经济变量的影响,而人力资本及各种经济变量的指标数据在 1980 年代缺失较为严重。因此在采用多变量分析时,均以 1990 年代以来作为研究区间。

我们使用的 1978～2007 年间我国 29 个省份面板数据。考虑到重庆 1997 年设立直辖市,为了保持数据连续性,重庆和四川数据合并计算;由于西藏部分数据缺省,将其排除在样本之外。因此,一共是 29 个样本省区。在空间上,我们按照传统划分方法,将全国分为东、中、西部三大区域。其中,东部地区包括 11 个省区,分别是北京、天津、河北、辽宁、上海、江苏、浙江、福建、山东、广东、海南;中部地区包括 8 个省区,分别是黑龙江、吉林、山西、安徽、江西、河南、湖北、湖南;西部地区包括 10 个省区,分别是四川、贵州、云南、陕西、甘肃、青海、宁夏、新疆、广西、内蒙古。

本章的原始数据来自于《新中国 50 年统计资料汇编》、《新中国 55 年统计资料汇编》、《中国国内生产总值核算历史资料:1952～1995》、《中国统计年鉴》(历年)以及各省市《统计年鉴》(历年)。

(二)分析变量

为测算 1978～2007 年间我国省际全要素生产率变动情况,需要用到产出值、资本存量和劳动投入等数据。其中,产出值采用反映地区经济增长水平的 GDP 来表示,并按照 1978 年可比价格换算。在衡量劳动力投入时,劳动时间可能是比劳动力人数更好的度量,但在中国是很难获得这方面的数据(郑京海、胡鞍钢,2005)。基于数据可得性,我们采用全社会年底从业人员数来表示劳动投入。原始数据均来自于《新中国 55 年统计资料汇编》、《中国国内生产总值核算历史资料:1952～1995》、《中国统计年鉴》和各省份历年统计年鉴。

关于资本投入,我们采用通用的永续盘存法来度量,公式如下:

$$K_t = (1 - \delta)K_{t-1} + I_t/P_t \tag{3.12}$$

其中,K_t 表示第 t 年年末实际资本存量,K_{t-1} 表示上一年年末实际资本存量,I_t 表示第 t 年名义投资,P_t 为固定资本投资价格指数,δ 表示折旧率。

在实际计算过程中,我们将各省份的实际折旧率假定为 5%[①]。2004 年以前各省区固定资本投资平减指数主要用固定资本形成指数计算得到,2005 年和 2006 年按照《中国统计年鉴》中各省固定资产投资价格指数计算。为估算各省份基准年(1978 年)的初始资本存量,我们首先假定基准年全国资本-产出比为 3,然后假定某

[①]　折旧率是影响资本存量测量精度的一个重要参数。不同学者对折旧率的选取存在差异,比如:黄勇峰、任若恩和刘晓生(2002)对固定资产中的建筑和设备假定了不同的折旧率,其中建筑物折旧率为 8%,设备折旧率为 17%。王金营(2001)考虑到不同时期固定资产领域和技术进步的影响,将 1978 年之前假定为 3%,1978～1990 年为 5%,1990 年之后为 5.5%。其他一些研究通常假定一个不变的折旧率,如王小鲁、樊刚(2000)假定折旧率为 5%,龚六堂等(2004)对全国各省都假定 10%的折旧率。张军等(2004)则将各省市的折旧率无差别地设定为 9.6%。本研究采用经验的折旧率方法,将实际折旧率假定为 5%。

一省份占全国资本存量的比重与其占总 GDP 的比重相同,即可获得该省份在 1978 年的资本存量[①]。如果在长期中资本存量的初始值相对较小,则对初始资本存量的任何合理的估计都不会对回归结果产生显著影响(姚树洁等,2006)。

三、实证结果与分析

根据前述的曼奎斯特指数法,以价格调整之后的 GDP 作为产出指标,历年实际物质资本存量和劳动就业人口数作为两种投入要素指标,利用软件 DEAP 2.1 计算我国 29 个省区历年全要素生产率变化(TFP)、技术进步率(TECH)、技术效率变化(EFFCH)、纯技术效率变化(PECH)以及规模效率变化(SECH)。

(一)法雷尔(Farrell)技术效率与最佳实践前沿面

从表3.1来看,1979~2007 年间,全国平均法雷尔技术效率指数值呈下降趋势。1979 年为 0.915,1990 年降为 0.770,2000 年下降为 0.663,到 2007 年进一步下降到 0.584。与此对应的是,技术效率水平的标准差呈现逐年扩大趋势,从 1979 年的 0.0647 增加到 2007 年的 0.2029。这表明一些省份的技术效率水平正在追赶上来,另一些省份的技术效率水平却在恶化,效率高的省份和效率低的省份之间的差距正在逐渐拉开,这一发现与郑京海、胡鞍钢(2005)及岳书敬、刘朝明(2006)的研究结果相一致。进一步从表3.2发现,我国技术效率水平存在着明显的省际差异:东部沿海地区,如上海、天津、广东、福建和浙江等省市的效率指数都超过 0.8,而西部地区大部分省区的效率指数在 0.6 左右,明显低于全国平均水平,比如宁夏为 0.536,青海更是低至 0.456。从时间模式上看,大部分欠发达地区的技术效率整体表现出下降趋势,与生产前沿面的距离逐渐拉大。可见,欠发达地区与生产前沿面渐行渐远的事实,对于旨在实现区域协调发展政策当局来说,是一个必须直面的问题。

进一步观察 1979~2007 年我国生产前沿面的变化情况,我们发现,上海一直扮演最佳实践者的角色,成为推进我国技术进步的急先锋,福建、广东和天津也在多数年份位于最佳实践者行列。显然,只有那些经济相对发达地区才能持久地成为推动我国技术进步的最佳实践者。

[①] 从以往文献看,关于基期资本存量的估算方法也是仁者见仁,因而估算的结果也就各有差异,本研究对基期资本—产出比率取一个中间数值,假定 1978 年资本存量总额相当于当年国内生产总值的 3 倍。关于资本—产出比率的具体分析可参考李治国、唐国兴(2003)。

表 3.1　我国 1979～2007 年间法雷尔技术效率及标准差（DEA）

年份	平均值	标准差.	年份	平均值	标准差.
1979	0.915	0.0647	1994	0.677	0.1672
1980	0.873	0.0758	1995	0.680	0.1730
1981	0.841	0.1003	1996	0.681	0.1756
1982	0.838	0.1043	1997	0.675	0.1808
1983	0.848	0.1012	1998	0.678	0.1823
1984	0.822	0.1070	1999	0.671	0.1860
1985	0.789	0.1132	2000	0.663	0.1871
1986	0.783	0.1189	2001	0.650	0.1898
1987	0.802	0.1343	2002	0.637	0.1934
1988	0.802	0.1403	2003	0.628	0.1960
1989	0.789	0.1346	2004	0.616	0.1979
1990	0.770	0.1383	2005	0.607	0.1975
1991	0.739	0.1440	2006	0.601	0.2001
1992	0.714	0.1573	2007	0.584	0.2029
1993	0.690	0.1604			

表 3.2　我国各省 1979～2007 年间平均法雷尔技术效率比较（DEA）

省份	技术效率	省份	技术效率
北京	0.656	河南	0.697
天津	0.893	湖北	0.787
河北	0.697	湖南	0.958
山西	0.675	广东	0.927
内蒙古	0.655	广西	0.684
辽宁	0.844	海南	0.869
吉林	0.751	四川	0.683
黑龙江	0.771	贵州	0.605
上海	1.000	云南	0.654
江苏	0.739	陕西	0.630

省份	技术效率	省份	技术效率
浙江	0.850	甘肃	0.582
安徽	0.821	青海	0.456
福建	0.957	宁夏	0.536
江西	0.598	新疆	0.624
山东	0.727	全国平均	0.735

(二)全要素生产率变动的时间趋势

从表3.3中(Ⅰ)列全国平均的时间序列来看,全要素生产率平均增长率为2.4%,从分解项来看,技术进步年均增长率为4.5%,而技术效率每年下降2%。说明总体上生产率的增长是由技术进步引起的,这一结论与郑京海、胡鞍钢(2005)研究结论相似。从累积增长率来看,1979～2007年间,全要素生产率累积增长率为116.9%,其中技术进步累积增长率高达271.9%,而技术效率累积变化为-41.4%。进一步分析发现,无论是1979～1990年还是1991～2007年间,我国全要素生产率增长主要来源于技术进步的贡献,而不是来源于技术效率增进:1978～1990年间,年均技术进步为4.8%,年均技术效率变化为-2%;1991～2007年间,年均技术进步率为4.1%,年均技术效率变化为-1.8%。值得注意的是,全要素生产率变动表现出鲜明的两阶段特征(见图3.3):1990年之前波动较为频繁且幅度较大,1990年之后波动较为平缓。全要素生产率在不同时期表现出的不同特征,在一定程度上说明了我们此前将样本期间划分两个子区间的必要性与合理性。

表3.3　历年平均曼奎斯特生产率指数及其分解(DEA)

年份	(Ⅰ)DEA-no hum(1979～2007)					(Ⅱ)DEA-hum(1991～2007)				
	TFP	*TECH*	*EFFCH*	*PECH*	*SECH*	*TFP*	*TECH*	*EFFCH*	*PECH*	*SECH*
1979	1.028	1.125	0.914	0.945	0.967	—	—	—	—	—
1980	1.043	1.094	0.953	0.971	0.981	—	—	—	—	—
1981	1.024	1.067	0.960	0.965	0.995	—	—	—	—	—
1982	1.055	1.060	0.996	0.987	1.009	—	—	—	—	—
1983	1.049	1.037	1.012	1.014	0.999	—	—	—	—	—
1984	1.08	1.114	0.969	0.981	0.988	—	—	—	—	—

年份	（Ⅰ）DEA-no hum（1979~2007）					（Ⅱ）DEA-hum（1991~2007）				
	TFP	*TECH*	*EFFCH*	*PECH*	*SECH*	*TFP*	*TECH*	*EFFCH*	*PECH*	*SECH*
1985	1.040	1.086	0.958	0.972	0.986	–	–	–	–	–
1986	0.989	0.997	0.992	0.996	0.996	–	–	–	–	–
1987	1.019	0.998	1.021	1.007	1.014	–	–	–	–	–
1988	1.032	1.034	0.998	0.999	0.999	–	–	–	–	–
1989	0.988	1.003	0.985	0.99	0.995	–	–	–	–	–
1990	0.996	1.022	0.975	0.98	0.995	–	–	–	–	–
1991	1.022	1.068	0.957	0.971	0.986	1.025	1.073	0.955	0.969	0.986
1992	1.063	1.106	0.961	0.962	0.999	1.060	1.104	0.960	0.960	1
1993	1.049	1.087	0.965	0.992	0.973	1.051	1.098	0.958	0.985	0.973
1994	1.032	1.056	0.977	0.996	0.981	1.023	1.046	0.978	0.996	0.982
1995	1.022	1.019	1.002	1.010	0.993	1.017	1.023	0.994	1.006	0.988
1996	1.027	1.025	1.002	1.003	0.999	1.026	1.021	1.005	1.001	1.004
1997	1.022	1.034	0.989	0.989	1	1.016	1.02	0.996	0.999	0.997
1998	1.017	1.014	1.003	0.993	1.010	1.016	1.016	1	0.993	1.006
1999	1.008	1.020	0.988	0.992	0.995	1.001	1.012	0.989	0.995	0.994
2000	1.013	1.026	0.987	0.990	0.998	1	0.995	1.004	0.998	1.007
2001	1.014	1.038	0.977	0.984	0.993	1.008	1.023	0.985	0.986	0.999
2002	1.011	1.034	0.978	0.987	0.991	1.015	1.038	0.978	0.988	0.989
2003	1.017	1.035	0.982	0.989	0.993	1.011	1.032	0.980	0.988	0.992
2004	1.015	1.037	0.978	0.986	0.993	1.015	1.035	0.980	0.987	0.993
2005	1.011	1.026	0.985	0.985	1	1.021	1.033	0.989	0.986	1.002
2006	1.005	1.017	0.988	0.984	1.004	1.001	1.012	0.989	0.985	1.004
2007	1.022	1.055	0.968	0.958	1.011	1.021	1.058	0.965	0.965	1.001
平均值	1.024	1.045	0.980	0.985	0.994	1.019	1.037	0.983	0.987	0.995

说明：其中 *TFP*、*TECH*、*EFFCH*、*PECH*、*SECH* 分别表示全要素生产率指数、技术进步指数、技术效率变化指数、纯技术效率变化指数、规模效率变化指数。DEA-no hum 表示不考虑人力资本作用的 DEA 分析结果，DEA-hum 表示考虑人力资本作用的 DEA 分析结果。下同。

进一步从表 3.3（Ⅰ）列中发现，在 1986、1989 和 1990 年我国出现全要素生产率增长率为负数的情况,主要原因是技术进步不足甚至倒退。而在 20 世纪 90 年代初期,全要素生产率增长表现出强劲势头,尤其在 1992 年出现峰值。联系到当时特有的时代背景,我们不难理解全要素生产率在 1990 年代初期出现快速提升的现象:1992 年邓小平南巡讲话之后,我国对外开放呈现出全新的局面,表现为外商直接投资大量涌入以及进出口贸易的蓬勃发展。一方面,外商直接投资的溢出效应促进了先进技术和思想在中国的传播与扩散(迪斯,1998);另一方面,贸易开放通过从发达国家引进的产品、设备、仪器给本国带来了更多技术学习的机会(格罗斯曼和赫尔普曼,1991)。1997 年之后,我国全要素生产率增长呈现缓慢走低迹象,这可能与亚洲金融危机之后国际经济形势和我国国内一系列改革密切相关(颜鹏飞、王兵,2005)。

作为测算结果的对比,我们采用与岳书敬、刘朝明(2006)相类似的处理方法,在劳动投入方面进一步考虑劳动力质量问题,也就是说,我们将简单的劳动投入替换为有效劳动(即考虑到人力资本影响)。人力资本水平的度量采用国际通行的 Barro and Lee(2001)方法,即用平均受教育年限来表示。按照多数文献的做法,我们将小学、初中、高中、大专及以上的受教育年限分别设为 6 年、9 年、12 年和 16 年。其中 1990~2001 年相关数据来自于陈钊等(2004)的估计[①],2002~2007 年的数据根据历年《中国人口统计年鉴》计算得到。在测算全要素生产率增长情况的过程中,基本方法依然遵循 DEA-曼奎斯特指数法,其中,产出指标仍是各省份实际 GDP 总额,投入指标则是各省份实际物质资本存量与有效劳动投入(或称人力资本存量)两种要素指标。需要说明的是,由于 20 世纪 80 年代有关人力资本的指标数据缺失相当严重,如果仅仅依赖于传统的内插外推法或者采用自回归移动平均模型等方法进行估测,恐怕难以满足数据可靠性的要求。经过权衡取舍,我们决定将所要分析的样本期间设定为 1991~2007 年。更为重要的是,做出此安排主要是有如下考虑的:首先,进入 20 世纪 90 年代以后,我国逐渐与国际惯例接轨,各省区市加强对有关经济指标时间序列数据的搜集与整理,有效地保证了省际面板数据的完备性,从而满足进行多变量面板数据计量分析的需要;其次,相比于 1980 年代,我们更感兴趣的是 1990 年代中国进入"社会主义市场经济"体制转型与对外开放日益扩大的条件下,其经济增长形态与动力来源会有何不同。因此,在后续的研究中(第 4、5、6 章),凡是涉及多变量,我们都将所考察的样本期间一致地设定为 1991~2007 年间。

表 3.3 中(Ⅱ)列揭示的是加入人力资本影响情况下全要素生产率增长情况,从

---

① 我们对允许使用这一数据的作者表示感谢。关于这一套数据的详细说明可进一步参阅陈钊等(2004)所发表的《中国人力资本和教育发展的区域差异:对于面板数据的估算》一文。

中不难发现,1991～2007 年间我国全要素生产率年均增长为 1.9%,技术进步率为 3.7%,技术效率年均变化为-1.7%。在子样本期间 1991～2007 年,比较不考虑人力资本作用与考虑人力资本作用的两种情况会发现,在考虑人力资本作用的情况下,全要素生产率增长率有所降低,这一结论与岳书敬、刘朝明(2006)研究一致。就两个分解项而言,技术效率变化率普遍升高(29 个省份中有 25 个,除山西、青海、宁夏和新疆外),技术进步率普遍下降(29 省份中有 28 个,除贵州外)。尽管两种情况得到回归结果存在一定差异,但可以肯定的是,无论是否考虑人力资本作用,在样本期间,我国全要素生产率都表现为增长趋势,其中,技术进步成为全要素生产率增长的主要动力,技术效率仅在个别年份对生产率增长有促进作用,在多数年份为负贡献。

(三)全要素生产率变动的区(省)域差异

从区域层面看(图 3.3～3.8),无论是否考虑人力资本作用,三大经济区域的全要素生产率增长、技术进步以及技术效率变化趋势大致相同:在 20 世纪 80 年代表现出波动频繁、幅度大的特点,在 20 世纪 90 年代波动相对平缓。就全要素生产率增长而言,东部地区明显高于中西部地区。比如考察 1991～2007 样本期间,在不考虑人力资本作用情况下,全要素生产率增长在东部地区的平均增长率为 3.4%,中部为 2.5%,二者均高于全国平均水平(2.2%),而西部地区全要素生产率平均增长仅为 0.7%,低于全国平均水平;而在考虑人力资本作用情况下,东部地区全要素生产率年均增长为 2.9%,中部地区为 2.1%,西部地区为 0.5%。就技术进步指数和技术效率变动指数而言,东部地区也明显优于中西部地区。尽管全要素生产率变动存在鲜明的区域差异,呈现出东—中—西部地区从高到低的态势,但比较其两大分解项可以发现,三大经济区域全要素生产率增长都主要仰仗于技术进步的贡献,技术效率变化只起到负贡献。

从省际层面看(以 DEA-no hum 为例),不同省份的全要素生产率增长也存在差异。比如 1991～2007 年间,全要素生产率增长最快三个省市分别为北京(7.8%)、上海(6.7%)和天津(4.5%),而增长最慢的省市分别为新疆(-0.1%)、贵州(-0.4%)和云南(-0.8%)。可见生产率增长较快的省市多集中于东部地区,而西部地区增长相对滞缓,甚至出现负增长。这点似乎表明我国全要素生产率增长具有一定空间集聚特征,为使判断更为合理,我们将在下文运用空间计量分析方法对全要素生产率增长的空间集聚性和空间相关性进行实证检验。

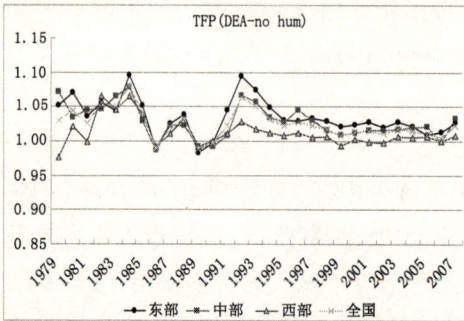

图 3.3　各区域全要素生产率变动情况

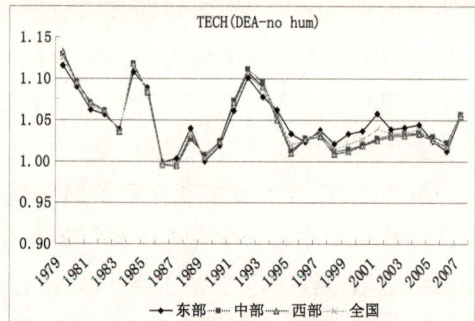

图 3.4　各区域技术进步变动情况

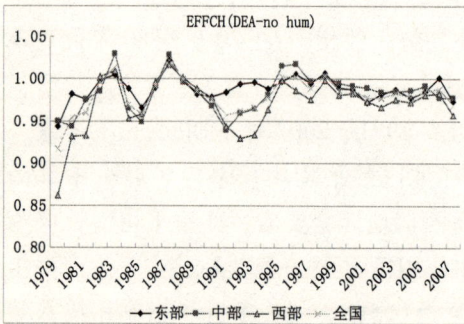

图 3.5　各区域技术效率变动情况

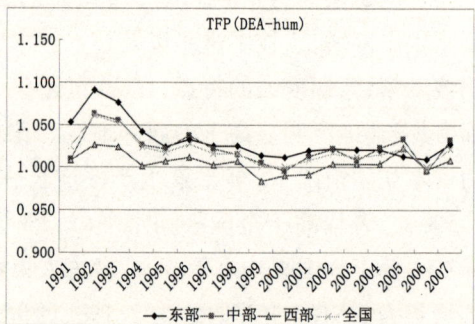

图 3.6　各区域全要素生产率变动情况

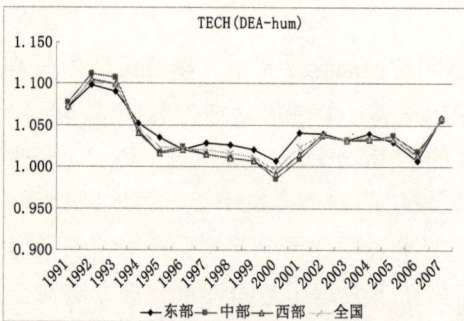

图 3.7　各区域技术进步变动情况

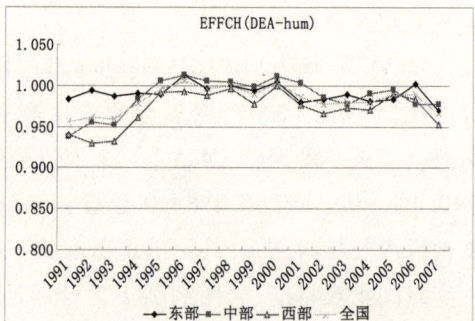

图 3.8　各区域技术效率变动情况

表 3.4 各省份平均曼奎斯特生产率指数及其分解（DEA）

省份	（Ⅰ）DEA-no hum (1979~1990)			（Ⅱ）DEA-no hum (1991~2007)			（Ⅲ）DEA-hum (1991~2007)		
	TFP	*TECH*	*EFFCH*	*TFP*	*TECH*	*EFFCH*	*TFP*	*TECH*	*EFFCH*
北京	1.005	1.043	0.963	1.078	1.098	0.983	1.060	1.078	0.983
天津	1.016	1.035	0.982	1.045	1.030	1.015	1.045	1.030	1.015
河北	1.027	1.051	0.979	1.020	1.040	0.982	1.020	1.038	0.983
山西	1.014	1.050	0.967	1.039	1.040	1	1.035	1.035	0.999
内蒙古	1.025	1.051	0.976	1.002	1.038	0.966	1.003	1.037	0.967
辽宁	1.030	1.041	0.989	1.020	1.032	0.988	1.020	1.031	0.989
吉林	1.029	1.048	0.983	1.017	1.038	0.980	1.017	1.037	0.981
黑龙江	1.019	1.04	0.981	1.034	1.036	0.999	1.033	1.034	0.999
上海	1.045	1.045	1	1.067	1.067	1	1.060	1.060	1
江苏	1.027	1.049	0.979	1.015	1.035	0.980	1.013	1.033	0.981
浙江	1.040	1.052	0.987	1.017	1.036	0.982	1.018	1.036	0.982
安徽	1.034	1.051	0.984	1.033	1.047	0.986	1.031	1.042	0.989
福建	1.053	1.053	1.001	1.030	1.041	0.989	1.025	1.034	0.991
江西	1.021	1.054	0.970	1.004	1.043	0.964	1	1.038	0.964
山东	1.027	1.053	0.976	1.027	1.038	0.989	1.024	1.035	0.989
河南	1.026	1.051	0.979	1.018	1.042	0.978	1.011	1.033	0.979
湖北	1.044	1.053	0.992	1.015	1.039	0.977	1.005	1.028	0.977
湖南	1.048	1.051	0.999	1.042	1.041	1.001	1.039	1.038	1.001
广东	1.055	1.052	1.004	1.025	1.036	0.989	1.024	1.035	0.989
广西	1.029	1.051	0.981	1.015	1.046	0.971	1.016	1.046	0.971
海南	1.047	1.052	0.996	1.029	1.039	0.990	1.026	1.036	0.990
四川	1.029	1.051	0.981	1.008	1.037	0.973	1.003	1.029	0.975
贵州	1.018	1.051	0.971	0.996	1.029	0.968	1.013	1.044	0.970
云南	1.042	1.051	0.995	0.992	1.043	0.952	0.986	1.032	0.955
陕西	1.018	1.053	0.967	1.026	1.041	0.986	1.021	1.036	0.986
甘肃	1.015	1.051	0.967	1.016	1.040	0.978	1.011	1.034	0.978
青海	0.986	1.044	0.945	1.008	1.036	0.974	1.001	1.029	0.972

省份	（Ⅰ）DEA-no hum (1979~1990)			（Ⅱ）DEA-no hum (1991~2007)			（Ⅲ）DEA-hum (1991~2007)		
	TFP	TECH	EFFCH	TFP	TECH	EFFCH	TFP	TECH	EFFCH
宁夏	1	1.046	0.958	1.009	1.036	0.975	1.003	1.031	0.973
新疆	1.021	1.049	0.975	0.999	1.032	0.968	0.996	1.031	0.966
东部	1.034	1.048	0.987	1.034	1.045	0.990	1.029	1.039	0.991
中部	1.030	1.050	0.982	1.025	1.041	0.986	1.021	1.034	0.987
西部	1.018	1.050	0.972	1.007	1.038	0.971	1.005	1.033	0.973
全国	1.027	1.049	0.980	1.022	1.041	0.982	1.019	1.037	0.983

第二节　中国省际全要素生产率增长与分解:随机前沿分析

一、随机前沿分析的基本原理

一般而言,生产者现实的效率水平与技术前沿之间往往存在一定距离,即技术无效率(Technical Inefficiency)。爱格纳和朱(Aigner and Chu,1968)提出了确定性前沿生产函数模型,将生产者效率分解为技术前沿(Technological Frontier)和技术效率(Technical Efficiency)两个部分,前者阐释所有生产者投入—产出函数的边界;后者描述个别生产者实际技术与技术前沿的差距。考虑到生产过程中也会出现各种随机因素的影响,爱格纳等人(Aigner et al.,1977)以及米奥森和布鲁克(Meeusen and Broeck,1977)在确定性前沿模型基础上引入随机扰动项,分别独立地提出了随机前沿方法,并推导了随机前沿模型的极大似然函数,以更为准确地描述生产者行为。最初的随机前沿模型专门针对于横截面数据的生产函数,而后发展为面板数据的随机前沿模型。下面,我们借鉴巴蒂斯和科埃利(Battese and Coelli,1992、1995)方法,并参照王志刚等(2006)的表述,就随机前沿分析的基本原理做简要介绍。

（一）随机前沿生产函数模型

本研究采用的随机前沿生产函数定义如下:

$$y_{it} = X_{it}\beta + (\nu_{it} - u_{it}) \tag{3.13}$$

$$\nu_{it} \sim N(0, \sigma_{\nu}^2) \tag{3.14}$$

$$u_{it} \sim N^+(\mu_{it}, \sigma_{it}^2) \tag{3.15}$$

$$\mu_{it} = Z_{it}\delta \tag{3.16}$$

$$\sigma_{it}^2 = \exp(Z_{it}\theta) \tag{3.17}$$

$$\sigma_\nu^2 = \exp(Z_{it}\lambda) \tag{3.18}$$

其中,下标 i,t 分别表示地区和年份; y_{it} 表示实际产出水平(取自然对数); X_{it} 表示各种投入要素(取自然对数)、年份、二次项及交叉乘积项; β 为待估参数; v_{it} 为随机误差项,用于反映测量误差、经济波动以及各种不可控的随机因素(比如运气、天气等); u_{it} 为生产过程中的技术无效率项,服从半正态分布,为非负随机变量, u_{it} 和 v_{it} 独立不相关; Z_{it} 表示影响技术无效率项的外部环境变量; δ 为无效率方程中外部环境变量系数的待估值; θ 为无效率项方差方程系数的待估值。(3.13)式为随机前沿生产函数模型;(3.14)式为复合残差项,代表实际产出与潜在最大产出的差异;(3.15)式为生产无效率项的分布;(3.16)式为生产无效率项的均值方程,由一组外生变量解释。(3.17)式为无效率项的方差。本研究遵循巴蒂斯和柯拉(1977)对复合残差项的推导结果:

$$\sigma^2 = \sigma_u^2 + \sigma_\nu^2, \text{定义} \gamma = \sigma_u^2/\sigma^2 \in [0,1] \tag{3.19}$$

式(3.19)中, γ 反映随机扰动项中技术无效率项所占的比例,通过 γ 可判断模型设定是否合适。如果 $\gamma = 0$,表明实际产出偏离前沿产出完全是由白噪声(White Noise)引起的,无效率项为一个常数,没有必要采取随机前沿模型,OLS 法即可实现对生产函数的估计。如果 $\gamma = 1$,表明实际产出偏离前沿产出完全是由生产无效率引起的,而和随机误差不相关。 γ 越趋近于 1,说明误差主要来源于技术非效率,采用随机前沿模型就越合适(周晓艳、韩朝华,2009)。

(二)全要素生产率增长的分解

早期的随机前沿方法多以 C-D 生产函数为主,其优点是模型简单,需要估计的参数个数较少,但缺点是假设过强,尤其是固定不变的要素产出弹性与许多生产者行为不符(傅晓霞、吴利学,2006)。目前国内研究多数采用超越对数(Translog)生产函数形式,其特点具有较强的包容性,可以视为任何形式生产函数的二次泰勒近似,且由于投入要素的产出弹性会随着投入要素数量的变化而变化,还可以退化为 C-D 生产函数,在现实中具有较大的普适性。超越对数生产函数可表示为:

$$\ln y_{it} = \beta_0 + \sum_j \beta_j \ln x_{ijt} + \beta_t t + \frac{1}{2}\Big\{\sum_j \sum_k \beta_{jk} \ln x_{ijt} \ln x_{ikt} + \beta_{tt} t^2\Big\} + \sum_j \beta_{jt} \ln x_{ijt} t + \varepsilon_{it}$$

其中, $\ln y_{it}$ 是第 i 个地区第 t 年的对数产出($i = 1,2,\cdots,N$; $t = 1,2,\cdots,T$), $\ln x_{ijt}, \ln x_{kjt}$ 是第 i 个地区第 t 年第 j,k 种投入要素的对数形式。本研究主要包括资本

和劳动两种投入要素($j=1$,$k=2$)。因此,超越对数生产函数简写为:

$$\ln y_{it} = \beta_0 + \beta_1 \ln K_{it} + \beta_2 \ln L_{it} + \beta_3 (\ln K_{it})^2 + \beta_4 (\ln L_{it})^2$$
$$+ \beta_5 (\ln K_{it} \ln L_{it}) + \beta_6 t \ln K_{it} + \beta_7 t \ln L_{it} + \beta_8 t + \beta_9 t^2 + \varepsilon_{it} \tag{3.20}$$

根据奎哈卡(Kumbhakar,2000)的思路并结合式(3.20),可以将全要素生产率的变化分解为四个部分:技术进步($TECH$)、技术效率变化($EFFCH$)、规模经济(SE)和配置效率(AE)。

(1)技术进步(TECH)

技术进步是指控制了要素投入之后技术前沿随时间变化而变化的速度,即:

$$TECH_{it} = \partial \ln y_{it} / \partial t = \beta_6 \ln K + \beta_7 \ln L + \beta_8 + 2\beta_9 t \tag{3.21}$$

由式(3.21)可知,技术进步由两部分组成:一是纯粹的技术变化部分,表示为所有地区共同面临的技术进步率,即式(3.21)中的β_8;另一部分是非中性技术进步,随不同地区和时间而变,即式(3.21)中的$\beta_6 \ln K + \beta_7 \ln L + 2\beta_9 t$。

(2)技术效率变化($EFFCH$)

首先我们定义技术效率为:

$$TE_{it} = \exp(-\hat{u}_{it}) \tag{3.22}$$

需要指出的是,技术效率值介于$0 \sim 1$之间。当$\hat{u}_{it} = 0$时,表明存在完全的技术效率,TE_{it}等于1;当$\hat{u}_{it}$趋向于无穷大时,表明存在完全的技术无效率,TE_{it}等于0。由式(3.22)可得到技术效率变化率为:

$$\dot{TE}_{it} = (TE_{it} / TE_{it-1}) - 1 \tag{3.23}$$

为了便于比较分析,我们采用与DEA方法相同的符号表示,我们将技术效率变化率$\dot{TE}_{it}$改写为$EFFCH$。

(3)规模经济(SE)

规模经济是指在其他条件不变的情况下,产出增长比例要高于要素投入规模综合增长比例,表示为:

$$SE = (E - 1) \sum_j \frac{E_j}{E} X_j \tag{3.24}$$

其中,E_j为投入要素的产出弹性,$E = \sum_j E_j$为规模弹性。

(4)配置效率(AE)

现实的生产活动中,实际的要素投入比例往往会与利润最大化条件下的要素匹配比例发生偏离,因而,要素投入结构变化会对生产率增长形成影响,一般用配置效率(AE)表示,即:

$$AE = \sum_j (\lambda_j - S_j) X_j \qquad (3.25)$$

其中 S_j 表示 j 要素在总投入要素成本中所占份额，$\sum S_j = 1$，$\lambda_j = E_j / \sum E_j$。

因此，全要素生产率增长可以分解为技术进步（$TECH$）、技术效率变化（$EFFCH$）、规模经济（SE）以及配置效率（AE）四个部分。

（三）计量方法问题

在随机前沿模型中，分析技术效率的变化和外部环境变量是极为关键的。在实际生产过程中，一些外部环境变量尽管并不直接进入生产，但却可能对生产的技术效率产生重要影响。综合考虑这些环境变量对技术效率的影响会得到更为有效的回归结果[1]。早期的一些学者（比如彼特和李，1981）往往采用两步估计方法来探讨环境变量与技术效率之间的关系。所谓两步估计方法的第一步是：在忽略环境变量的情况下，估算传统的生产前沿模型，从而得到相应的技术效率；第二步是：用这些估算得到的技术效率对环境变量进行回归分析。然而正如奎哈卡、戈什和麦古金（Kumbhakar、Ghosh and McGuckin，1991）指出的，技术效率的两步回归方法存在内在的假设冲突，导致回归结果有偏。如果外部环境变量被纳入到第一步估算中，则技术效率仅仅是环境变量的一个函数，那么第二步的回归分析就变得毫无必要了，因为技术效率与环境变量的关系是已知的（蒂莫西·J·科埃利等，2008）。解决这一问题的方式是采用一步估计方法，即允许外部环境变量直接影响生产前沿的无效效应：$u_{it} \sim N^+(\mu_{it}, \sigma_{it}^2)$，其中 $\mu_{it} = Z_{it}\delta$，Z_{it} 是那些影响技术效率的外部环境变量。因而，生产前沿的无效效应 u_{it} 不再服从独立同分布。采用一步的极大似然估计法可以估计出所有的参数。巴蒂斯和科埃利（1995）同时引入时间和其他环境变量，将这一模型推广应用到面板数据情形。王和施密特（Wang and Schmidt，2002）利用蒙特卡罗模拟方法（Monte Carlo Simulation）发现一步估计要优于二步估计。

在具体估计过程中，采用的极大似然估计方法（Maximum Likelihood Estimation，MLE）的基本思想是遵循巴蒂斯和柯拉（Battese and Corra，1977）做法：即分别用两个参数 $\sigma^2 = \sigma_u^2 + \sigma_\nu^2$，$\gamma = \sigma_u^2/\sigma^2$ 分别替换随机误差的方差 σ_ν^2 和技术效率的方差 σ_u^2，根据被估计方程的极大似然函数用数值方法计算 σ^2 和 γ 的最优拟合值，从而得到 σ_ν^2 和 σ_u^2 的无偏和一致有效的估计（傅晓霞、吴利学，2006）。具体步骤是（以某一特定的生产函数形式为例）：首先通过普通最小二乘法（OLS）估计得到投入要素的回归系数及其他参数，然后采用格点搜索法（Grid Search）得到总方差 σ^2 与方差比 γ，并

---

[1]　具体的实证案例可参见巴蒂斯和科埃利（1995）。

调整相应的回归系数及其他参数;最后以此作为初始值通过数值迭代方法得到极大似然估计值(科埃利,1996b)。基于以上计量方法的讨论,本小节在测算中国省际技术效率水平及全要素生产率变动情况时,采用的是一步极大似然估计方法。

二、变量选择及数据来源

与 DEA 分析方法要求的数据结构相同,SFA 方法仍以面板数据为依据。我们采用的是巴蒂斯和科埃利(Battese and Coelli,1995)模型,需要引入影响技术效率的诸多经济变量,由于 1990 年以前各省份的经济数据缺失较为严重,因而将样本期间选择在 1990 ~ 2007 年间[①]。分析对象仍然是全国 29 个省区市(除香港、澳门、台湾、西藏外,重庆并入四川)。由此,我们构建 29 个省市区 1990 ~ 2007 年的面板数据集。

需要说明的是,SFA 方法使用的经济变量除了在 DEA 方法中所用的 3 个变量外,还需要考虑一系列影响效率方程的变量。具体而言,SFA 方法与 DEA 方法使用完全相同的变量包括:产出值(Y)、劳动投入(L)以及资本存量(K)。由于这三个变量说明及数据来源在前文已给出,这里不再赘述。我们重点说明一系列影响效率方程的环境变量,其中包括:

(1)人力资本(H)。与前述一致,人力资本采用平均受教育年限来度量。

(2)制度变量($insti$)。加入制度变量是基于我国目前经济体制改革的特殊国情考虑,目前我国处于体制转轨时期,制度变迁对于资源配置和效率增进的影响是不可忽视的。参考已有文献的做法,我们以所有制中非国有经济固定资产投资占全社会固定资本投资的比重变化来表示制度变量[②]。

(3)政府规模(gov)。我国处于市场化和体制改革的攻坚阶段,政府规模或干预控制在地方经济发展中起着重要作用(张焕明,2007)。然而,当政府机构过于庞大,财政支出过大,往往造成公共服务质量的下降,损害经济增长绩效。本研究采用地方财政支出占 GDP 比重来衡量政府规模。

(4)外商直接投资(FDI)。外商直接投资作为国际技术溢出的重要渠道,不仅能通过其自身的示范效应给东道国企业提供技术模仿和学习机会,而且由外商直接投资引致的产业关联效应也能促进东道国企业提高生产技术和管理水平。此外,外资

---

① 选择 1991 ~ 2007 年作为 SFA 分析的样本期间,恰恰与 DEA 分析方法的第二子区间契合,这就便于我们比较不同方法测算结果的异同。

② 由于制度是有关人们有序关系的集合,包含的内容极其丰富,很难用一个或几个具体变量来全面的表征。然而从经济学一般道理看,所有制是构成经济运行机制的基础(王金营、黄乾,2004)。因此本研究采用所有制中非国有投资占比来表征制度变量。

流入有助于打破国内市场垄断,促进生产效率的提升。在具体分析过程中,*FDI* 用各省份历年外商直接投资占国内生产总值比重来表示。由于官方统计资料所提供的当期外商直接投资以美元计价,为了保持计量单位的一致性,我们通过当年平均汇率值将其折算为人民币计价。

(5)贸易开放度(*open*)。加入贸易开放度是考虑到 1992 年邓小平发表"南巡讲话"之后,我国对外开放呈现新的发展格局。进口贸易尤其是有形资本品和中间品贸易,本国有机会分享到贸易伙伴国研发投入的成果,从而促进生产率增长。而出口贸易可以提高出口部门自身的相对要素生产率,也就是所谓的"边出口边学习效应"(Learning by Exporting),即通过国际接触,企业可以获得新的生产技术、新的产品设计等,从而提高企业自身生产率。本研究采用贸易依存度(即进出口贸易总额占 GDP 比重)作为贸易开放度的代理指标①。

除非特别说明,以上环境变量的原始数据均来源于《新中国 55 年统计资料汇编》、《中国国内生产总值核算历史资料:1952～1995》、《中国国内生产总值核算历史资料:1952～2004》、《中国统计年鉴》和各省份 2007 和 2008 年统计年鉴。

三、实证分析结果

(一)随机前沿生产函数估计

表 3.5 报告了随机前沿生产函数回归结果,计量检验表明模型参数具有良好的统计性质:第一,各解释变量的估计系数与理论预期较为符合,而且大部分都具有较高的统计显著性,表明方程回归结果是可靠的;第二,似然比检验(LR test)拒绝不存在技术效率的零假设 $\gamma = \delta_0 = \delta_1 = \delta_2 = \delta_3 = \delta_4 = \delta_5 = 0$(科德和帕姆,1986),表明技术效率对地区经济增长影响十分显著;第三,γ 值(= 0.9942)基本上接近于 1,表明实际产出偏离前沿产出主要是由技术无效率引起的,而和随机误差关系不大。换句话说,复合误差项主要来源于技术非效率,采用随机前沿模型是合适的。从模型回归结果看,物质资本平均产出弹性为 0.63,劳动产出弹性为 0.34。物质资本平均弹性高达 63%,深刻反映了我国经济增长属于典型的资本驱动型增长模式。这一结论与国内主流文献的研究结果较为一致。姚先国、张海峰(2008)计算得到,中国资本积累率对人均产出的边际贡献为 0.22,表明积累率每上升 1 个百分点,将促进人均产出 0.22 个百分点。由此,他们进一步得到中国人均产出的资本份额大约为 0.71,

---

① 关于贸易开放度指标的选取也存在不少争议。到目前为止使用较多的贸易开放度指标包括贸易依存度、实际关税率、外汇黑市交易费用、非关税壁垒、贸易数量限制等。

并且认为较高的资本份额与相对较高的资本收益是相一致的。另根据白重恩（2007）的计算，在 1979 ~ 2005 年间，我国平均物质资本收益率高达 20% 以上。

表 3.5　随机前沿生产函数估计与效率方程回归结果

超越对数生产函数估计				
变量	参数	系数	标准误	t 统计量
常数项	β_0	-3.3000	0.5285	-6.2445
$\ln K$	β_1	1.6804	0.2541	6.6136
$\ln L$	β_2	0.2018	0.2641	0.7639
$(\ln K)^2$	β_3	0.0083	0.0242	0.3404
$(\ln L)^2$	β_4	0.0803	0.0243	3.3099
$\ln K \cdot \ln L$	β_5	-0.1561	0.0248	-6.2832
$t \cdot \ln K$	β_6	-0.0015	0.0061	-0.2543
$t \cdot \ln L$	β_7	0.0100	0.0037	2.6822
t	β_8	-0.0639	0.0257	-2.4846
t^2	β_9	0.0018	0.0005	3.6244
技术无效率方程估计				
变量	参数	系数	标准误	t 统计量
常数项	δ_0	0.5177	0.1348	3.8408
H	δ_1	-0.0268	0.0128	-2.0897
insti	δ_2	0.1867	0.1000	1.8663
gov	δ_3	2.4195	0.3634	6.6584
FDI	δ_4	-4.8636	0.6088	-7.9883
open	δ_5	-0.1136	0.0459	-2.4734
σ^2		0.0332	0.0036	9.2339
γ		0.9942	0.0736	13.5074
Log-L		198.07		
LRtest		453.47		

说明：随机前沿估计过程是由 Coelli 开发的 FRONTIER Version 4.1 软件实现的。

　　进一步估计技术无效率方程,我们可以清楚发现,人力资本对技术效率水平的提升具有积极影响,但其影响力度相当有限。具体而言,在其他条件不变情况下,人均受教育每增加1年,将促使一地区技术效率水平提高2.68%;与我们初始预期一致,政府规模对技术效率具有负向影响,即地方政府财政支出占GDP比重每增加1%,该地区的技术效率水平将下降242%[①];对外开放程度对于技术效率的积极影响显然是不可忽视的,然而比较而言,外商直接投资的影响效果相比于进出口贸易显得更为突出。从结果看,外商直接投资占GDP比重每上升1%,将会促使地区技术效率水平提高486%,而贸易总额占GDP比重每增加1%,仅能提高技术效率水平11.36个百分点。令人费解的是关于制度变量对技术效率的影响为负向,其原因可能由于目前我国制度变迁尚未达一定的"门槛"水平,故对技术效率难以起到促进作用。

　　(二)技术效率水平的区域比较与动态演进

　　随机前沿生产模型表明,经济单位由于各种组织、管理及制度等非价格因素导致生产过程中效率的损耗,而达不到最佳生产前沿水平,从而出现了生产的无效率(何元庆,2006),那么,全国及各地区的技术效率又将如何呢? 从表3.6不难发现,整体水平偏低、地区差异较大是我国技术效率的一个鲜明特征。具体而言,全国技术效率平均水平仅为0.59,其中,东部地区的平均水平较高(0.742),超过全国平均水平0.151,尤其是上海(0.955)、广东(0.912)、天津(0.833)和福建(0.822)表现突出,分别位列我国技术效率水平最高的四个省市,这也在一定程度上印证了只有东部发达省市才有可能持久地充当技术领头羊的角色,这一结果与此前采用DEA方法估计得到的结论是一致的。由此可见,通过两种完全不同方法得到相一致的结论,这就说明了回归结果的稳健性。反观中、西部地区,其技术效率水平值均明显低于东部地区,也与全国平均水平有一定距离:中部地区多数省市的技术效率水平集中于0.5~0.6之间,而西部大部分省市更是在0.4~0.5之间徘徊,其中,青海(0.358)和贵州(0.369)技术效率水平更是不容乐观,二者均尚未达到0.4,是全国排名最靠后的两个省份。技术效率的地区差异,客观反映了东部沿海地区在技术消化吸收、组织管理和制度创新方面所具有的优势,而中西部地区在这方面建设与发展显然是滞后的。效率水平低下,表明中国现在存在大量没有被发现的改进效率的机会(郑

京海等,2008)。巧合的是,采用 DEA 方法也得到类似的结论。

进一步考察技术效率在不同区域的动态演进特征,从图 3.9 可以清楚地发现:(1)各地区技术效率差异在 1990 年代初期相对较小(比如在 1990 年,东部-中部 =0.125,中部-西部=0.048)。随后差距开始拉大,在 20 世纪 90 年代中期以后基本保持一定的差距水平。到 2007 年,东部地区高出中部地区 0.162,中部地区则高出西部地区 0.184;(2)三大区域技术效率在时间上的演进趋势几乎一致。在 1990 年代中前期,各地区技术效率保持缓慢增长势头,并在 1996 年达到峰值,从 1997 年开始,技术效率开始下降,到 2007 年,仍未发现技术效率下降趋势存在被遏制的迹象。对于技术效率在时间上的这一独特演进特征,王志刚等(2006)给出的部分解释:1992 年 10 月,我国明确提出建立社会主义市场体制的改革目标,经过多年努力,中国经济的市场化进程取得巨大成就,极大促进了技术效率的增进。到 1990 年代中期,中国加快市场化改革步伐,国有企业改革造成了大量工人下岗失业。整个社会保障体制还没有建立,医疗、养老、失业等保险机制也在建设之中,这给整个社会带来了巨大的风险,由此造成技术效率的下降。此外,1997 年爆发的亚洲金融危机,在很大程度上影响了我国对外开放部门的发展,增加了外部环境的不确定性,目前,各种资源配置仍处于不断调整过程中,影响了技术效率的提高。

表 3.6 各地区历年平均技术效率水平比较(SFA)

省份	平均值	省份	平均值	省份	平均值
北京	0.464	安徽	0.579	贵州	0.369
天津	0.833	福建	0.822	云南	0.420
河北	0.581	江西	0.412	陕西	0.463
山西	0.519	山东	0.648	甘肃	0.425
内蒙古	0.477	河南	0.519	青海	0.358
辽宁	0.726	湖北	0.572	宁夏	0.459
吉林	0.580	湖南	0.754	新疆	0.460
黑龙江	0.634	广东	0.912	东部平均	0.742
上海	0.955	广西	0.447	中部平均	0.571
江苏	0.712	海南	0.806	西部平均	0.439
浙江	0.709	四川	0.507	全国平均	0.590

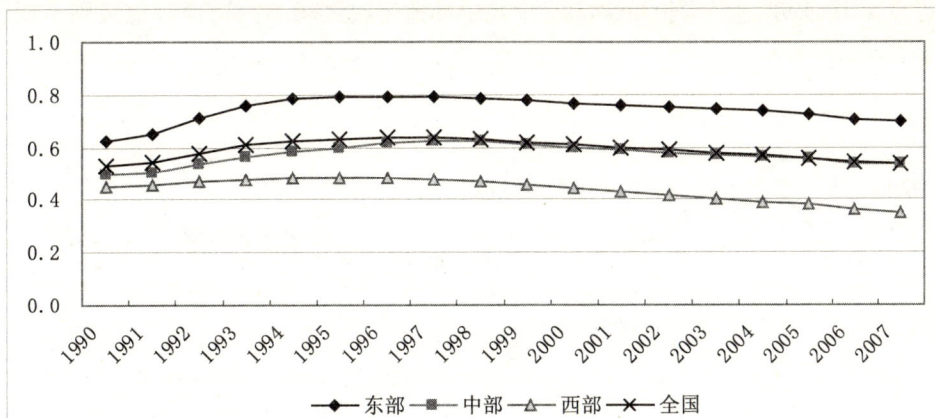

图 3.9　东、中、西部地区技术效率动态演进(SFA)

(三)全要素生产率增长及其分解

　　如前所述,全要素生产率增长可以分解为技术进步、技术效率变化、规模效率变化、资源配置效率变化,但由于价格信息的不可得,资源配置效率通常无法计算。另据涂正革、肖耿(2005)的研究结果,规模效率和资源配置效率的综合影响对全要素生产率增长的贡献较之于前沿技术进步和技术效率变化的贡献几乎微不足道,有时候二者对全要素生产率增长的贡献可能存在相互抵消一部分的情况,因而可以忽略不计。所以在实际研究中,全要素生产率的变动往往被视为等于技术进步率与技术效率变化之和。傅晓霞和吴利学(2007,2009)等也采取类似的处理办法。由此,借鉴相关文献做法,我们将全要素生产率变动等同于技术进步和技术效率变动之和。从图 3.10 不难发现,全要生产率增长率在 1990 年代初期处于高位水平,波动幅度较大,而在 1990 年代中后期,增速有所降低,且波动相对平缓,到了 2000 年又开始回升,这一发现与已有文献相一致(郑京海、胡鞍钢,2005;王志刚等,2006)。

　　分区域考察,总体而言,东、中、西部地区全要素生产率增长率变动轨迹与全国总体平均基本一致,图 3.10 清晰地描述了这一特征。然而,从具体数据来看,各地区全要素生产率增长率并不完全相同。从表 3.7 回归结果看,东部和中部地区全要素生产率增长率相差无几,二者年均增长为 4.2%,而西部地区的全要素生产率年均增长速度相对较低,仅为 1.9%。就全要素生产率增长的分解项来看,三大经济区域全要素生产率增长的主要源泉均来自于技术进步的贡献,技术效率变化的贡献相对不足。这一发现与采用 DEA 方法得到的结论是一致的。从技术进步率来看,中部地区(3.9%)略高于东部地区(3.5%)和西部地区(3.3%),但差别不是很大;而从技术效率变动来看,东部地区增长最快(0.7%)、中部地区次之(0.3%)、西部地区则出现负增长(-1.4%)。

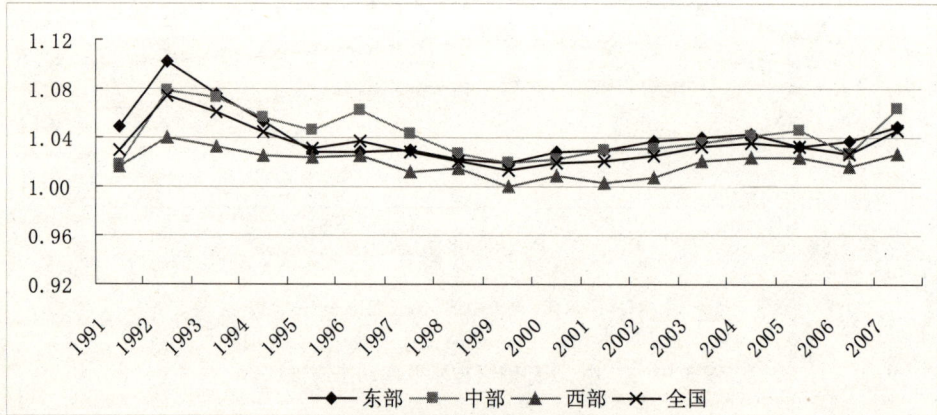

图 3.10　不同区域全要素生产率变动趋势(SFA)

表 3.7　东、中、西部全要素生产率增长及分解(SFA)

	TFP				TECH				EFFCH			
	全国	东部	中部	西部	全国	东部	中部	西部	全国	东部	中部	西部
1991	1.029	1.049	1.017	1.017	1.007	1.006	1.010	1.005	1.022	1.043	1.007	1.012
1992	1.074	1.103	1.078	1.040	1.010	1.010	1.014	1.008	1.064	1.093	1.064	1.032
1993	1.060	1.076	1.072	1.033	1.014	1.013	1.018	1.012	1.046	1.063	1.055	1.021
1994	1.044	1.053	1.056	1.026	1.018	1.017	1.021	1.016	1.027	1.036	1.034	1.010
1995	1.032	1.028	1.046	1.024	1.021	1.020	1.025	1.019	1.011	1.008	1.021	1.005
1996	1.036	1.028	1.063	1.025	1.025	1.024	1.027	1.023	1.012	1.004	1.034	1.002
1997	1.028	1.030	1.043	1.013	1.028	1.027	1.032	1.026	0.999	1.003	1.011	0.986
1998	1.020	1.022	1.026	1.014	1.032	1.031	1.035	1.030	0.989	0.991	0.991	0.985
1999	1.013	1.020	1.019	0.999	1.035	1.034	1.039	1.033	0.977	0.986	0.980	0.966
2000	1.020	1.028	1.022	1.008	1.039	1.038	1.042	1.037	0.981	0.990	0.980	0.972
2001	1.021	1.030	1.029	1.003	1.042	1.041	1.046	1.040	0.978	0.989	0.983	0.963
2002	1.025	1.037	1.031	1.008	1.046	1.045	1.049	1.044	0.979	0.992	0.982	0.964
2003	1.033	1.041	1.036	1.021	1.049	1.049	1.053	1.047	0.983	0.992	0.983	0.973
2004	1.036	1.043	1.042	1.024	1.053	1.052	1.057	1.051	0.983	0.991	0.985	0.973
2005	1.033	1.032	1.046	1.023	1.057	1.056	1.060	1.054	0.976	0.976	0.986	0.969
2006	1.027	1.038	1.027	1.016	1.060	1.060	1.064	1.058	0.967	0.978	0.963	0.958

续表

	TFP			TECH				EFFCH			
	全国	东部	中部	西部	全国	东部	中部	西部	全国	东部	中部	西部
2007	1.046	1.049	1.064	1.027	1.063	1.063	1.066	1.061	0.982	0.986	0.998	0.965
平均值	1.034	1.042	1.042	1.019	1.035	1.035	1.039	1.033	0.999	1.007	1.003	0.986

说明:为便于比较,将 TFP 表示为类似于曼奎斯特生产率指数形式,所不同的是,这里的 $TFP = 1 + (TECH - 1) + (EFFCH - 1))$。下同。

第三节　DEA 方法与 SFA 方法测算结果比较

基于相同省际面板数据,分别采用 DEA 和 SFA 方法,测算结果存在一定的差异。为更全面比较采用这两种方法估算的差异,我们按不同年份和不同省份就全要素生产率增长率、技术进步率、技术效率变动情况进行对比。

一、按年份平均的比较结果

(一)全要素生产率增长结果比较

全要素生产率增长的结果比较见图 3.11。从中不难发现,由 DEA 和 SFA 估计得到的全要素生产率增长率在时间上的变动趋势具有惊人的一致性:在 1990 年代初期,全要素生产率增长率变动频繁而且幅度较大,几乎都在 1999 年趋近于最低点,尔后呈现上升趋势。然而值得注意的是,在 1991~2007 年间的任何一个年份,由 SFA 得到的全要素生产率增长率都显著高于 DEA 回归结果。

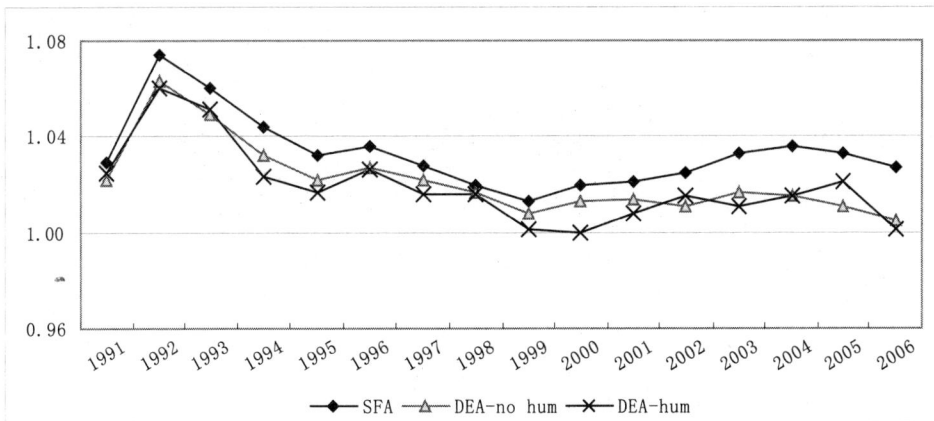

图 3.11　全国平均全要素生产率增长模型的比较

（二）技术进步结果比较

从图3.12来看,DEA方法下得到的技术进步率在1990年代中前期出现较大幅度的变动,随后变动趋势平缓,整体表现出一定的波动特征;而SFA估算得到的技术进步率呈现逐年直线上升趋势。可见,两种估计得到的技术进步率的变动特征存在显著差异。然而,就1991～2007年间的平均技术进步率来看,两种估计数值较为接近。

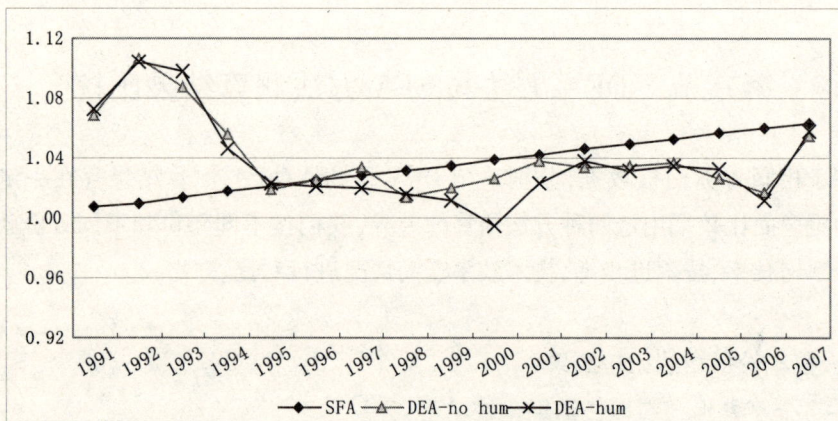

图3.12　全国平均技术进步率变动模式的比较

（三）技术效率变化结果比较

从图3.13可以发现,两种估计方法得到的结果在1990年代初期差异较大,到90年代中期之后,二者变动趋势较为一致。

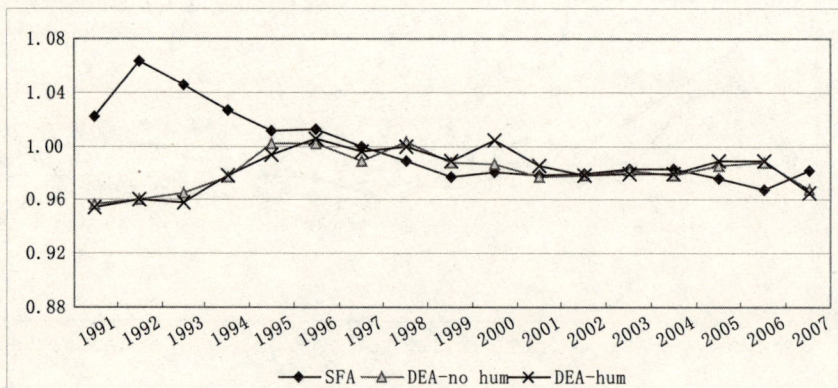

图3.13　全国平均技术效率变动模式的比较

二、按省份平均的比较结果

(一)全要素生产率增长率结果比较

从图3.14来看,SFA回归结果显示各地区全要素生产率增长相对平均,差距不大;而DEA回归结果表现出相对明显的地区差异性,应该说更为符合于我国经济增长现实。

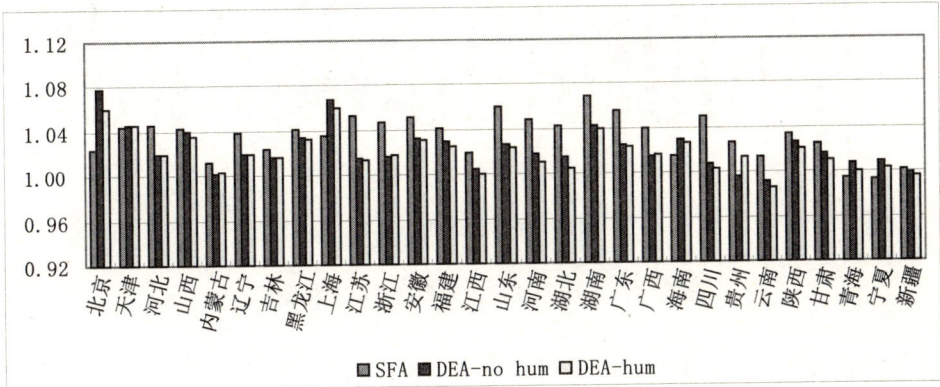

图 3.14　各省平均全要素生产率增长模式的比较

(二)技术进步结果比较

从图3.15看出,除了个别地区(比如北京、上海等少数地区)之外,两种估计方法得到的各省份平均技术进步较为接近。

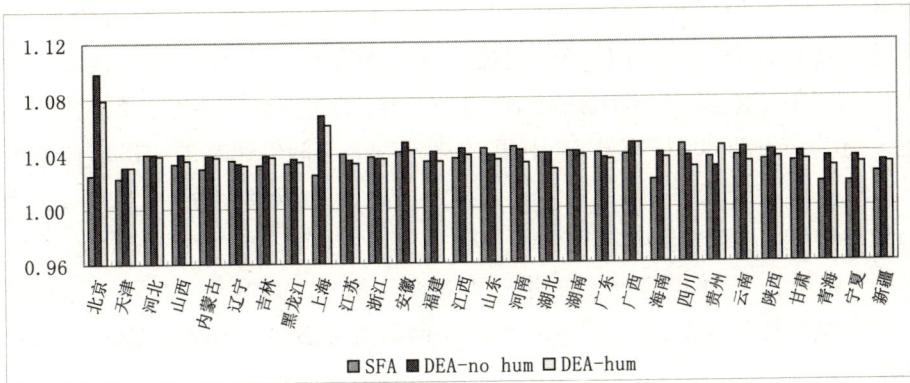

图 3.15　各省平均技术进步率变动模式的比较

（三）技术效率变化结果比较

从图 3.16 上看,两种回归结果差异较为明显。具体而言,SFA 方法测算得到的数据普遍高于 DEA 方法得到的数值。

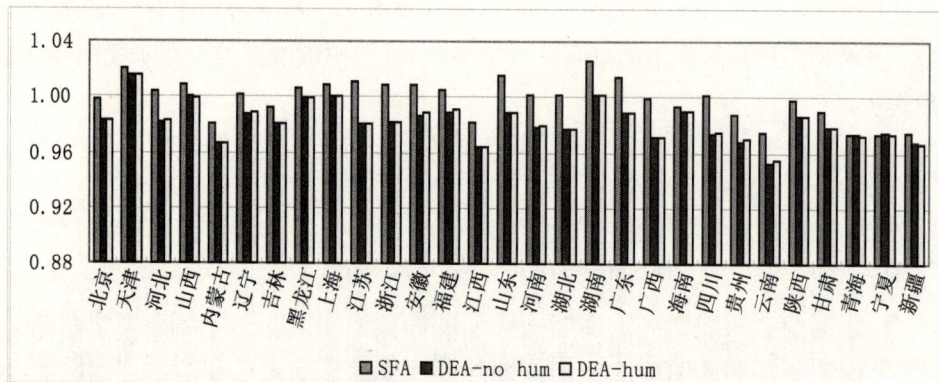

图 3.16　各省平均技术效率变动模式的比较

通过比较 DEA 与 SFA 方法得到的回归结果,可以发现,在样本区间、数据来源以及指标选择完全相同的情况下两种方法的回归结果存在一定的差异。我们认为,DEA 估计得到的应该更适于中国增长事实。

首先,从结果看,SFA 得到的 TFP－曼奎斯特生产率指数显著高于 DEA 回归结果,具体而言,1991～2007 年间,DEA 估计得到的 TFP 全国年均增长率为 2.2%,而 SFA 估计得到的 TFP 全国年均增长率为 3.4%,根据《中国统计年鉴 2008》相关数据可以计算得到,1991～2007 年间全国实际 GDP 年均增长率为 10.4%,这就意味着 DEA 方法得到的 TFP 的对中国经济增长的贡献率为 21.1%,而 SFA 方法得到的贡献高达 32.7% ,这是一个相对较高的数值,显著高于一些相关研究结果。比如埃尔维恩·杨(Young,2000)研究发现,中国 1978～1998 年间经调整的产出增长率平均为 6.1%,TFP 的增长率为 1.4%,因而 TFP 对产出的贡献率大致为 22.9%;根据郑京海和胡鞍钢(2005)研究结果计算,1991～2001 年间,全国平均 TFP 增长率为 1.9%,产出增长率为 10.26%,表明 TFP 对经济增长贡献率为 18.5%,与本研究 DEA 回归结果较为接近。因而,相比于 DEA 回归结果,SFA 方法有可能高估 TFP 增长情况。

其次,SFA 估计得到的技术进步率呈直线上升趋势,这就意味着,在可预期的时间内,技术进步速度将一年更比一年快,这一结果显然难以令人理解,也与客观经济现实不相符合。而 DEA 估计得到的技术进步在不同年份中表现出一定的波动特征,较好地反映了经济现实。需要说明的是,运用 DEA 方法得到技术进步率在个别年份可能出现负值的情况,也就是出现技术退步的结果。对于这一现象,一些学者认为"难以从经济学上给出合理可信的解释"(林毅夫、刘培林,2003),因为如果没有发生战争、自然灾害等破坏性活动,现实中过去掌握的技术一般不会被遗忘。然而,郑京海、胡鞍钢(2005)认为技术退步现象可以在现实中找到相应的例子,比如农业劳动力向工业的转移可能会造成掌握先进农业技术的青壮年劳动力离开农村到城市里工作,结果留在农村从事农业生产的多为老人和妇女,导致技术上的倒退。再比如发展中国家或地区的人才外流也可能造成技术退步现象。何元庆(2006)认为,技术退步的现象在中国可能会经常发生。首先,我国的技术效率比较低,先进的生产设备并没有得到充分的利用,而且由于企业特别是国有企业冗员比较多,为解决工人就业问题,避免出现机器设备排挤人的情况,先进的生产设备会被弃之不用,这种情况在改革开放的早期是常见的现象。此外,企业即便拥有先进的技术、工艺和生产设备,但因为管理难以跟上,使得企业无法将技术设备和生产工人有机结合起来,从而造成先进的技术、工艺和设备无法充分发挥出应有的功效。诸如此类均表现为技术退步的现象。

　　最后,从方法上看,SFA 最大的优点在于考虑到随机误差项对技术效率的影响,但 SFA 方法适用于大型样本数据,对于小样本数据估计的结果误差会较大(王丽、魏煜,1999)。更为重要的是,由于 SFA 方法依赖于生产函数的具体形式以及无效项的概率分布,不同的函数设定和概率分布往往导致不同的回归结果。因此,SFA 在估计过程中的假设条件过多,导致在实际应用过程中受到颇多限制。而 DEA 作为非参数方法,其最明显的不足在于把观测值到前沿面的偏差都当作无效率的结果,忽略了随机误差的影响。然而,DEA 具有其他方法所无法比拟的优势,比如不要求价格信息,不需要特定的行为和制度假设,不需要设定具体的生产函数形式,也不要求对无效率分布作先定假设,减少了条件限制,使得研究更加具有适用性。因此,我们有理由相信,DEA 估计的结果应该更适于中国现实①。下文,类似于已有文献的做法(华萍,2005),我们将基于 DEA 估计得到的数据对人力资本与全要素生产率增长之间关系进行实证研究。

---

① 在本章附录,我们提供了 DEA 测算结果的详细数据(不考虑人力资本作为投入要素)。

第四节　本章小结

在本章内容中,我们分别采用数据包络分析(DEA)和随机前沿分析(SFA)这两种不同的方法测算历年我国各省份全要素生产率增长情况。作为两种完全不同的效率分析方法,两种各具特点:DEA 是一种非参数方法,具有其他方法所无法比拟的优势,比如不要求价格信息,不需要特定的行为和制度假设,不需要设定具体的生产函数形式,也不要求对无效率分布作先定假设等,其缺点在于假设不存在随机误差的影响。而 SFA 以回归分析为基础的参数方法,其特点是能够考虑到随机因素对厂商的生产行为的影响,但必须事先对生产函数和随机项的概率分布进行界定,不同的模型设定常常导致不同的回归结果。有关 DEA 方法和 SFA 方法的特性总结在表3.8 列出(蒂莫西·J·科埃利等,2008)。

无论是 DEA 方法还是 SFA 方法所得结论一致认为,我国全要素生产率增长主要仰仗于技术进步的贡献,而效率的改善速度明显落后于技术进步。这一结论与郑京海、胡鞍钢(2005)的发现相同。此外,两种不同方法估计都表明,我国三大经济区域的全要素生产率增长、技术进步以及效率变动趋势基本相同。可见,DEA 估计和SFA 估计所得到的结论具有较高一致性。

然而就具体数据而言,SFA 估计方法得到的我国省际全要素生产率显著高于DEA 回归结果,与已有的研究文献相比也是较高的。因此,我们认为 DEA 回归结果更适于中国现实。另外,SFA 方法与 DEA 方法的对比优劣,也使得我们更加信赖DEA 方法的回归结果。

表 3.8　两种不同方法的特性总结

特征	DEA	SFA
参数方法	否	是
包含噪声	否	是
测算内容:		
技术效率	是	是
配置效率	是	是
技术进步	是	是

特征	DEA	SFA
规模效应	是	是
全要素生产率变化	是	是
数据格式：		
横截面数据	是	是
时间序列数据	否	否
面板数据	是	是
基本方法所需数据：		
投入量	是	是
产出量	是	是
投入价格	否	否
产出价格	否	否

数据附录

表 A3.1　我国各省份部分年度全要素生产率指数（TFP）

	1991	1995	1999	2000	2001	2002	2003	2004	2005	2006	2007
北京	1.087	1.118	1.115	1.117	1.097	1.033	1.064	0.984	1.020	1.016	0.994
天津	1.005	1.085	1.034	1.048	1.042	1.042	1.038	1.047	1.015	1.004	1.051
河北	1.032	1.035	0.995	0.998	0.997	1.009	1.020	1.025	1.021	1.005	1
山西	0.993	1.059	1.008	0.997	1.012	1.034	1.034	1.029	1.174	0.982	1.013
内蒙古	0.983	1.022	1.007	1.022	1.013	0.997	0.972	0.981	0.993	0.974	0.962
辽宁	1	1.005	1.023	1.021	1.022	1.034	1.029	1.008	0.982	0.978	0.982
吉林	0.995	1.023	1.024	1.008	1.016	1.006	1.003	1.007	0.980	0.964	0.978
黑龙江	1.028	1.042	1.036	1.040	1.033	1.035	1.036	1.035	1.032	1.027	1.042
上海	1.038	1.059	1.072	1.053	1.119	1.033	1.058	1.065	1.069	1.048	1.108
江苏	0.988	1.019	0.949	0.994	0.997	1.009	1.019	1.033	1.018	1.021	1.036
浙江	1.085	1.034	0.997	0.992	0.987	1.003	1.008	1.002	0.980	1	1.002
安徽	0.965	1.026	1.022	1.027	1.035	1.028	1.020	1.027	0.932	0.995	1.060

续表

	1991	1995	1999	2000	2001	2002	2003	2004	2005	2006	2007
福建	1.077	1.014	1.007	1.006	1.005	1.015	1.015	1.006	0.993	1.018	1.007
江西	1.022	0.968	1.009	1.009	1.003	0.989	0.995	0.988	0.968	0.967	1.018
山东	1.060	0.986	1.016	1.006	1.006	1.010	1.014	1.024	0.985	1.006	1.044
河南	0.992	1.045	0.985	0.994	1.023	1.019	1.022	1.038	1.022	1.008	0.999
湖北	1.005	1.009	0.981	0.995	0.999	1.005	1.013	1.020	1.021	1.022	1.095
湖南	1.060	1.055	1.013	1.025	1.011	1.014	1.020	1.016	1.037	1.027	1.057
广东	1.073	1.016	0.997	1.003	1	1.011	1.016	1.018	1.003	1.019	1.027
广西	1.095	0.975	0.984	0.996	1.007	1.026	1.003	1.029	1.014	1.013	1.024
海南	1.048	0.962	1.034	1.031	1.031	1.025	1.025	1.019	1.014	1.036	1.045
四川	1.007	0.995	0.982	1.001	1.006	1.014	1.015	1.020	1.011	1.013	1.015
贵州	1.035	1.013	0.976	0.978	0.956	0.957	0.966	0.987	0.992	0.988	1.005
云南	0.959	0.987	0.983	0.996	1	1.015	1.008	1.024	1.026	1.005	1.004
陕西	1.008	1.031	1.003	1.010	1.014	0.997	1.120	1.022	1.016	1.003	1.012
甘肃	1.004	1.025	1.016	1.012	0.999	0.996	1.003	1.006	1.027	1.004	1.004
青海	0.994	1.024	0.989	0.987	0.992	0.99	0.989	1.001	1	1.003	1.032
宁夏	0.986	1.029	0.998	1.019	1.005	0.999	0.991	0.981	0.983	0.998	1.003
新疆	1.04	0.985	0.989	1.006	0.993	0.976	0.994	0.998	0.998	1.005	1.023

说明:本表是采用 DEA 方法(不考虑人力资本作为投入要素情形下)得到的测算结果。下表同。

表 A3.2　我国各省份部分年度技术进步指数(TECH)

	1991	1995	1999	2000	2001	2002	2003	2004	2005	2006	2007
北京	1.057	1.133	1.135	1.086	1.21	1.053	1.081	1.052	1.031	1.007	1.068
天津	1.033	1.003	1.020	1.048	1.042	1.042	1.038	1.047	1.015	1.004	1.051
河北	1.072	1.034	1.018	1.025	1.033	1.037	1.034	1.039	1.016	1.008	1.042
山西	1.073	1.033	1.017	1.014	1.029	1.036	1.036	1.039	1.025	1.017	1.054
内蒙古	1.073	1.024	1.018	1.029	1.034	1.037	1.033	1.044	1.016	1.01	1.065
辽宁	1.053	1.015	1.018	1.031	1.034	1.037	1.033	1.039	1.013	1.004	1.036
吉林	1.073	1.031	1.017	1.021	1.031	1.037	1.035	1.039	1.019	1.009	1.039

续表

	1991	1995	1999	2000	2001	2002	2003	2004	2005	2006	2007
黑龙江	1.056	1.022	1.017	1.019	1.031	1.037	1.035	1.039	1.025	1.019	1.056
上海	1.038	1.059	1.072	1.053	1.119	1.033	1.058	1.065	1.069	1.048	1.108
江苏	1.058	1.007	1.020	1.047	1.042	1.042	1.040	1.051	1.027	1.010	1.063
浙江	1.072	1.026	1.018	1.035	1.035	1.037	1.033	1.039	1.008	0.999	1.035
安徽	1.077	0.983	1.027	1.045	1.031	1.030	1.032	1.025	1.045	1.041	1.082
福建	1.077	1.014	1.007	1.006	1.028	1.036	1.036	1.038	1.030	1.022	1.060
江西	1.074	1.040	1.017	1.013	1.030	1.036	1.035	1.039	1.020	1.010	1.044
山东	1.070	1.032	1.017	1.018	1.031	1.037	1.034	1.039	1.018	1.008	1.041
河南	1.077	1.005	1.006	1.018	1.030	1.036	1.038	1.038	1.038	1.029	1.067
湖北	1.077	1.004	1.005	1.006	1.028	1.036	1.036	1.038	1.029	1.022	1.054
湖南	1.077	0.983	1.013	1.025	1.011	1.014	1.020	1.016	1.037	1.027	1.057
广东	1.073	1.022	1.018	1.033	1.035	1.037	1.033	1.039	1.013	1.006	1.042
广西	1.077	0.983	1.018	1.031	1.017	1.020	1.029	1.019	1.050	1.044	1.082
海南	1.072	1.023	1.018	1.024	1.032	1.037	1.035	1.039	1.025	1.018	1.059
四川	1.077	0.988	1.005	1.012	1.028	1.036	1.037	1.038	1.031	1.023	1.061
贵州	1.077	0.983	0.999	1.008	0.989	0.992	0.999	0.996	1.019	1.009	1.027
云南	1.077	0.983	1.012	1.023	1.030	1.036	1.039	1.038	1.044	1.037	1.078
陕西	1.070	1.039	1.010	1.007	1.028	1.036	1.036	1.039	1.027	1.019	1.055
甘肃	1.073	1.038	1.002	1.007	1.028	1.036	1.036	1.039	1.026	1.016	1.052
青海	1.065	1.027	1.017	1.021	1.032	1.037	1.034	1.039	1.014	1.006	1.039
宁夏	1.062	1.023	1.017	1.017	1.031	1.037	1.035	1.039	1.019	1.010	1.046
新疆	1.062	1.013	1.019	1.039	1.036	1.037	1.032	1.040	1.008	1.001	1.035

表 A3.3　我国各省份部分年度技术效率变化指数(EFFCH)

	1991	1995	1999	2000	2001	2002	2003	2004	2005	2006	2007
北京	1.029	0.987	0.983	1.028	0.906	0.980	0.984	0.935	0.989	1.010	0.931
天津	0.973	1.082	1.014	1	1	1	1	1	1	1	1
河北	0.963	1.001	0.978	0.974	0.966	0.974	0.987	0.986	1.005	0.997	0.959

续表

	1991	1995	1999	2000	2001	2002	2003	2004	2005	2006	2007
山西	0.926	1.025	0.991	0.983	0.984	0.998	0.999	0.991	1.145	0.965	0.962
内蒙古	0.916	0.998	0.989	0.993	0.98	0.962	0.942	0.94	0.977	0.964	0.903
辽宁	0.949	0.991	1.004	0.990	0.989	0.998	0.995	0.970	0.969	0.975	0.948
吉林	0.927	0.992	1.006	0.988	0.985	0.970	0.969	0.970	0.962	0.955	0.941
黑龙江	0.973	1.02	1.018	1.02	1.002	0.999	1.001	0.997	1.007	1.008	0.987
上海	1	1	1	1	1	1	1	1	1	1	1
江苏	0.934	1.012	0.931	0.950	0.957	0.969	0.980	0.983	0.991	1.010	0.974
浙江	1.012	1.008	0.979	0.959	0.953	0.967	0.977	0.964	0.973	1.001	0.968
安徽	0.896	1.043	0.995	0.983	1.004	0.998	0.988	1.002	0.891	0.956	0.980
福建	1	1	1	1	0.978	0.980	0.980	0.969	0.964	0.996	0.950
江西	0.952	0.930	0.992	0.996	0.974	0.955	0.962	0.951	0.950	0.957	0.974
山东	0.990	0.955	0.999	0.988	0.976	0.974	0.981	0.985	0.968	0.998	1.003
河南	0.921	1.040	0.979	0.976	0.994	0.984	0.985	1	0.984	0.979	0.936
湖北	0.933	1.005	0.976	0.989	0.972	0.970	0.978	0.982	0.992	1	1.039
湖南	0.984	1.073	1	1	1	1	1	1	1	1	1
广东	1	0.994	0.979	0.971	0.967	0.975	0.984	0.980	0.990	1.012	0.986
广西	1.016	0.992	0.967	0.966	0.990	1.006	0.975	1.010	0.966	0.970	0.946
海南	0.977	0.940	1.016	1.007	1	0.989	0.991	0.981	0.989	1.017	0.987
四川	0.935	1.007	0.978	0.989	0.979	0.978	0.979	0.982	0.981	0.991	0.957
贵州	0.961	1.030	0.977	0.970	0.967	0.965	0.967	0.991	0.974	0.979	0.979
云南	0.890	1.004	0.971	0.973	0.971	0.979	0.971	0.986	0.982	0.969	0.931
陕西	0.942	0.993	0.993	1.003	0.986	0.962	1.081	0.984	0.989	0.984	0.959
甘肃	0.936	0.987	1.014	1.006	0.972	0.961	0.968	0.968	1.001	0.988	0.955
青海	0.933	0.997	0.972	0.967	0.961	0.955	0.957	0.963	0.987	0.997	0.993
宁夏	0.929	1.006	0.981	1.002	0.975	0.963	0.958	0.944	0.965	0.988	0.959
新疆	0.979	0.972	0.971	0.968	0.958	0.941	0.963	0.960	0.990	1.004	0.988

表 A3.4　1990~2007 年间累积全要素生产率指数及其分解

	TFP	*TECH*	*EFFCH*
北京	3.523	4.821	0.732
天津	2.100	1.654	1.270
河北	1.406	1.927	0.731
山西	1.896	1.942	0.979
内蒙古	1.029	1.882	0.548
辽宁	1.387	1.698	0.818
吉林	1.326	1.877	0.706
黑龙江	1.777	1.825	0.974
上海	3.017	3.017	1.000
江苏	1.268	1.800	0.704
浙江	1.330	1.825	0.730
安徽	1.706	2.178	0.782
福建	1.636	1.972	0.830
江西	1.069	2.017	0.530
山东	1.553	1.879	0.826
河南	1.355	1.989	0.681
湖北	1.274	1.904	0.668
湖南	1.988	1.951	1.017
广东	1.500	1.816	0.826
广西	1.269	2.128	0.597
海南	1.587	1.904	0.835
四川	1.138	1.843	0.619
贵州	0.922	1.599	0.577
云南	0.868	2.035	0.424
陕西	1.529	1.966	0.777
甘肃	1.301	1.922	0.677
青海	1.149	1.812	0.635
宁夏	1.158	1.803	0.642
新疆	0.977	1.709	0.570

第四章 人力资本与省际全要素生产率增长:水平与结构

自索洛新古典增长模型,尤其是以罗默(Romer,1986)和卢卡斯(Lucas,1988)为代表的内生增长理论以来,有关全要素生产率的研究取得了重大发展。他们认为,全要素生产率对一国经济增长和经济发展具有核心作用,而在诸多影响全要素生产率的因素中,人力资本是最为关键的因素之一。从理论上讲,人力资本促进全要素生产率增长主要是通过两种途径来实现的:一是因人力资本决定一国技术创新能力而直接影响一国全要素生产率增长(罗默,1990);二是人力资本水平影响一国技术追赶和技术扩散速度(纳尔逊和菲尔普斯,1966)。

就理论而言,人力资本对生产率的增长效应是合乎预期的,然而近些年来,相关经验文献的研究结果却表明人力资本的增长效应并不是一个"放之四海而皆准"的定律,基于跨国数据的实证研究得到的结论迥异。比如,本哈比和斯皮格尔(Benhabib and Spiegel,1994)利用1965~1985年78个国家的数据进行研究,结果表明,一国全要素生产率增长依赖于该国的人力资本水平,人力资本对全要素生产率增长具有显著的促进效应;米勒和阿帕德海耶(Miller and Upadhyay,2000)、艾亚尔和费勒尔(Aiyar and Feyrer,2002)在内生增长理论框架下,通过实证发现人力资本对全要素生产率增长具有积极影响的证据。然而布瑞彻特尔(Pritchetl,2001)却持不同的观点,他认为教育扩展不利于全要素生产率增长。事实上,上述文献更多是从人力资本平均水平的角度进行研究,但由于人力资本异质性是客观存在的,不同类型人力资本的增长效应是存在差异的,因此一些学者侧重考察不同类型人力资本对生产率增长的影响。近期的研究文献主要有范登伯斯奇等(Vandenbussche et al.,2006)基于1960~2000年19个经济合作与发展组织国家数据进行研究,结果表明只有高等教育人力资本才对全要素生产率增长有积极作用,而人力资本平均水平对TFP增长无显著促进作用;国内学者华萍(2005)基于中国29个省份1993~2001年间面板数据,运用数据包络分析和广义矩方法研究不同教育水平对生产率增长的影响,实证结果表明,大学教育对效率改善和技术进步都具有有利影响,而中小学教育对于效率改善具有不利影响,而且,大学教育对效率改善的有利影响是通过具有大学教育水平的劳动者向更有效率的非国有企业再分配实现的;彭国华(2007)采用差分广义矩估计方法对 1982~2004 年中国 28 个省区市数据进行实证考察,结果发现,只有接受高等教育的人力资本对全要素生产率(TFP)才有显著的促进作用,中等教育和初等教育人力资本与全要素生产率(TFP)存在显著负相关,平均人力资本与全要素生产率(TFP)之间也呈现负相关。

　　回顾相关文献有助于确定本研究的立足点。在本章中,我们借鉴本哈比和斯皮格尔(Benhabib and Spiegel,1994)的学术思想,通过构建实证研究的基本模型,并利用中国 1990~2007 年 29 个省份面板数据,检验人力资本促进全要素生产率增长的作用机制在中国是否成立? 此外,本章还进一步考虑人力资本异质性,考察人力资本不同组成部分对全要素生产率增长的差异性。尤其值得注意的是,由于人力资本不同组成部分在整体中所占比重直接影响人力资本分布结构特征,而人力资本分布结构特征多采用人力资本不平等程度来表示。由此一个问题就被自然而然地提出来:现阶段我国人力资本不平等状况如何? 这种不平等究竟会对各地区全要素生产率增长产生怎样的影响? 带着这个问题,我们梳理了人力资本不平等影响全要素生产率增长的传导机制,利用中国数据加以实证检验并得到相应的发现。有关人力资本不平等与全要素生产率增长之间的关系,在国内相关文献研究中尚属鲜见。因此,这也就成为本章模型拓展的一部分,同时也是对国内研究文献的一种补充。

第一节　基本模型分析

一、基本模型与研究方法

　　本哈比和斯皮格尔(Benhabib and Spiegel,1994)认为一国的全要素生产率增长取决于两个方面:一是人力资本水平,直接决定了该国国内技术创新能力(domestic innovation);二是人力资本与技术落后程度的交叉乘积项,用于捕捉技术追赶效应(Catch-up effect)。本哈比-斯皮格尔模型表示如下:

$$\log A_t - \log A_0 = c + gH_i + mH_i \left[(Y_{\max} - Y_i)/Y_i \right] \tag{4.1}$$

　　其中,$\log A_0$,$\log A_t$ 分别表示一国初期的全要素生产率水平和第 t 时期的全要素生产率水平(取自然对数形式),二者之差即为累积形式的全要素生产率增长率;H

表示人力资本水平；$Y_{\max}$ 表示技术领先者的人均收入（也就是人均收入水平最高的地区）；g 和 m 分别是人力资本和追赶效应的影响系数；gH_i 表示与国内技术创新能力相联系的生产率增长，$mH_i[(Y_{\max} - Y_i)/Y_i]$ 则表示来自于发达国家的技术扩散。

需要说明的是，"国内技术创新（Domestic Innovation）"暗含着人力资本对技术进步有直接促进作用；而"技术追赶（Catch-up）"则表明在保持人力资本水平不变情况下，初始经济发展水平相对落后的国家将经历更快的全要素生产率增长（假定 $m > 0$）。为简便起见，上式也可以写为：

$$\log A_t - \log A_0 = c + (g - m)H_i + mH_i(Y_{\max}/Y_i) \tag{4.2}$$

借鉴本哈比和斯皮格尔（Benhabib and Spiegel，1994）学术思想，结合本研究的着眼点，我们构建如下几类模型：

模型 1：

$$\log TFP_{it} = \beta_0 + \beta_1 \cdot H_{it} + \beta_2 \cdot Catch\_up_{it} + \beta_3 \cdot Z_{it} + \eta_i + \varepsilon_{it} \tag{4.3}$$

其中，下标 i,t 分别表示省份和年份，η_i 表示与各省份相关的、时间上恒定的未观测因素，ε_{it} 为随机误差项；TFP_{it} 为全要素生产率；H_{it} 分别表示省份 i 人力资本水平；Z_i 表示影响生产率增长的一系列控制变量；$Catch\_up_{it}$ 表示为技术追赶项，等价于 $[H_{it}(Y_{\max} - Y_i)/Y_i]$（这里 Y_i 和 $Y_{\max}$ 分别是省份 i 和最发达省份的人均收入水平），追赶效应是否存在完全反映在其对应系数符号上。当系数符号为正，表明经济中存在生产率追赶效应，即经济相对落后的地区将会经历更快的生产率增长，从而形成生产率的收敛态势；当系数符号为负，则表明生产率增长不存在追赶效应，而表现出发散特征。

需要指出的是，本哈比-斯皮格尔模型中人力资本是指作为同一整体的人力资本水平，即研究平均水平的人力资本如何对一国的技术创新和技术吸收能力产生影响，从而促进全要素生产率增长。而在现实中存在着人力资本异质性，不同类型人力资本应该具有不同的技术创新和技术吸收能力，比如具有高等教育水平的劳动者更容易产生新观点、开发新技术和新产品，更容易效仿、采纳和应用来自发达经济体的新技术（华萍，2005），中等教育尤其是小学教育人力资本在技术创新和模仿学习方面就表现出一定的劣势。可以预期，不同教育水平人力资本对生产率增长的影响会存在一定的差异性。图 4.1 ~ 图 4.4 分别描绘了平均受教育年限（H）、高等教育（Hig）、中等教育（Sec）以及小学教育（Pri）与全要素生产率增长率的关系。由这 4 个图可知，从全国整体来看，平均受教育年限与全要素生产率增长存在明显的正相关关系；高等教育与全要素生产率增长之间也表现出明显的正向关系，即随着高等教育人口的上升，全要素生产率增长率也会上升；中等教育与全要素生产率增长之间也存在着正向关系,但表现得更弱一些;而小学教育与全要素生产率增长之间的关系则表现为明显的负向关系,说明随着小学教育人口比重的上升,全要素生产率反而会出现负增长。这直观地说明,不同教育水平人力资本对全要素生产率增长的影响是存在差异的。因此在实证检验过程中,我们进一步考虑到人力资本异质性,分别考察不同教育水平人力资本对生产率的增长效应。因此,模型 2 为:

$$\log TFP_{it} = \beta_0 + \beta_1 \cdot Pri_{it} + \beta_2 \cdot Sec_{it} + \beta_3 \cdot Hig_{it}$$
$$+ \beta_4 \cdot Catch\_up_{it} + \beta_5 \cdot Z_{it} + \eta_i + \varepsilon_{it} \tag{4.4}$$

式中 Pri_{it}, Sec_{it}, Hig_{it} 是人力资本的不同组成部分,分别表示为小学教育人力资本、中等教育人力资本、高等教育人力资本;不同教育水平人力资本对生产率增长的影响力度分别反映在系数 β_1, β_2, β_3 上。

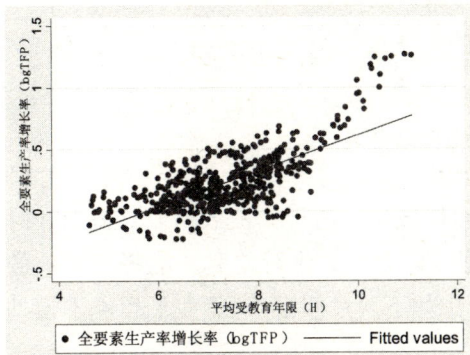

图 4.1　*H* 与 log*TFP* 的散点图

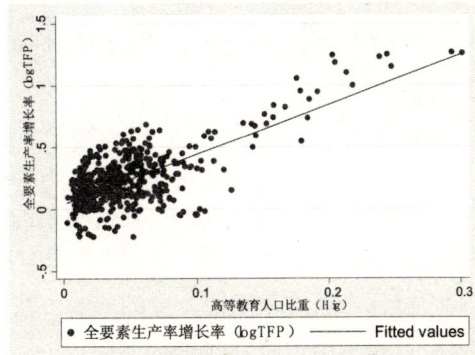

图 4.2　*Hig* 与 log*TFP* 的散点图

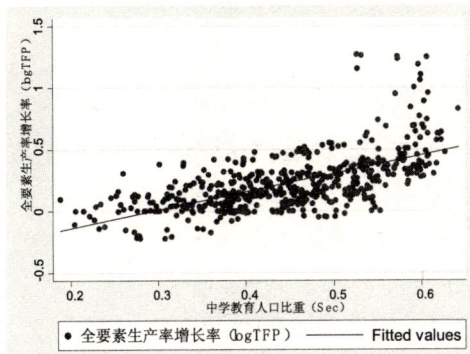

图 4.3　*Sec* 与 log*TFP* 的散点图

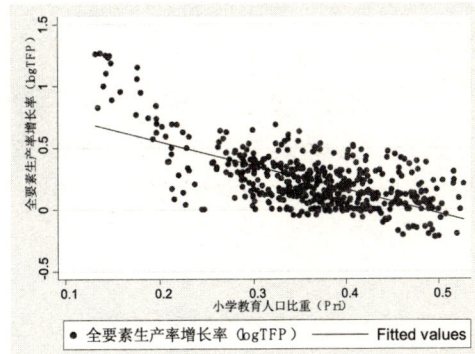

图 4.4　*Pri* 与 log*TFP* 的散点图

根据曼奎斯特指数方法,全要素生产率增长可以进一步分解为技术进步($TECH$)和技术效率变化($EFFCH$),因此在模型(4.1)和(4.2)的基础上可进一步分解为人力资本对技术进步和效率变化的影响,这一做法与华萍(2005)类似。

技术进步方程:

模型3:

$$\log TECH_{it} = \beta_0 + \beta_1 \cdot H_{it} + \beta_2 \cdot Catch\_up_{it} + \beta_3 \cdot Z_{it} + \eta_i + \varepsilon_{it} \tag{4.5}$$

模型4:

$$\log TECH_{it} = \beta_0 + \beta_1 \cdot Pri_{it} + \beta_2 \cdot Sec_{it} + \beta_3 \cdot Hig_{it} + \beta_4 \cdot Catch\_up_{it}$$
$$+ \beta_5 \cdot Z_{it} + \eta_i + \varepsilon_{it} \tag{4.6}$$

技术效率变化方程:

模型5:

$$\log EFFCH_{it} = \beta_0 + \beta_1 \cdot H_{it} + \beta_2 \cdot Catch\_up_{it} + \beta_3 \cdot Z_{it} + \eta_i + \varepsilon_{it} \tag{4.7}$$

模型6:

$$\log EFFCH_{it} = \beta_0 + \beta_1 \cdot Pri_{it} + \beta_2 \cdot Sec_{it} + \beta_3 \cdot Hig_{it}$$
$$+ \beta_4 \cdot Catch\_up_{it} + \beta_5 \cdot Z_{it} + \eta_i + \varepsilon_{it} \tag{4.8}$$

在本小节的分析过程中,我们使用的是面板数据。由于面板数据兼具截面和时间特性,在对模型进行估计之前,必须对模型的设定形式进行检验才能得到有效的参数估计,本研究采用协方差的检验方法,考虑如下两种假设(这里我们以基本模型为例,其他模型可以依此进行类推):

假设1:截距和斜率在不同个体和时间上都相同,即:

$$\log TFP_{it} = \beta_0 + \beta_1 \cdot H_{it} + \beta_2 \cdot Catch\_up_{it} + \beta_3 \cdot Z_{it} + \varepsilon_{it}$$
$$(i = 1, 2, \cdots, 29; t = 1990, 1991, \cdots, 2007)$$

假设2:斜率在不同的个体和时间上都相同,但截距不相同,即:

$$\log TFP_{it} = \beta_i + \beta_1 \cdot H_{it} + \beta_2 \cdot Catch\_up_{it} + \beta_3 \cdot Z_{it} + \varepsilon_{it} \tag{4.9}$$
$$(i = 1, 2, \cdots, 29; t = 1990, 1991, \cdots, 2007)$$

首先检验假设1,如果接受假设1,则无需做进一步检验;如果拒绝假设1,则应该继续检验假设2,以判断截距是否都相等;如果假设2被拒绝,就采用如下模型:

$$\log TFP_{it} = \beta_i + \theta_i \cdot H_{it} + \varphi_i \cdot Catch\_up_{it} + \gamma_i \cdot Z_{it} + \varepsilon_{it} \tag{4.10}$$
$$(i = 1, 2, \cdots, 29; t = 1990, 1991, \cdots, 2007)$$

检验通过两个F检验来完成,其中检验假设1的F统计量为:

$$F_1 = \frac{(S_3 - S_1)/[(N-1)(K+1)]}{S_1/[(NT - N(K+1)]} \sim F[(N-1)(K+1), N(T-K-1)] \tag{4.11}$$

检验假设 2 的 F 统计量为:

$$F_2 = \frac{(S_2 - S_1)/(N-1)K}{S_1/[(NT - N(K+1))]} \sim F[(N-1)K, N(T-K-1)] \qquad (4.12)$$

其中, S_1, S_2, S_3 分别采用上述模型估计得到的残差平方和, N 为个体数, T 为时序长度, K 为自变量个数。

根据非观测固定效应 η_i 是否与其他解释变量相关,可以将模型分为固定效应模型和随机效应模型,一般通过 Hausman 检验来筛选模型。Hausman 检验的零假设是在估计方程的残差项与解释变量不相关的情况下,固定效应和随机效应模型是一致的;反之,如果残差项与解释变量相关,则随机效应模型不具有一致性,应采用固定效应模型,其检验形式为:

$$H = (b - B)'[Var(b) - Var(B)]^{-1}(b - B) \sim \chi^2(k) \qquad (4.13)$$

其中, b 和 B 分别是固定效应模型估计系数和随机效应模型估计系数, k 为被估计参数的个数,该统计量服从自由度为 k 的 χ^2 分布。当 H 大于一定显著水平的临界值时,即选择固定效应模型;反之,则选择随机效应模型。

二、变量选择与数据说明

在上述回归方程中,被解释变量 $logTFP, logTECH, logEFFCH$ 分别是累积全要素生产率指数、累积技术进步指数和累积效率变化指数(均取自然对数);解释变量 H 为人力资本水平,用平均受教育年限来表示; Pri, Sec, Hig 是人力资本不同组成部分,分别用接受小学教育人口比重、接受中等教育人口比重、接受高等教育人口比重来表示;尤其需要注意的是追赶项 $Catch\_up$ 这一变量的数据计算,由于 $Catch\_up_i = H_i(Y_{max} - Y_i)/Y_i$,在具体实证分析过程中, Y_i 表示省份 i 的人均收入水平, Y_{max} 则是最发达省份人均收入水平,在本研究中,我们以上海人均收入水平来表示 Y_{max} 的值[①]。同时,我们在模型中加入一系列控制变量 Z ,主要包括:

(一)外商直接投资(FDI)

在封闭的经济体中,一国的技术进步取决于自身研发(R&D)投入以及已有的知识资本存量。而在一个日益开放的经济体系中,一国的技术进步不仅仅取决于国内研发和创新水平,而且也会依赖于国外研发活动直接或间接影响(外部性)。国际经

---

① 上海能够成为技术领先者(Technology Leader)主要有两个方面的原因:一是从全国各省份人均收入水平排名来看,上海位居第一,是我国经济最为发达的地区;二是从 1990 ~ 2007 年我国生产前沿面的变化情况看,上海一直扮演者最佳实践者的角色,成为推动我国技术进步的急先锋。关于这点,可进一步参考第三章内容。

济活动中的这种研发外部性被称为技术外溢。从现实来看,技术外溢的渠道主要包括外商直接投资(*FDI*)、国际贸易、信息交流等,其中外商直接投资和国际贸易属于物化型技术外溢(Embodied Spillover)(赵伟、汪全立,2006)。作为物化型技术外溢形式之一的外商直接投资,其传导机制具有多样性:一是示范效应,即外资企业可以通过技术示范效应给本土企业提供技术模仿、学习的机会;二是产业关联效应,即外资企业通过与东道国企业的上下游产业关联效应也直接提高了关联企业的生产技术、管理水平;三是竞争效应,外资大规模进入将会打破国内市场垄断,增加国内市场竞争激烈程度,这将鼓励东道国企业加快研发创新、采用新技术、改善资源配置效应;四是人员培训效应,外资企业对东道国雇佣员工的人员培训,促进东道国人力资本的积累(赖明勇等,2005)。

近些年来,有关外商直接投资技术溢出的主题得到了广泛而深入的讨论。比如芬德利(Findlay,1978)利用动态技术转移模型,实证检验外商直接投资对技术扩散的影响,结果发现跨国公司在东道国的外资份额越大,技术扩散率就越高。李彻腾博格和范波特斯博格(Lichetenberg and Van Pottelsberghe,1996)实证发现,输出型外商直接投资为其他工业化国家带来好处,而输入型的外商直接投资并没有提高东道国的技术基础。博伦兹特纳特等人(Borenszteinet et al. ,1998)实证研究发现,外商直接投资对东道国的技术溢出受东道国自身人力资本积累水平的影响,只有当东道国人力资本水平达到并超过一定临界值时,东道国才能有效地吸收外商直接投资的技术溢出。然而,并不是所有的经验证据都支持外商直接投资对东道国存在正向技术外溢的观点。比如哈达德和哈里森(Haddad and Harrison,1993)对摩洛哥的研究、艾特肯等人(Aitken et al. ,1999)对委内瑞拉的研究,都没有发现外商直接投资有正向技术溢出的证据。就国内文献而言,研究结论也是见仁见智。比如潘文卿(2003)对 1995~2000 年外商直接投资对中国工业部门外溢效应进行研究发现,外商直接投资对内资部门存在正向的外溢效应,但这一外溢效应的作用并不太大。罗长远(2006)、何元庆(2007)研究都表明外商直接投资对我国全要素生产率增长具有显著的促进作用。张海洋、刘海云(2004)则认为由于外资企业凭借其在技术、资源、市场、管理等方面的优势,会挤占东道国市场,造成内资工业部门的生产萎缩、人才流失。因此外资流入会对中国内资工业部门产生巨大冲击,造成生产率下降。

自改革开放以来,尤其是 20 世纪 90 年代以来,中国的外商直接投资规模得到快速增长。那么,这些大量流入的外商直接投资究竟会对全要素生产率(TFP)增长起到什么作用,是一个令人感兴趣的话题。因此在实证分析过程中,有必要引入外商直接投资这一变量。外商直接投资(*FDI*)指标采用各省份历年外商直接投资占 GDP

比重来表示。由于官方统计资料提供的当期外商直接投资总额是以美元计价,为了保持计量单位的统一,我们通过当年平均汇率水平折算为人民币。

(二)贸易开放度(open)

作为国际技术外溢的一条重要渠道,贸易开放促进一个国家或地区全要素生产率增长主要来自两个方面:第一,通过进口贸易而对生产率产生影响。即进口贸易可以使本国或本地区有机会分享到贸易伙伴国研发成果,相比于出口贸易,进口贸易更是一种物化型的技术外溢。这是因为诸如设计或蓝图的技术知识大都体现在中间品的进口中(赵伟、汪全立,2006)。在经济一体化的今天,先进国家的技术创新不可避免会在全球范围内扩散,贸易尤其是有形资本品和中间品贸易日益成为知识溢出的载体,国际知识的外溢有利于增加一国知识资本存量,从而促进生产率增长(黄先海、石东楠,2005)。第二,通过出口贸易对生产率产生影响。通过出口贸易可以提高出口部门自身的相对要素生产率,也就是所谓的"边出口边学习效应"(Learning by Exporting),即企业通过与国际市场接触,可以及时地了解并获得新技术、新产品等,有助于促进企业自身生产率的提高。此外,出口一般具有正外部性,即出口部门能够与国内部门形成前向、后向关联效应,从而促进国内资源合理配置,加速生产率增长。

理论判断催生了大量的实证检验,从国外经验文献来看,科和赫尔普曼(Coe and Helpman,1995)利用21个经济合作与发展组织国家及以色列的面板数据,实证检验工业国家之间进口贸易与技术外溢效应,结果表明贸易伙伴国的研发投入有助于本国全要素生产率的提高,并且其作用效果随着本国贸易开放度的提高而增加。科、赫尔普曼和霍福奈斯特(Coe、Helpman and Hoffnaister,1997)采用77个欠发达国家1971~1990年的面板数据,进一步考察国际技术外溢对发展中国家技术进步的作用,他们研究发现发展中国家的全要素生产率与其贸易伙伴国研发投入和来自工业化国家中间品进口存在正向关系,即发展中国家可以通过进口贸易分享到发达国家的研发成果,从而促进本国全要素生产率增长。科勒(Keller,2000)实证结果也支持了贸易促进生产率增长的观点。事实上,技术溢出的效果不仅仅取决于技术本身的溢出程度,也取决于东道国的技术吸收能力,而人力资本被认为是技术吸收能力最重要的决定因素(伊顿和科特姆,1996)。因此,另有一些学者将贸易开放、人力资本与全要素生产率增长纳入到统一分析框架中,近期的文献主要有米勒和阿帕德海耶(Miller and Upadhyay,2000)利用83个国家考察贸易开放度和人力资本对全要素生产率的影响,结果表明贸易开放度对全要素生产率有显著的积极影响,而人力资本对全要素生产率的影响因不同国家而有所差异。从国内文献来看,赖明勇等(2005)

的实证分析发现国外研发通过进口渠道产生了技术外溢,但同时技术外溢又受到以人力资本度量的吸收能力的限制。黄先海、石东楠(2005)研究表明通过贸易渠道溢出的国外 R&D 资本存量对我国全要素生产率增长有着明显的促进作用。李小平和朱钟棣(2006)利用国际 R&D 溢出回归方法进行了研究,研究结果表明国际 R&D 投资通过国际贸易途径促进了中国的生产率增长。赵伟和汪全立(2006)研究表明,通过进口贸易传导机制,国内研发、贸易伙伴国溢出的研发与我国全要素生产率之间存在稳定的长期的均衡关系。许和连等(2006)基于内生增长理论分析框架研究,研究结果表明贸易开放度主要通过影响人力资本的积累水平而影响全要素生产率。李小平等(2008)通过实证研究发现出口和生产率增长的关系不显著,但进口显著地促进了工业行业的全要素生产率增长和技术进步的增长。总体而言,众多研究文献和各国实践结果大都支持了进口贸易促进生产率增长的观点,而关于出口贸易与生产率增长的关系并不完全一致。

在本章实证分析过程中,我们采用贸易依存度(即进出口贸易总额占 GDP 比重)作为贸易开放度的代理指标①。由于官方统计资料提供的当期进出口贸易总额都是以美元计算的,为了保持计量单位的统一,我们通过当年平均汇率水平折算为人民币计算。

(三)制度因素(insti)

加入经济制度变量是基于中国目前经济体制改革特殊国情的考虑。目前,中国正处于关键的转型时期,经济制度因素对中国各个省区的生产率和经济增长具有特殊意义和重要解释力。从经济现实来看,我国经济制度的变迁包括所有制结构变化、产权制度变革(国企制度改革)、分配制度变革等几方面内容。其中,所有制结构变化是我国经济制度变革的核心内容。自改革开放以来,我国所有制结构变化最为突出的特点是国有制比重的持续下降,相应地非国有制经济比重持续上升。这一特征体现在我国经济增长上,就是非国有经济日益成为经济增长的主力;而体现在增长的均衡性上,就是非国有经济受市场约束更强,因而对行政性干预所导致的高涨和紧缩具有相当大的淡化作用;而对要素效率的反映,则是非国有制比重的提高提升了全社会劳动和资本的效率,尤其是资本的效率(刘伟、李绍荣,2001)。鉴于制度变迁对我国经济增长的重要性,在实证研究过程中,有必要将制度因素纳入其中。在实证分析之前,首先面临的一个难题是关于制度变量的度量。由于所有制结构变

---

① 关于贸易开放度指标的选取也存在不少争议。到目前为止使用较多的贸易开放度指标包括贸易依存度、实际关税率、外汇黑市交易费用、非关税壁垒、贸易数量限制等。

化是我国制度变迁的基础和核心内容。因此,可采用非国有经济占 GDP 比重来表征
制度变迁。但由于中国国家统计局没有公布测算和公布各种类型在国民经济中的
比重,因此只能采用替代指标(张焕明,2007)。参考已有文献的做法,本研究采用所
有制中非国有经济固定资产投资占全社会固定资本投资的比重变化作为制度变量
很好的替代指标。

(四)政府规模或干预行为(gov)

我国处于市场化和体制改革的攻坚阶段,政府规模或干预控制在地方经济发展
中起着重要作用(张焕明,2007)。近些年来,我国加大了财税体制改革的力度,尤其
是在 1994 年实行分税制改革以来,在某种程度上理顺了中央和地方的关系,提高了
中央财政收入比重。但是,许多原先由中央负责的支出项目下放到地方,同时中央
又没有给予相应的财政支持,造成地方财政赤字增加。为填补缺口,地方政府往往
要寻找国家预算之外的收入来源,因此容易滋生腐败从而导致生产效率的损失(王
志刚等,2006)。而且由于政府支出多数发生在生产领域,当财政支出过大,干预过
多,往往会造成公共服务质量的下降,损害经济增长绩效。参考已有文献的做法(王
志刚等,2006;张焕明,2007;姚先国等,2008),本研究采用地方财政支出占 GDP 比重
来衡量政府规模和干预行为对全要素生产率表现的影响。

(五)基础设施(infra)

从理论上看,基础设施(比如高速公路、通讯设施等)具有极强的网络特征。这
些基础设施通常连接于区域之间,而相邻地区之间的经济联系往往较为密切,所以
某一地区基础设施的发展能在一定程度上降低相邻地区的运输成本和交易费用,有
利于促进区域间各种生产要素的流动,从而提高资源配置效率和要素使用效率以至
整个社会的经济效率,最终影响全要素生产率以及经济增长的表现。

关于基础设施与生产率和经济增长关系的经验研究,起始于阿肖京(Aschauer,
1989)的学术贡献。阿肖京(Aschauer,1989)率先采用新古典经济增长模型,利用美
国的时间序列数据来分析公共基础设施与私人部门总产出之间的关系,结果表明基
础设施对经济增长具有积极促进作用。随后穆纳尔(Munnell,1990)进一步使用面板
数据进行检验,同样发现基础设施有利于经济增长的证据。吉梅内斯(Jimenez,
1995)研究表明,基础设施具有较强的空间网络特征,可以通过便于市场交易以及存
在于厂商间(或行业间)的外部性来提高生产过程中投入要素的生产效率,从而促进
经济的长期增长。德姆希尔(Démurger,2001)认为,基础设施发展较好的地区,该地
区的厂商往往越容易吸收新技术从而加速技术进步和经济增长。这些文献都几乎
一致认为基础设施对生产率增长乃至经济增长有显著的积极影响。当然也有部分

学者持不同观点。比如,霍兹·依金(Holtz Eakin,1994)以及加西亚等人(Garcia et al. ,1996)实证研究却发现基础设施对经济增长的影响并不显著。

从现实来看,自 20 世纪 90 年代以来,尤其是从 1998 年以来我国实施了积极财政政策,大量增加公共基础设施建设,有效扩大国内需求,对促进国民经济产生较大影响。那么,基础设施到底对我国全要素生产率产生何种影响? 这种影响是否具有显著性? 这是值得进一步讨论的话题。因此,我们将其作为控制变量之一纳入模型中。本研究参考以往文献(姚树洁等,2006;姚先国、张海峰,2008;等)的做法,用每万平方千米的公路里程数来表示基础设施。

(六)城市化(urb)

从理论上讲,城市化对生产率增长的影响机制主要有:第一,城市化能够带来的人口和经济活动在空间上的集聚,这种集聚效应能直接促进交易效率的提高和劳动分工的演进,进而影响效率改善和生产率增长(赵红军,2005);第二,城市化本身具有三大特征优势,能有效地促进技术创新和技术进步,而这主要源于三方面原因:① 城市具有多样性,为不同行业和学科领域人员之间的交流创造机会,有效地促进新知识、新技术以及新产品的产生;② 城市既是人才荟萃之地,也是各类厂商汇集之所,从而确保劳动力市场处于充分竞争状态,而充分竞争有效地保证了工人技能水平和工作岗位的适配性,从而促进生产效率的提升;③ 城市具备良好的创新网络优势,使得各个创新主体之间的硬距离得以缩短,从而加快技术创新扩散,促进技术进步(成德宁,2005)。正如格莱泽(Glaeser,1999)的形象比喻:"通过马路和街道传播思想总比海洋和大陆容易得多"。在具体实证过程中,我们加入城市化这一控制变量。衡量城市化水平的最直接度量指标是"城镇人口在总人口中所占比重",但由于该指标历年各省数据缺失较为严重,本研究参考以往文献的做法(姚先国、张海峰,2008;程开明,2009),选取非农人口占总人口比重来表征各省份的城市化水平。数据来源于《新中国 55 年统计资料汇编》和《中国统计年鉴》(历年)。

(七)投资率(inv)和劳动增长率(labor)

加入这两个变量主要是有以下几点考虑:一是物质资本和劳动作为一地区经济增长的两种重要投入要素,在一定程度上反映该地区的要素禀赋特征;二是加入投资率是为了考察近些年来我国大规模投资是否促进生产率增长,同样的道理,也加入劳动增长率加以考察;三是已有的研究生产率增长变动影响因素的相关文献中,也采取类似做法,比如,颜鹏飞和王兵(2004)。在具体实证过程中,投资率由各省份资本形成总额占 GDP 比重得到,劳动增长率用各省份全社会从业人员增长率来表示。

各控制变量回归系数预期的符号如下(以全要素生产率增长模型 1 为例):

$FDI:+,open:+,insti:+,gov:-,infra:+$ or $-,urb:+$ or $-,inv:+$ or $-,labor:+$ or $-$

在本研究中,我们使用 1990～2007 年间 29 个省份的面板数据。由于统计资料的限制,西藏自治区、台湾省、香港特别行政区与澳门特别行政区没有收在样本之内,并且将重庆与四川数据合并计算。除非特别说明,本研究数据均来源于《新中国 55 年统计资料汇编》、《中国人口统计年鉴》、《中国统计年鉴》以及各省市历年《统计年鉴》。变量统计特征见表 4.1。

表 4.1　变量描述性统计

变量名称	变量含义	计算方法	观测数	平均值	标准差	最小值	最大值
logTFP	全要素生产率增长率	累积、取自然对数	522	0.2256	0.2345	−0.2231	1.2653
log$TECH$	技术进步率	累积、取自然对数	522	0.3961	0.2271	0.0000	1.5729
log$EFFCH$	技术效率变化	累积、取自然对数	522	−0.1704	0.1765	−0.8574	0.2388
H	人力资本	人均受教育年限	522	7.3118	1.1404	4.6080	11.0850
Pri	初等教育	初等教育人口比重	522	0.3668	0.0792	0.1323	0.5265
Sec	中等教育	中等教育人口比重	522	0.4471	0.0978	0.1881	0.6422
Hig	高等教育	高等教育人口比重	522	0.0457	0.0418	0.0026	0.3013
$Catch\_up$	追赶项	$H(Ymax-Yi)/Yi$	522	39.1185	21.1887	0.0000	110.5097
FDI	外商直接投资	外商直接投资/GDP	522	0.0305	0.0358	0.0000	0.2180
$open$	贸易开放度	进出口总额/GDP	522	0.2894	0.3879	0.0080	2.2030
$insti$	制度变迁	非国有投资/总投资	522	0.4429	0.1870	0.0650	0.8630
gov	政府规模	政府财政支出/GDP	522	0.1345	0.0543	0.0490	0.3600
$infra$	基础设施	公路里程数/省份面积	522	0.3567	0.2936	0.0030	2.5760
urb	城市化	非农人口/总人口	522	0.3054	0.1551	0.1230	0.8680
inv	投资率	资本形成总额/GDP	522	0.4534	0.0972	0.2390	0.7850
$labor$	劳动增长率	全社会从业人员增长率	522	0.0145	0.0362	−0.2630	0.2497

三、实证分析与讨论

(一)全国样本回归结果

表 4.2 报告了全国样本的回归结果,Hausman 检验支持我们选择固定效应模型。

模型 1 的回归结果验证了人力资本对 20 世纪 90 年代以来我国全要素生产率增长具有积极促进作用。具体而言,在其他条件不变的情况下,人力资本水平每增加 1 个单位(即人均受教育年限每增加 1 年),将带动我国全要素生产率增长率上升 0.158 个百分点。众多经验文献表明人力资本是影响全要素生产率增长的关键因素(本哈比和斯皮格尔,1994;米勒和阿帕德海耶,2000;艾亚尔和费勒尔,2002),比如,本哈比和斯皮格尔(Benhabib and Spiegel,1994)利用 1965 ~ 1985 年 78 个国家的数据进行研究,结果表明,一国全要素生产率增长率依赖于该国的人力资本水平,人力资本对生产率增长具有显著的促进效应;米勒和阿帕德海耶(Miller and Upadhyay,2000)、艾亚尔和费勒尔(Aiyar and Feyrer,2002)在内生增长理论框架下,通过实证研究发现人力资本对全要素生产率增长具有积极影响的证据。类似地,本研究的回归结果表明人力资本是解释各地区全要素生产率增长的重要因素①。

模型 2 进一步考虑人力资本异质性,从回归结果看,初等教育人力资本对生产率增长并不产生积极影响,回归系数并不显著;中等教育人力资本回归系数为 0.676,且达到 1% 显著水平,表明中等教育人口比重提高将有助于促进生产率增长;相比较而言,高等教育人力资本对生产率增长的影响力度更大,其回归系数为正,且在 1% 显著水平下统计显著。即在其他条件不变的情况下,高等教育人口所占比重每上升 1 个百分点,将带动全要素生产率增长率提高 3.684 个百分点。正如前文所说明的,相比于中小学教育人力资本,具有高等教育水平的人力资本往往更容易对新产品新工艺的创新与模仿。这就反映了不同教育水平人力资本对生产率增长具有不同的促进作用:高等教育人力资本促进作用最大,中等教育人力资本作用次之,初等教育人力资本作用最小且不显著。不同教育水平人力资本对生产率增长具有不同的效应在一定程度上印证了从人力资本异质性角度加以考察的必要性。

基于 DEA - 曼奎斯特指数方法,全要素生产率增长可分解为技术进步和技术效率变动这两个拆分项,基于此,我们将进一步考察人力资本对这两个拆分项的影响效应。从技术进步模型来看(模型 3 ~ 模型 4),人力资本回归系数为 0.137,达到 1% 显著水平,表明在其他条件不变的情况下,平均受教育年限每增加 1 年,将使得全国

---

① 我们研究结论与彭国华(2007)实证研究结果迥然不同。他研究发现人力资本作为一个整体与全要素生产率(TFP)存在显著负相关。也就是说,人力资本水平提高反而不利于生产率增长。这一结果与理论预期和经济现实存在较大差异。由于他在测算全要素生产率(TFP)时采用传统核算方法,假定生产函数为 Cobb - Douglas 形式,形如 Y = Ka(AH)1-a,A 即为所要计算的全要素生产率(TFP)。正如前文所述,不同的生产函数设定会对全要素生产率(TFP)测算产生影响,进而导致后续实证分析存在偏误,而采用数据包络分析(DEA)方法能有效地避免这种错误,因此基于 DEA 方法进行的分析显得更具可靠性。

技术进步率提高 0. 137 个百分点。考虑人力资本异质性,不同教育水平人力资本对技术进步的影响效应存在差异。其中,高等教育和中等教育这两种类型人力资本都对技术进步有积极促进作用,但前者的影响力度(3.465)明显大于后者(0.491),而初等教育人力资本尽管回归系数为正,但并未显示统计上的显著性。总体而言,技术进步模型与全要素生产率增长模型的回归结果具有较大的相似性,这可能是由于我国全要素生产率增长主要来源于技术进步的贡献,因此,人力资本对技术进步影响将进一步传导至对全要素生产率的影响。

从技术效率变动模型来看,无论是人力资本平均水平还是其各组成部分,回归系数均没有显示统计上的显著性。对于这一现象布瑞彻特尔(Pritchett, 2001)针对发展中国家提出三个方面的原因解释:教育质量不高、劳动力市场供求关系的不均衡性以及不适宜的制度环境(华萍,2005)。这三方面原因也在一定程度上解释为什么我国中小学教育甚至于高等教育人力资本并没能对效率增进有所助益。但不论如何,目前我国各种教育人力资本对效率增进无多大裨益给中国经济长期持续增长提出一些值得深思的问题:我国教育制度,特别是高等教育是否符合现代经济发展的要求? 我国是否形成了为各种受教育劳动力提供具有充分流动性的劳动力市场? "人不尽其才,才不尽其用"究竟对我国经济增长产生多大的效率损失? 毫无疑问,这些问题是发人深思的。

追赶项 Catch_up 在各种模型的回归结果也是我们所感兴趣的。注意到全要素生产率增长模型,追赶项 Catch_up 回归系数为负且达到 1% 显著水平,说明经济发达地区比落后地区具有较快的生产率增长,生产率增长的后发优势在我国并不存在。换言之,我国全要素生产率增长并不存在追赶效应,而是表现为鲜明的"马太效应"。这一研究结论也在一定程度上说明了全要素生产率增长对于我国地区经济差异具有较强的解释力。在技术进步模型中,追赶项回归系数为正,且高度显著,这表明,我国各省区技术进步存在追赶现象。其原因可能是,近些年来,由于区域经济一体化日益加快,经济发达地区对落后地区的技术溢出以及落后地区强化技术模仿、学习、吸收能力在很大程度上缩小了地区之间技术进步的差距。在效率增进模型中,追赶项 Catch_up 为负,且显著,这一点与生产率增长模型相似,表明我国落后地区相比于发达地区,并没有在效率增长方面表现出一定的"后发优势",这一发现恰好与前文相呼应,即落后地区与生产前沿面逐渐拉大。落后地区与生产前沿面渐行渐远的事实,为我国区域经济协调发展提出严肃的问题。

对于各控制变量的影响,主要发现归纳如下:

第一,在全要素生产率增长模型中,外商直接投资和贸易开放的回归系数均为正,并且都是高度显著的,表明现阶段我国外商直接投资和对外贸易发展促进了全要素生产率增长。这一发现与贸易增长理论预期相吻合,也与沈坤荣等(2001)、罗长远(2006)、许和连等(2006)以及何元庆(2007)等研究结论相一致。可见,在经济一体化、全球范围内知识技术不断扩散的背景下,外商直接投资和贸易(尤其是有形资本品贸易)日益显现出其对我国全要素生产率增长的重要性。此外,回归结果吸引我们注意的是,尽管外商直接投资和国际贸易都对全要素生产率增长具有显著的正向影响,但二者的影响效果却存在较大差异:外商直接投资的影响效果明显强于国际贸易的影响。以模型 1 为例,外商直接投资在 GDP 中每提高 1 个百分点,可使全要素生产率平均增长 0.891 个百分点;而贸易开放度每上升 1 个百分点,全要素生产率平均增长仅为 0.139 个百分点。对于这一独特的经济现象,其背后原因可能是:由于外商直接投资在管理技术与经验、工作技能和诀窍、国际分销网络的完整性、品牌和无形资产、研发支持等方面的重要贡献,其技术溢出的具体路径更具多样性,从而能从多个层面促进我国生产率水平的提高(何元庆,2007)。

第二,制度变量(非国有投资占比总投资比重)回归系数显著为正,政府规模(地方财政支出占 GDP 比重)回归系数显著为负。表明在我国经济转型时期,一个非常重要的因素是非国有经济在整个经济所扮演的角色变换,改革时期尤其是 20 世纪 90 年代之后非国有经济对我国全要素生产率增长具有重要的促进作用,是全要素生产率增长模型必须控制的重要条件之一,即非国有投资所占比重越高,我国全要素生产率增长就越快。政府规模在全要素生产率增长模型中的表现说明政府规模越大将对经济增长产生较大干预作用,市场机制扭曲的可能性也就越大,而市场机制的发挥一旦受到较大影响,则会对生产率及经济增长形成负向影响。由此可见,简政放权是促进我国生产率增长的重要条件之一。

第三,城市化对我国技术创新和技术进步存在显著的正向影响,而对效率增进并不存在积极作用。可见,现阶段我国在推进城市化进程中,城市作为创造力与创新"孵化器"的功能起着重要作用,但其对生产效率改善并没有表现出预期的积极影响。

第四,投资率的估计系数显著为负值,这一结果与其他研究较为相似(颜鹏飞、王兵,2004),表明在过去 20 年间,我国大规模的固定资本投资,并没有促进全要素生产率增长。其原因可能是这一阶段的经济增长多以常规技术的克隆和资本的外延扩张为特征,难以有效促进全要素生产率增长。劳动增长率这两个变量的回归系数不稳定且不显著,说明对我国全要素生产率提升不具有显著影响。埃尔维恩·杨(Young,2003)在考察中国改革时期非农业部门的全要素生产率变动情况时发现,劳动力深化(包括劳动参与率提高、劳动力从农业部门向非农部门转移、劳动力质量提升等)是促进中国全要素生产率增长的主要力量。然而,由于我们采用劳动增长率这样的指标,只能用于反映出简单劳动投入规模的变化,而不能完全反映出劳动力结构变迁。因此可以想见,对于我国这样一个劳动力资源十分丰富的国家而言,简单劳动投入的继续扩张并不能给生产率增长带来更多的好处。

表 4.2　全国样本回归结果

	logTFP		logTECH		logEFFCH	
	(1)	(2)	(3)	(4)	(5)	(6)
H	0.158 * * *		0.137 * * *		0.021	
	(10.385)		(10.28)		(1.628)	
Pri		0.161		0.252		−0.092
		(0.665)		(0.958)		(−0.435)
Sec		0.676 * * *		0.491 * *		0.187
		(3.362)		(2.201)		(1.140)
Hig		3.684 * * *		3.465 * * *		0.218
		(12.150)		(7.986)		(0.862)
Catch_up	−0.006 * * *	−0.005 * * *	0.002 * *	0.003 * * *	−0.008 * * *	−0.008 * * *
	(−6.783)	(−5.011)	(2.206)	(4.006)	(−8.957)	(−8.805)
FDI	0.936 * * *	0.902 * * *	1.226 * * *	1.154 * * *	−0.292	−0.253
	(3.494)	(3.757)	(5.129)	(5.241)	(−1.570)	(−1.314)
open	0.129 *	0.076 * * *	0.085	0.029	0.043 * *	0.047 * *
	(1.880)	(2.602)	(1.111)	(0.468)	(2.167)	(2.380)
insti	0.308 * * *	0.294 * * *	0.223 * * *	0.224 * * *	0.085 *	0.070
	(5.291)	(5.373)	(4.089)	(4.409)	(1.784)	(1.453)
gov	−0.367	−0.792 * * *	−0.519 * *	−0.953 * * *	0.156	0.166
	(−1.644)	(−3.953)	(−2.559)	(−5.256)	(1.005)	(1.019)
infra	0.029	−0.006	0.069 *	0.037	−0.041	−0.044
	(0.628)	(−0.179)	(1.686)	(1.043)	(−1.448)	(−1.533)
urb	−0.092	−0.045	1.215 * * *	1.316 * * *	−1.301 * * *	−1.357 * * *
	(−0.433)	(−0.240)	(5.771)	(6.838)	(−9.143)	(−9.353)

续表

	logTFP		logTECH		logEFFCH	
	（1）	（2）	（3）	（4）	（5）	（6）
inv	-0.478 * * *	-0.298 * * *	-0.065	0.121	-0.412 * * *	-0.419 * * *
	（-4.292）	（-3.794）	（-0.544）	（1.326）	（-5.819）	（-5.641）
labor	-0.050	-0.110	0.063	0.002	-0.113	-0.112
	（-0.315）	（-0.883）	（0.363）	（0.014）	（-0.993）	（-1.016）
常数项	-0.597 * * *	-0.044	-1.137 * * *	-0.696 * * *	0.539 * * *	0.651 * * *
	（-9.373）	（-0.299）	（-19.644）	（-4.366）	（9.091）	（4.965）
N	522	522	522	522	522	522
hausman	46.12 * * *	37.94 * * *	1014.32 * * *	82.43 * * *	44.15 * * *	36.80 * * *
R^2	0.605	0.654	0.819	0.845	0.626	0.629
adj-R^2	0.597	0.625	0.815	0.841	0.618	0.620

说明:括号内为 t 统计量,*、* *、* * * 分别代表估计系数通过 10%、5%、1% 显著水平检验,hausman 检验用于判断估计模型应该选取固定效应还是随机效应。下同。

（二）三大区域回归结果

类似于我国经济发展存在明显的区域差异,我国各地区人力资本积累也存在明显的区域不平衡。具体而言,无论是人力资本平均水平还是人力资本结构特征,东部地区具有显著的优势,而中西部地区人力资本发展相对滞后(见表4.3)。因此,为了全面了解人力资本对全要素生产率增长的作用,应当考虑到人力资本增长效应的区域差异性。在下文中我们进一步将全国样本进一步细分为东、中、西部三大经济区域,分别考察不同地区人力资本及各组成部分对生产率增长的影响差异,这也是对全国样本的有效补充。

表4.3　东、中、西部地区人力资本及各组成部分的统计比较

	全国	东部	中部	西部
H	7.312	7.842	7.416	6.645
Pri	0.367	0.329	0.376	0.401
Sec	0.447	0.490	0.474	0.378
Hig	0.046	0.063	0.035	0.035

说明:表中统计数据均为各类统计指标的均值,样本数据区间为 1990~2007 年。

1. 全要素生产率增长模型

表 4.4 东、中、西部地区全要素生产率增长模型(被解释变量:logTFP)

	东部		中部		西部	
	(1)	(2)	(3)	(4)	(5)	(6)
H	0.177 * * *		0.172 * * *		0.043 * *	
	(6.561)		(3.522)		(2.413)	
Pri		0.360		1.354 * *		−0.051
		(0.621)		(2.255)		(−0.223)
Sec		0.543		2.236 * * *		0.221
		(1.482)		(4.103)		(0.926)
Hig		4.680 * * *		1.637 *		0.893 * *
		(9.340)		(1.684)		(2.083)
Catch_up	−0.004	−0.003	−0.001	−0.002	−0.003 * * *	−0.003 * * *
	(−0.809)	(−0.678)	(−0.247)	(−0.411)	(−3.568)	(−3.172)
FDI	1.378 * * *	0.892 * * *	0.950	1.183	0.224	0.577
	(3.981)	(2.754)	(0.747)	(0.931)	(0.375)	(0.903)
open	0.131 * * *	0.081 * *	0.302	0.258	−0.325 * *	−0.357 * *
	(3.348)	(2.306)	(1.106)	(0.950)	(−2.126)	(−2.349)
insti	0.259 * *	0.249 * * *	0.290 * *	0.253 * *	0.293 * * *	0.304 * * *
	(2.560)	(2.793)	(2.430)	(2.118)	(3.820)	(3.966)
gov	0.761	−0.813	−0.333	−0.205	−0.633 * * *	−0.665 * * *
	(1.275)	(−1.438)	(−0.643)	(−0.361)	(−3.796)	(−3.809)
infra	0.010	−0.078	−0.038	−0.034	−0.167 * *	−0.157 * *
	(0.165)	(−1.401)	(−0.582)	(−0.527)	(−2.598)	(−2.389)
urb	−0.375	0.043	−0.356	−0.263	0.629 *	0.524
	(−1.285)	(0.163)	(−0.570)	(−0.414)	(1.848)	(1.510)
inv	−0.840 * * *	−0.505 * * *	−0.260	−0.260	0.105	0.109
	(−4.433)	(−2.919)	(−1.309)	(−1.280)	(1.250)	(1.291)
labor	−0.097	−0.264	0.016	0.002	−0.368 *	−0.409 * *
	(−0.433)	(−1.328)	(0.072)	(0.010)	(−1.971)	(−2.163)

续表

	东部		中部		西部	
	（1）	（2）	（3）	（4）	（5）	（6）
常数项	-0.793＊＊＊	-0.146	-0.901＊＊＊	-1.249＊＊＊	-0.183＊＊＊	0.010
	（-5.256）	（-0.387）	（-5.479）	（-2.908）	（-3.204）	（0.075）
N	198	198	144	144	180	180
hausman	77.01＊＊＊	43.69＊＊＊	76.51＊＊＊	73.69＊＊＊	116.10＊＊＊	312.84＊＊＊
R2	0.702	0.776	0.673	0.685	0.390	0.400
adj-R2	0.669	0.748	0.629	0.637	0.317	0.320

从表 4.4 回归结果看,东、中、西部地区人力资本回归系数均为正,且都达到至少 5% 的显著水平。具体而言,人力资本水平每增加一个单位,东部地区全要素生产率增长率将提高 0.177 个百分点,中部地区全要素生产率增长率将提高 0.172 个百分点,东部地区人力资本的边际增长效应略高于中部地区,而西部地区人力资本变量也显著为正,但其估计系数明显小于前两者,仅为 0.043。可见,不同区域人力资本增长效应明显不同:东部最强、中部次之、西部最弱。其原因可能是,东部地区拥有相对丰裕的人力资本,使其对世界前沿技术具备较强的吸收和模仿能力,因而能够较为迅速地实现生产率增长。而对中西部地区来说,由于人力资本投资不足,加之近些年来"孔雀东南飞"的人才外流现象有增无减,使得本地区生产率增长深受人力资本"瓶颈"的制约。除了人力资本存量自身的原因之外,三大区域在经济环境方面的差异也在一定程度上解释了这种现象。比较而言,东部地区拥有天然的优势,比如较发达的经济发展水平、较高的对外开放程度、较完备的物质资本积累以及较完善的基础设施等,这些因素为人力资本效应的发挥创造良好的外部环境,而中西部地区显然在这些方面存在不足,影响人力资本对生产率增长的促进作用①。

进一步观察各种教育水平人力资本增长效应的区域差异可以发现,在东部地区,只有高等教育人力资本才对生产率增长产生显著的促进作用,尽管初等教育和中等教育影响系数为正,但并未通过显著性检验。具体而言,东部地区高等教育人力资本回归系数显著为正,系数值为 4.68,明显大于全国平均估计系数 3.684,说明与全国整体相比,东部地区高等教育人力资本的增长效应表现出更强的优势。即东

① 有关经济发展水平、对外开放程度等因素如何影响到人力资本增长效应的发挥,我们将在第六章内容中进行详细讨论。

部地区高等教育人口比重每上升一个百分点,将带动全要素生产率增长率提高 4.68 个百分点。而在中部地区回归结果中,初等、中等、高等教育人力资本回归系数都显著为正,其中,中等教育的影响力度最大(2.236)、高等教育次之(1.637)、初等教育最小(1.353)。将这一结果与东部地区进行比较,可以发现对东部地区生产率增长影响最大的是高等教育人力资本,而中部地区则是中等教育人力资本,同时东部地区高等教育人力资本的生产率增长效应要明显大于中部地区中等教育人力资本。从西部地区回归结果来看,只有高等教育人力资本对生产率增长产生显著的积极影响,这一点与东部地区回归结果较为类似,而与中部地区回归结果迥然不同。中、西部地区回归结果存在明显差异恰恰说明了二者不属于同一性质的省份组。因此,在进行有关人力资本增长效应的实证研究过程中,如果将这两个地区简单地合并为一组有可能得出错误的结论。

由上分析可知,不同教育人力资本对生产率的影响存在鲜明的区域差异,因此,在全国样本分析的基础上,有必要进一步分区域加以考察。此外,比较不同教育水平的影响系数可以进一步推论,不同教育水平人力资本对生产率的影响可能不是简单的线性关系,而是表现为更为复杂的非线性关系,这一问题是值得进一步研究的。

追赶项 *Catch_up* 的回归结果在不同区域之间也是有所不同的。其中,东部和中部地区的回归系数尽管为负,但不显著,只有在西部地区显著为负,表明生产率增长的“马太效应”在经济越落后的地区越发明显,即越是经济落后的地区,越难以实现生产率追赶。结合此前所分析,全国整体全要素生产率增长表现出的发散性是以西部下落为特征,即西部地区与东部发达地区之间的差距越拉越大。因此,如何更好地实现东—中—西经济联动,有效地促进落后地区生产率增长乃至经济长期持续增长是区域经济问题的焦点之一。

各控制变量的回归结果在不同区域同样存在明显差异。外商直接投资东部地区生产率增长具有显著的促进作用,而对中西部地区的作用并不显著。这表明外商直接投资是促进东部地区生产率提升的动力,而没有显著促进中西部地区的生产率的增长。一个可能的解释是,由于各地区经济发展状况、资源禀赋差异以及区域性外商直接投资政策的影响,中国吸收外商直接投资地区分布呈现出显著的非均衡特征。东部地区外商直接投资规模较大,而中西部地区外商直接投资规模相对较小,因此外商直接投资要成为中西部地区生产率增长重要来源还需要一定时间(姚树洁等,2006)。表 4.7 提供了中国各地区利用外商直接投资情况。截至 2006 年底,中国累计批准设立外商投资企业数、合同外资金额和实际使用外资金额分别为 594415 家、14794 亿美元和 6854 亿美元。其中,东部地区所占比重分别为 83.02%、86.61%

和 86.85%；中部地区所占比重分别为 10.77%、8.12% 和 8.79%；西部地区所占比重分别为 6.21%、5.27% 和 4.37%。

贸易开放度对东部地区具有显著促进作用，而在中西部地区，贸易开放度与生产率增长之间并没有存在显著的联系。这一发现与许和连等（2006）的研究结论较为相似。制度变迁对三大经济区域全要素生产率增长均具有显著的积极影响，且影响力度较为接近。政府规模对西部地区全要素生产率增长具有显著的负向作用，这深刻反映了在西部相对落后地区减少政府干预、强化市场经济对生产率增长以及经济长期持续增长的必要性。基础设施的估计系数并没有如预期为正，表明无论在相对发达的东部地区，还是在相对落后的中西部地区，基础设施建设（尤其是交通基础设施建设）尚难为生产率增长提供有力支撑，而这可能与目前我国基础设施发展相对滞缓有较大关系；城市化估计系数在西部地区显著为正，表明加快相对落后地区城市化进程有助于促进生产率增长。与前文分析相似，投资率和劳动投入增长都没有对三大经济区域生产率增长产生显著的积极影响，表明近些年来我国大规模投资表现出一种典型的投资效率恶化特征，简单劳动投入的进一步扩张对全要素生产率增长并无助益。

2. 技术进步模型

从表 4.5 回归结果看，人力资本作为整体对东、中、西部地区技术进步均具有显著促进作用，与全要素生产率增长模型相似，东部地区人力资本对技术进步的影响力度最大，中部次之，西部最小。具体而言，人力资本水平每增加一个单位，东部地区技术进步率将提高 0.164 个百分点，中部地区技术进步率将提高 0.095 个百分点，西部地区技术进步率将提高 0.09 个百分点。东部地区人力资本的边际增长效应明显高于全国平均，而中西部地区均低于全国平均。而就各种教育水平人力资本对不同区域技术进步的影响来看，东部和西部地区的回归结果较为相似：初等教育回归结果不显著，中等教育和高等教育回归结果均显著为正，且高等教育人力资本边际影响大于中等教育人力资本边际影响。但值得注意的是，东部地区高等教育人力资本的边际影响系数为 4.386，而西部地区仅为 1.148，显著低于东部地区对技术进步的边际影响。就中部地区而言，高等教育人力资本的回归系数仅通过 15% 显著水平，为 0.958，初等教育和中等教育均通过显著性检验，回归系数分别为 1.366 和 1.523。可见，中等教育对中部地区技术进步的边际影响最大、初等教育次之、高等教育最小，这一结果与全要素生产率增长模型较为相似。这也在一定程度上说明了人力资本对技术进步的影响可能存在非线性特征，而不仅仅是简单的线性关系。追赶项 *Catch_up* 估计系数也是我们所感兴趣的，从结果上看，东部地区追赶效应并不显著,中、西部地区追赶效应显著。这一结果为表 4.2 中第(3)和(4)列所显示的全国整体存在追赶效应提供可能的解释:正是由于区域间技术溢出和扩散以及中西部地区的技术吸收能力不断提升,全国整体表现出一定的技术追赶现象。

表 4.5　东、中、西部地区技术进步模型(被解释变量:logTECH)

	东部		中部		西部	
	(1)	(2)	(3)	(4)	(5)	(6)
H	0.164 * * *		0.095 * *		0.090 * * *	
	(6.708)		(2.544)		(5.058)	
Pri		0.744		1.336 * * *		−0.180
		(1.395)		(3.281)		(−0.836)
Sec		0.639 *		1.523 * * *		0.733 * * *
		(1.897)		(3.816)		(3.296)
Hig		4.386 * * *		0.958#		1.148 * * *
		(9.526)		(1.567)		(2.869)
$Catch\_up$	−0.003	−0.002	0.008 * * *	0.007 * *	0.003 * * *	0.003 * * *
	(−0.707)	(−0.399)	(2.695)	(2.559)	(3.097)	(4.342)
FDI	1.748 * * *	1.251 * * *	2.378 * * *	2.515 * * *	1.741 * * *	2.646 * * *
	(5.567)	(4.202)	(2.754)	(3.098)	(2.873)	(4.436)
$open$	0.078 * *	0.035	0.624 * * *	0.602 * * *	−0.153	−0.227
	(2.180)	(1.078)	(2.779)	(2.860)	(−1.213)	(−1.595)
$insti$	0.237 * *	0.236 * * *	0.227 * * *	0.199 * * *	0.140 *	0.154 * *
	(2.575)	(2.880)	(3.326)	(2.988)	(1.778)	(2.154)
gov	1.652 * * *	0.250	−1.087 * * *	−0.789 * *	−1.244 * * *	−1.219 * * *
	(3.052)	(0.481)	(−3.328)	(−2.175)	(−6.863)	(−7.471)
$infra$	−0.023	−0.102 * *	0.083 * *	0.085 * *	0.115 *	0.104 *
	(−0.401)	(−1.987)	(2.443)	(2.602)	(1.949)	(1.693)
urb	0.832 * * *	1.296 * * *	0.756 *	0.928 * *	2.083 * * *	1.812 * * *
	(3.146)	(5.342)	(1.945)	(2.496)	(6.057)	(5.589)
inv	−0.633 * * *	−0.302 *	0.273 * * *	0.312 * * *	0.365 * * *	0.356 * * *
	(−3.679)	(−1.901)	(2.703)	(3.113)	(4.178)	(4.507)

续表

	东部		中部		西部	
	(1)	(2)	(3)	(4)	(5)	(6)
labor	0.175	0.010	-0.127	-0.120	-0.415 * *	-0.504 * * *
	(0.857)	(0.053)	(-0.984)	(-1.101)	(-2.085)	(-2.858)
常数项	-1.265 * * *	-0.930 * * *	-1.088 * * *	-1.695 * * *	-0.892 * * *	-0.517 * * *
	(-9.235)	(-2.692)	(-8.612)	(-6.014)	(-14.981)	(-4.047)
N	198	198	144	144	180	180
hausman	59.43 * * *	98.95 * * *	118.24 * * *	20.71 *	467.51 * * *	112.58 * * *
R2	0.824	0.864	0.921	0.928	0.894	0.903
adj-R2	0.804	0.847	0.915	0.921	0.888	0.890

3. 技术效率变动模型

从表4.5回归结果看,人力资本对不同区域技术效率变动的影响形态与前两个模型有较大的不同。就人力资本作为整体的平均影响而言,东部地区影响系数并不显著,中部地区显著为正,西部地区则显著为负。就不同教育水平人力资本的影响来看,东部地区各种教育水平人力资本对技术效率改善并没有表现出显著的促进作用,这一点与全国整体表现较为相似;中部地区的只有中等教育人力资本才对技术效率改善有显著促进作用,西部地区的中等教育则对技术效率产生负向效应。总而言之,无论是经济相对发达的东部地区,还是相对落后的中西部地区,人力资本平均水平及各组成部分并没有对技术效率改善产生积极影响。可见,进一步改善我国教育环境,努力提高教育质量,构建全国统一的人力资本市场以促进各种受教育劳动力充分流动,并实现"人尽其才、才尽其用",将对我国效率改善大有裨益。

表4.6　东、中、西部地区技术效率变动模型(被解释变量:logEFFCH)

	东部		中部		西部	
	(1)	(2)	(3)	(4)	(5)	(6)
H	0.012		0.077 * *		-0.047 * *	
	(0.923)		(2.032)		(-2.340)	
Pri		-0.382		0.015		0.122
		(-1.160)		(0.033)		(0.470)

续表

	东部		中部		西部	
	(1)	(2)	(3)	(4)	(5)	(6)
Sec		-0.095		0.718 *		-0.511 *
		(-0.459)		(1.675)		(-1.899)
Hig		0.289		0.689		-0.260
		(1.016)		(0.901)		(-0.537)
Catch_up	-0.001	-0.001	-0.009 * * *	-0.009 * * *	-0.006 * * *	-0.006 * * *
	(-0.255)	(-0.474)	(-2.935)	(-2.962)	(-6.017)	(-6.430)
FDI	-0.367 * *	-0.356 *	-1.414	-1.314	-1.512 * *	-2.056 * * *
	(-2.131)	(-1.937)	(-1.433)	(-1.315)	(-2.229)	(-2.851)
open	0.054 * * *	0.046 * *	-0.318	-0.340	-0.174	-0.133
	(2.754)	(2.330)	(-1.505)	(-1.590)	(-1.002)	(-0.776)
insti	0.022	0.012	0.063	0.054	0.154 *	0.150 *
	(0.426)	(0.239)	(0.680)	(0.580)	(1.769)	(1.738)
gov	-0.888 * * *	-1.057 * * *	0.757 *	0.583	0.615 * * *	0.558 * * *
	(-2.987)	(-3.299)	(1.886)	(1.303)	(3.246)	(2.832)
infra	0.033	0.023	-0.122 * *	-0.120 * *	-0.284 * * *	-0.263 * * *
	(1.052)	(0.742)	(-2.402)	(-2.372)	(-3.894)	(-3.544)
urb	-1.199 * * *	-1.246 * * *	-1.110 * *	-1.194 * *	-1.458 * * *	-1.295 * * *
	(-8.254)	(-8.324)	(-2.295)	(-2.392)	(-3.771)	(-3.304)
inv	-0.204 * *	-0.200 * *	-0.533 * * *	-0.573 * * *	-0.257 * * *	-0.245 * *
	(-2.161)	(-2.042)	(-3.461)	(-3.588)	(-2.686)	(-2.564)
labor	-0.274 * *	-0.275 * *	0.146	0.125	0.043	0.091
	(-2.446)	(-2.440)	(0.868)	(0.733)	(0.203)	(0.427)
常数项	0.466 * * *	0.777 * * *	0.187	0.450	0.709 * * *	0.530 * * *
	(6.199)	(3.643)	(1.463)	(1.333)	(10.950)	(3.435)
N	198	198	144	144	180	180
hausman	224.164 * *	103.104 * *	85.144 * *	81.044 * *	124.774 * *	120.074 * *
R2	0.577	0.588	0.517	0.521	0.812	0.818
adj-R2	0.529	0.536	0.452	0.448	0.790	0.793

表 4.7　　2006 年东、中、西部地区利用外商直接投资情况

	项目数		合同外资		实际利用外资	
	个数	比重 (%)	金额 (亿美元)	比重 (%)	金额 (亿美元)	比重 (%)
全国	594415	100	14794	100	6854	100
东部	493482	83.02	12813	86.61	5953	86.85
中部	64031	10.77	1201	8.12	602	8.79
西部	36932	6.21	780	5.27	299	4.37

资料来源:商务部统计资料。

第二节　人力资本不平等与全要素生产率增长:一个拓展研究

从某种意义上讲,各种类型的人力资本在整体中所占比重直接决定了人力资本分布特征。由于教育是人力资本形成的最主要方式,而且资料数据较容易获取,因此,大部分经验文献几乎不约而同地从平均受教育年限的角度考察人力资本不平等程度,以描述人力资本分布特征。人力资本不平等的测度是基于对人均受教育年限的度量,通过对各组人群受教育程度来构造类似于收入不平等的指标。关于人力资本不平等的度量指标比较常见是用教育基尼系数和教育标准差这两种方法。早期的研究多采用教育标准差,但由于教育标准差只能测算出人力资本不平等程度的绝对数值,其无规律变化不因地域和经济发展差异而表现出差异性,因此存在一定的局限性。近期的研究更多地采用教育基尼系数来表示,类似于收入分配基尼系数用于反映社会财富占有状况,教育基尼系数可以较好地描述教育分布的改善状况,因而具有良好的特性。一般而言,教育基尼系数介于 0 ~ 1 之间,其数值越大,表明教育越不平等,亦即教育人力资本分布"均化"程度越低。

从已有研究成果来看,国外学者率先探讨了人力资本不平等与经济增长的关系。比如伯索尔和伦敦诺(Birdsall and Londonno,1997)对 43 个样本国家进行研究发现教育不平等对经济增长具有显著的负向影响。做此类研究的国外学者还包括托马斯、王和方(Thomas,Wang and Fan,2000)、卡斯特和多梅内克(Castello and Dome-nech,2002)等。国内学者刘海英等(2004)研究表明人力资本"均化"程度对经济增长存在促进作用。杨俊和李雪松(2007)认为教育不平等将阻碍经济增长,地区间教育不平等是解释各地区经济发展差异的重要因素。

纵观已有研究,多数成果是从人力资本不平等与人均收入增长之间的关系进行研究,而鲜有成果对人力资本不平等与全要素生产率增长之间的关系加以讨论,这就成为了本节研究的出发点。那么,人力资本不平等究竟是通过何种机制对全要素生产率增长产生影响,基于我国数据的检验结果又是如何呢? 显然,对于这一问题的思考与探索,可以增强人们对于人力资本与全要素生产率之间关系的深入认识,并为各地区人力资本投资提供政策启示。

一、人力资本不平等对全要素生产率增长的传导机制

人力资本不平等对于全要素生产率增长具有重要的作用,其传导机制主要两个方面:

首先,人力资本不平等对全要素生产的影响通过人力资本水平这一中间渠道来实现,而这种影响的方向与大小在很大程度上取决于人力资本不平等与人力资本水平之间的相关性。就目前国内外的已有成果来看,人力资本不平等与人力资本水平之间到底是正相关还是负相关,目前尚无定论。比如拉姆(Ram,1990)以教育标准差衡量人力资本不平等,研究发现教育分布存在库兹涅茨"倒 U"曲线:即随着教育水平的上升,教育不平等程度开始增加,随后达到峰值后,再转为逐步降低,拐点出现在平均受教育年限为 7 年的位置。托马斯、王和方(Thomas,Wang and Fan,2003)利用 1990 年 140 个国家 15 岁以上人口的平均受教育年限基础数据,研究发现,若以教育标准差作为教育不平等的度量指标,则教育不平等与平均受教育年限存在明显的"倒 U"关系,且拐点出现在平均受教育年限为 6 ~ 7 年之间,这一点与拉姆(Ram,1990)发现较为一致;但若以教育基尼系数作为度量指标,则教育不平等与平均受教育显现不存在"倒 U"关系。国内学者杨俊和李雪松(2007)运用教育基尼系数度量中国 1996 ~ 2004 年 31 个省份教育不平等程度,研究发现教育扩展政策显著改善地区间教育不平等程度,教育标准差与平均受教育年限之间的"倒 U"关系在目前发展阶段并没有得到完全印证,而教育基尼系数与平均受教育年限之间存在显著的负相关。尽管国外的经验研究发现人力资本不平等与人力资本水平并不必然只是简单的线性关系,而表现为更为复杂的非线性关系,但是来自于中国的数据反映了人力资本不平等与人力资本水平之间存在显著的负向关系。这似乎在一定程度上表明,就我国现阶段而言,降低人力资本不平等将会对全要素生产率增长产生积极影响。这样的一种判断是有赖于数据的实证检验的。

第二,人力资本不平等对全要素生产率增长的影响通过收入不平等这一中间渠道得以实现。整个传导过程可简单表示为:人力资本不平等的缩小→收入不平等的改善→全要素生产率增长。当然,这条传导渠道是否发挥作用主要取决于两方面因素,一是人力资本不平等与收入不平等之间的关系,二是收入不平等对生产率增长所产生的影响。就人力资本不平等与收入不平等之间关系的研究而言,贝克尔和厅思维克(Becker and Chiswick,1966)发现美国各地区间的收入不平等与教育不平等正相关。帕卡拉波罗斯(Psacharopoulos,1977)研究发现教育不平等能够解释收入基尼系数的大约23%。加勒和特西顿(Galor and Tsiddon,1997)认为收入不平等主要来源于人力资本分布的不平等。相关文献几乎都认为,人力资本不平等是收入不平等的重要决定因素,而且二者表现出一定的负向相关性。那么,收入不平等又是通过怎样的途径来影响生产率增长的呢?已有研究表明,至少有两个方面是重要的:首先,由于信贷市场存在不完全性,收入差距的扩大将阻碍低收入群体通过信贷筹措教育费用以获得受教育的机会,从而影响个体家庭乃至整个社会的人力资本积累水平和速度,最终对生产率增长产生不利影响(加勒和泽拉,1993);其次,收入差距扩大将引发社会和政治上的动荡不安,恶化投资环境,使得国家不得不动用更多的资源以保护产权,从而降低生产性物质资本积累(本哈比和拉切奇尼,1996),造成资源配置效率的损失,最终影响生产率提升和经济持续增长。

　　由人力资本不平等对全要素生产率增长的传导机制,我们似乎可以发现,将受教育机会更多地赋予较低人力资本的人群,缩小人力资本分布的不平等程度,将会对整个社会的生产率增长乃至经济可持续发展产生积极的促进作用。然而,真实经济世界里,基于教育分布的人力资本传导机制可能出现某种程度的偏差,而非完全按照理论预期发生作用。比如由于教育的结构效应,即人力资本不平等的改善使得具有高学历、高生产力群体扩大进而扩大收入分配不公平程度,而这将对经济增长产生不利影响(杨俊等,2008)。此外,由于我国劳动力市场普遍存在供过于求、结构不合理以及缺乏流动性现象,在很大程度上影响经济效率和经济增长①。那么在现实中,人力资本不平等究竟会对我国全要素生产率增长产生何种影响,显然需要实证检验。

二、人力资本不平等指标选取与测度

(一)人力资本不平等的测度方法

　　参考托马斯等人(Thomas et al.,2003)的研究,教育基尼系数计算公式表示如下:

---

① 前文所分析得到的结论表明,高等教育人力资本并不必然对效率改善有积极促进作用。

$$EL = (\frac{1}{H}) \sum_{i=2}^{n} \sum_{j=1}^{i-1} p_i \mid y_i - y_j \mid p_j \qquad (4.14)$$

$$H = \sum_{i=1}^{n} p_i y_i \qquad (4.15)$$

其中, EL 是基于教育获得的教育基尼系数; H 是平均受教育年限,计算方法与前文相同; p_i, p_j 表示与某一受教育水平相对应的人口比例; y_i, y_j 表示与某一受教育水平相对应的教育年限; n 表示各种受教育水平种类。在具体测算过程中,我们将受教育水平分为五种类:文盲半文盲、小学、初中、高中、大专及以上,并定义各层次受教育年限为 0 年、6 年、9 年、12 年和 16 年。

类似于收入洛伦兹曲线(Lorenz Curve),我们也可以通过教育洛伦兹直观地表述人力资本不平等状况(见图 4.5)。首先根据五种类型教育由低到高排序,横轴表示人口累计百分比,纵轴表示为受教育年限的累计百分比。

每一个受教育水平的人口累计百分比(横轴)如下表示:

文盲:Q1 $= p_1$;

小学:Q2 $= p_1 + p_2$;

初中:Q3 $= p_1 + p_2 + p_3$;

高中:Q4 $= p_1 + p_2 + p_3 + p_4$;

所有教育水平:Q5 $= p_1 + p_2 + p_3 + p_4 + p_4 = 100\%$ 　　　　(4.16)

每一个受教育水平的累积百分比(纵轴):

文盲:S1 $= (p_1 y_1)/H = 0$;

小学:S2 $= (p_1 y_1 + p_2 y_2)/H$

初中:S3 $= (p_1 y_1 + p_2 y_2 + p_3 y_3)/H$;

高中:S4 $= (p_1 y_1 + p_2 y_2 + p_3 y_3 + p_4 y_4)/H$;

所有教育水平:S5 $= (p_1 y_1 + p_2 y_2 + p_3 y_3 + p_4 y_4 + p_5 y_5)/H = H/H = 100\%$ 　　(4.17)

由图 4.5 教育基尼系数 EL 等于两个面积之比值,根据图示可知教育基尼系数取值范围介于 0~1 之间。教育基尼系数越大,表明人力资本越不平等;反之则反然。

EL = (OWQ1)/(OWQ) 　　　　(4.18)

由此可见,根据定义构建的教育基尼系数 EL 取值范围介于 0~1 之间。EL 数值越大,则表明人力资本结构分布越不均衡,人口的教育获得越不平等,EL 数值越小,则反之。

(二)人力资本不平等的描述性分析

从表 4.8 及图 4.6 中不难发现,全国整体平均受教育年限随时间推移而不断上

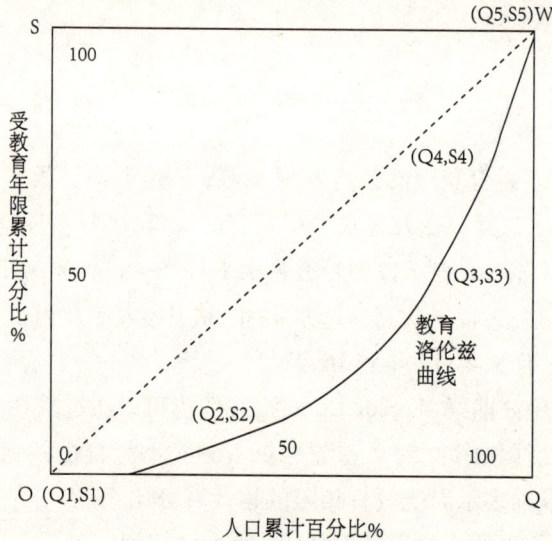

图 4.5　教育洛伦兹曲线

升,而教育基尼系数呈现出不断下降趋势。具体而言,在 1990 年,全国平均受教育年限为 6.318 年,教育基尼系数为 0.331,到 2000 年,全国平均受教育年限提高到 7.678 年,而教育基尼系数显著下降到 0.244,至 2007 年,平均受教育年限进一步提高到 8.318 年,而教育基尼系数则进一步下降至 0.231。从中还可以进一步发现人力资本积累及人力资本分布存在鲜明的省际差异。其中,平均受教育年限较高的地区,其教育基尼系数一般较低,且这些地区大都属于东部发达地区。比如,北京、上海、天津是平均受教育年限较高的地区,其教育基尼系数相应较低;而甘肃、贵州、云南等西部地区则是平均受教育年限较低,而教育基尼系数较高。图 4.6 清晰地描绘了平均受教育年限与教育基尼系数之间的负向关系,即人力资本积累水平越高的地区,其人力资本不平等程度就越低。

　　进一步观察样本数据可以发现,初始人力资本不平等越大的地区,其不平等的改善幅度越大;而初始不平等越小的地区,其不平等的改善幅度相对较小。比如北京、上海和天津的教育基尼系数分别由 1990 年的 0.263、0.274 和 0.266 降至 2007 年的 0.199、0.203 和 0.21,下降幅度分别为 24%、26% 和 21%;甘肃、贵州、云南的教育基尼系数分别由 1990 年的 0.465、0.431 和 0.435 下降至 2007 年的 0.305、0.272 和 0.279,下降幅度较大,分别为 34%、37% 和 36。由此可见,随着我国社会经济的发展,教育扩张有效地促进人力资本积累和人力资本不平等程度的改善。同时,地区间人力资本不平等程度在逐渐缩小。这一结果与杨俊等(2007)研究一致。

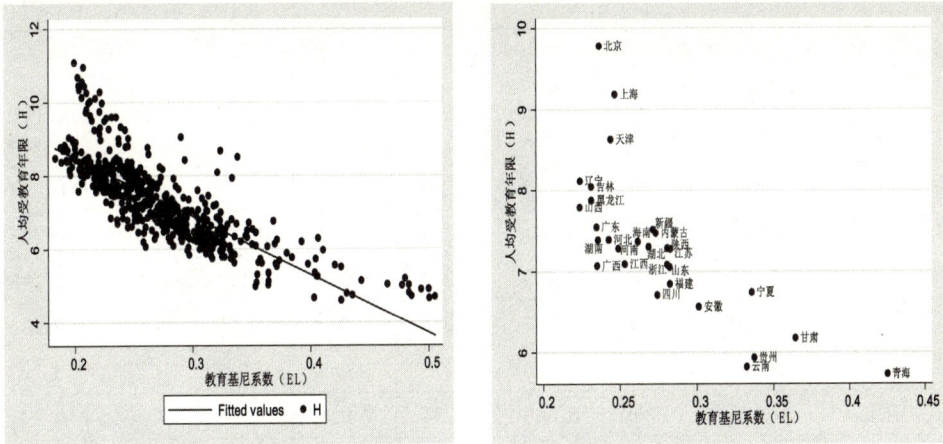

图 4.6　各地区教育基尼系数(EL)与人均受教育年限(H)的散点图

表 4.8　我国各地区平均受教育年限(H)与教育基尼系数(EL)变动情况

	1990 年		1995 年		2000 年		2007 年	
	H	EL	H	EL	H	EL	H	EL
北京	8.588	0.263	9.237	0.243	9.983	0.212	11.085	0.199
天津	7.821	0.266	8.204	0.249	8.975	0.222	9.808	0.210
河北	6.314	0.309	6.768	0.254	7.682	0.221	8.167	0.195
山西	6.914	0.265	7.534	0.236	8.016	0.205	8.778	0.188
内蒙古	6.477	0.325	7.002	0.283	7.752	0.249	8.357	0.233
辽宁	7.374	0.251	7.639	0.236	8.410	0.209	8.987	0.198
吉林	7.130	0.277	7.774	0.246	8.231	0.214	8.776	0.200
黑龙江	7.091	0.279	7.529	0.246	8.240	0.211	8.697	0.190
上海	8.177	0.275	8.791	0.246	9.296	0.222	10.455	0.203
江苏	6.405	0.321	7.001	0.294	7.847	0.233	8.433	0.234
浙江	6.092	0.325	6.417	0.291	7.452	0.246	8.106	0.256
安徽	5.264	0.405	6.149	0.318	6.969	0.265	7.245	0.278
福建	5.945	0.324	6.107	0.312	7.533	0.230	7.747	0.257
江西	5.923	0.333	6.285	0.280	7.539	0.218	8.247	0.229
山东	6.195	0.321	6.662	0.291	7.576	0.244	8.226	0.222

续表

	1990 年		1995 年		2000 年		2007 年	
	H	EL	H	EL	H	EL	H	EL
河南	6.281	0.314	6.718	0.270	7.709	0.215	8.183	0.204
湖北	6.393	0.321	6.720	0.283	7.757	0.235	8.423	0.238
湖南	6.516	0.278	6.781	0.251	7.783	0.206	8.420	0.208
广东	6.658	0.277	7.103	0.249	8.068	0.206	8.680	0.193
广西	6.230	0.281	6.583	0.245	7.563	0.203	8.033	0.196
海南	6.399	0.328	7.028	0.273	7.669	0.238	8.325	0.220
四川	5.996	0.306	6.368	0.284	7.054	0.243	7.434	0.243
贵州	4.794	0.431	5.623	0.356	6.126	0.310	6.843	0.272
云南	4.744	0.435	5.329	0.365	6.320	0.296	6.785	0.279
陕西	6.311	0.347	6.846	0.295	7.697	0.246	8.400	0.237
甘肃	5.039	0.465	5.491	0.426	6.523	0.329	7.064	0.305
青海	5.017	0.483	5.180	0.480	6.158	0.393	7.179	0.318
宁夏	5.553	0.421	6.215	0.372	7.010	0.312	7.822	0.272
新疆	5.595	0.371	7.029	0.296	7.722	0.249	8.511	0.212
全国	6.318	0.331	6.832	0.292	7.678	0.244	8.318	0.231

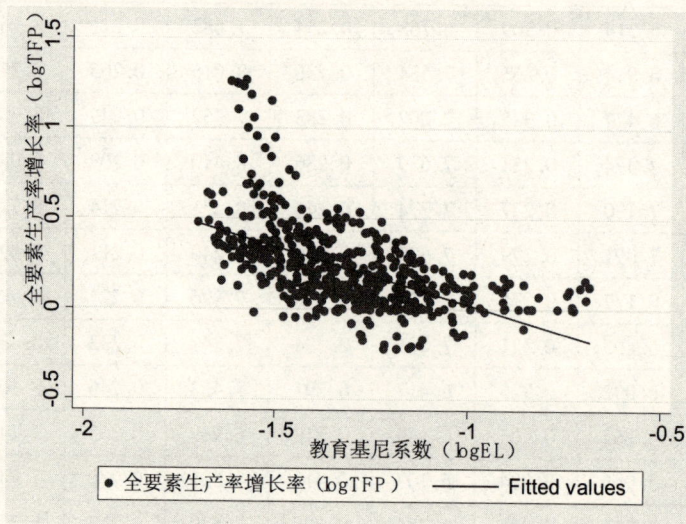

图 4.7　各地区教育基尼系数与全要素生产率增长率之间的散点图

三、实证分析与讨论

我们感兴趣的是,我国人力资本不平等与全要素生产率增长之间究竟会有怎样的关系? 图4.7首先绘制了人力资本不平等与全要素生产率增长的散点图。从中可以看出,二者具有明显的负相关,即人力资本不平等程度越高,全要素生产率增长率就越低。这种描述性的统计和变量之间的散点图所呈现的是一种显示性结果,可以帮助我们更为直观地了解人力资本与全要素生产率增长之间的关系,但必须说明的是,散点图并不能完全作为人力资本不平等与全要素生产率增长之间关系的度量,而必须依赖于计量分析方法,最新发展的面板协整分析技术能很好地满足我们的研究需要。因此,我们将运用这一方法实证检验人力资本与全要素生产率增长的长期关系,并进一步估计出人力资本不平等对全要素生产率增长的影响方向和大小。

(一)面板单位根检验

在协整检验之前,首先需要对各变量进行面板单位根检验,以确定其平稳性。所谓面板单位根检验是指将面板数据中的变量各横截面序列作为一个整体进行单位根检验。由于到目前为止,面板单位根检验尚未达到完全统一,为使检验结果更加稳健,本研究综合使用4种单位根检验方法,分别为 LLC 检验、Breitung 检验、IPS 检验和 Fisher-ADF 检验。

表4.9　各变量面板单位根检验

	检验方法				
	LLC	Breitung	IPS	Fisher-ADF	是否平稳
$\log TFP$	−1.0408	1.6203	0.3433	55.3255	否
	[0.1490]	[0.9474]	[0.6343]	[0.5754]	
$\log EL$	5.7455	−3.0453	2.3531	22.1460	否
	[1.0000]	[0.0012]	[0.9907]	[1.0000]	
$\triangle \log TFP$	−2.3905	0.0404	−3.0848	100.7990	是
	[0.0084]	[0.5161]	[0.0010]	[0.0004]	
$\triangle \log EL$	15.3134	−1.5509	−2.7054	75.9152	是
	[1.0000]	[0.0605]	[0.0034]	[0.0573]	

说明:方括号内为 P 值,水平序列检验考虑了常数项和时间趋势项,差分序列检验只考虑常数项。

从表4.9可以看出,对变量全要素生产率增长率($\log TFP$)和教育基尼系数

（logEL）的水平序列进行检验时，大都不能拒绝"存在单位根"的零假设，表明这两个变量均为非平稳过程。而对各变量一阶差分序列进行检验时，结果显示为平稳过程，因此说明这两个变量均为一阶单整过程，即 I(1)。

（二）面板协整关系检验

在面板单位根检验的基础上，进一步做面板协整检验，以确定这两个变量之间是否存在长期均衡关系。面板数据协整检验有两种不同的方法：第一种方法是以没有面板数据协整关系为零假设，使用类似恩格尔和格兰杰（Engle and Granger,1987）平稳回归得到的残差来构造统计检验。具有代表性的是佩德罗尼（Pedroni,1999）和考（Kao,1999）；第二种方法是以具有面板数据协整关系为零假设，使用类似于时间序列中采用迈克科斯基和考（McCoskey and Kao,1998）、韦斯特朗德（Westerlund,2005）等方法来构造基于残差的统计检验（陈昌兵,2008）。

表 4.10   协整关系检验

方法		统计量	P 值
Pedroni (1999)	Panel v	3.4477	0.0003
	Panel rho	−4.2490	0.0000
	Panel PP	−6.6043	0.0000
	Panel ADF	−1.9523	0.0255
	Group rho	−1.9315	0.0267
	Group PP	−6.8254	0.0000
	Group ADF	−1.9595	0.0250
Kao (1999)	DF_Rho	−1.0398	0.1492
	DF_t_Rho	−1.9878	0.0234
	DF_Rho_Star	−8.0558	0.0000
	DF_t_Rho_Star	−3.5572	0.0002

本研究在进行协整检验过程中，首先使用佩德罗尼（Pedroni,1999）7 种统计量：Panel V、Panel Rho、Panel PP、Panel ADF、Group Rho、Group PP、Group ADF。需要提及的是，在小样本情况下 Panel ADF 和 Group ADF 较其他统计量具有更好的检验效力。因此，在具体实证检验过程中，当各个统计量给出的判断结果存在矛盾，我们将重点考虑这两个统计量所显示的结果。此外，为使协整检验更为稳健，也考虑了考（Kao,1999）4 个统计量：DF_Rho、DF_t_Rho、DF_Rho_Star、DF_t_Rho_Star。表 4.10

给出变量的协整检验结果,从中可以发现,对于两变量的协整检验,拒绝"不存在协整关系"的零假设,即说明两个变量之间存在长期均衡关系。

(三)面板协整方程估计

面板数据协整关系估计有佩德罗尼(Pedroni,2001)的完全修正 OLS(FMOLS)法和马克和苏尔(Mark and Sul,2002)的动态修正 OLS(DOLS)(陈昌兵,2008)。

假定有如下的固定效应的面板数据模型:

$$y_{it} = \alpha_i + x'_{it}\beta + \mu_{it}, \ i = 1,\cdots,N, t = 1,\cdots,T \tag{4.19}$$

其中 β 为 $k \times 1$ 维的系数向量, x'_{it} 为 $k \times 1$ 维向量, α_i 为截距, μ_{it} 平稳的误差项。对于所有 i ,假定 x_{it} 具有一阶单位根过程: $x_{it} = x_{it-1} + \varepsilon_{it}$

1.完全修正的最小二乘法(FMOLS)

由上述假定,模型(4.19)表示一个协整回归系统,即 Y_{it} 和向量 x_{it} 具有协整关系。对模型(4.19)使用最小二乘法进行估计,其系数 β 的估计量为:

$$\hat{\beta}_{OLS} = \Big[\sum_{i=1}^{N} \sum_{t=1}^{T} (x_{it} - \bar{x}_i) \cdot (x_{it} - \bar{x}_i)' \Big]^{-1} \Big[\sum_{i=1}^{N} \sum_{t=1}^{T} (x_{it} - \bar{x}_i) \cdot (y_{it} - \bar{y}_i)' \Big]$$

$$\tag{4.20}$$

根据估计量 $\hat{\beta}_{OLS}$ 的内生性和序列相关性,我们定义:

$$u_{it}^+ = u_{it} - \Omega_{u\varepsilon}\Omega_\varepsilon^{-1}\varepsilon_{it} \ 、\ \hat{u}_{it}^+ = u_{it} - \hat{\Omega}_{u\varepsilon}\hat{\Omega}_\varepsilon^{-1}\varepsilon_{it}$$

$$y_{it}^+ = y_{it} - \Omega_{u\varepsilon}\Omega_\varepsilon^{-1}\Delta x_{it} \ 、\ \hat{y}_{it}^+ = y_{it} - \hat{\Omega}_{u\varepsilon}\hat{\Omega}_\varepsilon^{-1}\Delta x_{it}$$

利用下面变换对模型(4.19)所存在的完全进行修正:

$$\hat{y}_{it}^+ = y_{it} - \hat{\Omega}_{u\varepsilon}\hat{\Omega}_\varepsilon^{-1}\Delta x_{it} = \alpha_i + x'_{it}\beta + \mu_{it} - \hat{\Omega}_{u\varepsilon}\hat{\Omega}_\varepsilon^{-1}\Delta x_{it}$$

且序列相关修正项为: $\hat{\Delta}_{it}^+ = (\hat{\Delta}_{\varepsilon u}\hat{\Delta}_\varepsilon) \cdot \left(\dfrac{1}{-\hat{\Omega}_\varepsilon^{-1}\hat{\Omega}_{\varepsilon u}} \right)$

其中, $\hat{\Delta}_{\varepsilon u}$ 和 $\hat{\Delta}_\varepsilon$ 分别是 $\Delta_{\varepsilon u}$ 和 Δ_ε 的核估计。因此,FMOLS 估计量为:

$$\hat{\beta}_{FM} = \Big[\sum_{i=1}^{N} \sum_{t=1}^{T} (x_{it} - \bar{x}_i) \cdot (x_{it} - \bar{x}_i)' \Big]^{-1} \Big[\sum_{i=1}^{N} \sum_{t=1}^{T} (x_{it} - \bar{x}_i) \cdot \hat{y}_{it}^+ - T\hat{\Delta}_{it}^+ \Big]$$

$$\tag{4.21}$$

2.动态修正最小二乘法(DOLS)

对于所有 i ,有: $\mu_{it} = \sum_{j=-\infty}^{\infty} c_{ij}\varepsilon_{it+j} + v_{it}$,将其代入模型(4.19),可得:

$$y_{it} = \alpha_i + x'_{it} + \sum_{j=-q}^{q} c_{ij}\varepsilon_{it+j} + \bar{v}_{it} \text{,其中,} \bar{v}_{it} = v_{it} + \sum_{|j|>q} c_{ij}\varepsilon_{it+j} \text{,则可构造如下模型:}$$

$$y_{it} = \alpha_i + x'_{it} + \sum_{j=-q}^{q} c_{ij}\Delta x_{it+j} + \overline{v}_{it} \tag{4.22}$$

对模型(4.22)进行估计,可得到 β 的 DOLS 估计 $\overset{\wedge}{\beta}_D$ 。

考和蒋(Kao and Chiang,2000)提出了利用 Monte Carlo 模拟实验对 OLS、FMOLS 和 DOLS 三种估计量的有限样本特征进行比较,他们发现,利用面板数据的 OLS 估计量具有不一致性,FMOLS 和 DOLS 在估计协整方程时是更好的选择,FMOLS 和 DOLS 估计量均为渐近正态分布。但在有限样本下,OLS 估计量存在着不可忽略的偏差;FMOLS 估计量并不能改善 OLS 估计量,它在有限样本下会造成显著的偏差,对于同质性面板数据,其偏差甚至超过 OLS 估计量;DOLS 是比 OLS 或 FMOLS 偏差更小的面板协整估计量,因而是相对较好的估计方法[①]。因此,我们重点关注 DOLS 的回归结果[②]。为便于比较不同方法的异同,同时也报告了 OLS 和 FMOLS 的回归结果。

表 4.11　人力资本不平等与全要素生产率增长协整方程估计

	被解释变量: $logTFP$		
	OLS	FMOLS	DOLS
$logEL$	-0.7950 * * *	-0.1894 * *	-0.6171 * * *
	(-19.4094)	(-2.0979)	(5.6274)
R^2	0.4196	0.1762	0.2802
$adj\text{-}R^2$	0.4185	0.1746	-2.4503

由表 4.11 可知,运用三种不同方法得到的估计系数都为负数,但系数大小有所差异。从结果看,DOLS 估计系数(-0.795)最小、FMOLS 估计系数(-0.1894)最大、而 DOLS 估计系数(-0.6171)恰好介于二者之间。根据考和蒋(Kao 和 Chiang,2000)的研究,在小样本情况下,DOLS 估计量在面板协整估计中的表现优于 OLS 和 FMOLS,我们有理由相信 DOLS 得到的回归结果是稳健可靠的。因此,我们基于 DOLS 回归结果进行分析,从中可以清楚地发现,样本期间我国人力资本不平等与全要素生产率增长之间存在长期稳定的关系,估计得到的弹性系数为-0.6171,且达到

[①]　本研究协整参数估计使用的是由 Min-Hsien Chiang 和 Chihwa Kao 编写的 NPT1.3 程序包,计算过程由软件 GAUSS 9.0 实现。

[②]　本研究在进行 DOLS 估计时,采用与 Kao,Chiang and Chen(1999)相同的做法:对所有横截面个体选取相同的领先和滞后期数,即令 $q_1 = 1$, $q_2 = 2$ 。

1%显著水平，即在其他条件不变情况下，我国教育基尼系数每上升1%，全要素生产率增长率将下降0.6171%。基于中国数据的实证结果验证了人力资本不平等和全要素生产率之间存在长期稳定的关系，而且这种关系是负相关的。换言之，人力资本不平等的扩大将妨碍全要素生产率进一步增长，这一结果与我们的理论预期完全一致。因此，在加大教育投入、促进人力资本积累的同时，着力缩小教育分配的不平等应成为教育发展不可或缺的重要内容，这也是促进我国生产率增长、实现经济可持续发展的明智之举。

第三节　本章小结

本章的主体部分包括两方面内容：首先，基于本哈比-斯皮格尔基本模型，利用我国29个省份在1990～2001年间的面板数据，分别考察人力资本及各组成部分对生产率增长、技术进步与效率增长的影响；其次，由于各种类型人力资本在整体中所占比重直接决定人力资本的结构特征，在理论阐述的基础上，利用最新发展的面板协整分析技术，实证检验人力资本不平等与全要素生产率增长的长期稳定关系。主要结论如下：

第一，全国样本回归结果表明，人力资本对20世纪90年代以来我国全要素生产率增长与技术进步具有积极影响。考虑到人力资本异质性，高等教育人力资本增长效应最大，中等教育人力资本次之，初等教育人力资本作用最小且不显著。显然，由于具备高等教育水平的人力资本能够更易于对新产品新工艺的模仿、吸收与创新，也就促成不同教育水平人力资本对生产率增长与技术进步影响的差异性。而就技术效率变动模型来看，无论是作为整体的人力资本水平，还是不同教育水平的人力资本，都没有对技术效率改善产生积极影响。其原因可能有三：教育质量不高、劳动力市场缺乏流动性以及不适宜的制度安排（布瑞彻特尔，2001）。追赶项 $Catch\_up$ 在生产率增长模型和技术效率变动模型中回归系数都显著为负，表明我国落后地区相比于发达地区，并没有表现出在全要素生产率增长和效率改善方面的"后发优势"；而在技术进步模型中，追赶项 $Catch\_up$ 回归系数为正，且高度显著，表明我国各省区技术进步存在追赶现象。

第二，分三大经济区域考察，不同地区人力资本增长效应存在明显差异：东部最强、中部次之、西部最小。其原因可能是，由于东部地区拥有丰裕的人力资本，使其对世界前沿技术具备较强的吸收和模仿能力，能够在较短时间提升技术水平，这就表现为东部地区人力资本对生产率增长具有较强的促进效应。而对中西部地区来说,由于人力资本投资不足,加之近些年来"孔雀东南飞"的人才外流现象有增无减,使得本地区生产率增长深受人力资本"瓶颈"的制约。同样地,不同教育人力资本对生产率的影响存在鲜明的区域差异。由此可以进一步推论,不同教育水平人力资本对生产率的影响可能不是简单的线性关系,而是表现为相对复杂的非线性关系。

第三,对于各控制变量的影响,主要发现有:外商直接投资和贸易开放对全要素生产率增长产生积极促进作用,且前者影响力度明显强于后者;制度变量(非国有投资占比总投资比重)回归系数显著为正,政府规模(地方财政支出占 GDP 比重)回归系数显著为负。表明在我国经济转型时期,非国有经济对我国生产率增长起到重要作用,政府规模扩大无疑增加对市场机制的干预,制约了经济绩效的改善;城市化并没有表现出对生产率的积极影响;投资率对生产率增长无显著促进作用,深刻反映了 20 世纪 90 年代以来,我国经济增长多以常规技术的克隆和资本的外延扩张为特征,对生产率影响甚微;劳动投入的回归系数不具有统计显著性,表明我国作为一个劳动力资源十分丰裕的国家而言,简单劳动力的数量扩张并不能给全要素生产率增长带来更多的好处。

第四,从理论上讲,人力资本不平等将对生产率增长的影响主要基于两条机制:一是人力资本不平等的降低有利于人力资本积累,通过提高人力资本的边际生产率从而促进生产率增长乃至经济增长;二是通过收入不平等这一中间渠道得以实现,即人力资本不平等的缩小有利于收入不平等的改善,而收入不平等的改善将有助于经济增长质量的提升和增长速度的加快。基于中国数据的实证结果验证了人力资本不平等和全要素生产率之间存在长期稳定的关系,而且这种关系是负相关的。具体而言,样本期间我国人力资本不平等对全要素生产率增长具有负向影响,估计系数为-0.6171,且达到1%显著水平,即在其他条件不变情况下,我国教育基尼系数每上升1%,全要素生产率增长率将下降0.6171%。

总而言之,人力资本对于生产率增长、经济质量改善以及区域协调发展具有深远的影响,而教育是提高人力资本水平和优化人力资本结构分布最重要的手段。因此,相应的政策含义是:(1)在政策制定过程中,应重视人力资本积累,加大教育投资,提高我国财政性教育经费支出占 GDP 的比重,强调财政教育支出中的地区平衡问题,促进地区间教育的均衡发展。(2)在加大教育投入,提高人力资本积累的同时,应重视人力资本分布结构,使教育资源配置更为均等化,让社会各阶层人群拥有平等受教育机会,尤其应该重视低收入群体的受教育机会,实现教育公平性(李亚玲、汪戎;2006)。

第五章　人力资本与全要素生产率增长：
存在空间溢出效应吗？

第一节　引言

在第四章内容中,我们在本哈比-斯皮格尔模型基础上实证检验了人力资本平均水平及各组成部分对全要素生产率增长的影响。本章对模型加以拓展,将空间因素纳入其中,实证考察人力资本对全要素生产率增长的空间溢出效应。

从早期相关主题的已有成果来看,尽管研究结论可能有所差异,但其在分析过程中存在着一个共同点:即都不约而同地将经济体(跨国或者各个地区)视为相互独立的个体,忽视彼此之间在地理空间上的依赖性和相关性(Spatial Dependence)。然而,自20世纪90年代以来,伴随着经济全球化和区域一体化进程的不断推进,经济体之间在地理空间上的相互依赖、相互影响日益密切,因此考虑空间影响是很有必要的。从理论上,以克鲁格曼、藤田昌久等(Krugman,1991;Fujita et al., 1999)为代表的经济学者率先将空间经济现象作为研究对象,研究空间因素在经济增长过程中的作用,由此创立了新经济地理学,为经验研究提供了坚实的理论基础。从计量方法看,近些年来,空间计量分析技术得到长足的发展(尤其是空间面板数据的发展与应用),使得从地理空间相关性的角度来实证分析经济增长成为可能。因此,随后的众多相关文献开始摒弃经济体之间相互独立的假定,将空间因素纳入经典的增长模型中,即从空间溢出(Spatial Spillovers)这一全新视角实证检验人力资本的增长效应。然而值得注意的是,这些文献更多集中于讨论人力资本对经济增长(人均收入增长)的空间效应,而就人力资本的生产率空间效应的讨论则相对较少。当然,与早期众多增长文献的研究结论存在差异类似,关于人力资本对经济增长的空间溢出效应也是颇具争议。争议焦点主要体现在:人力资本对经济增长的空间溢出效应是否存在? 如果存在,这种空间溢出是正向还是负向的呢? 比如洛佩斯·巴佐等人(López

Bazo et al.,2004）以及罗森塔尔和斯特朗哥（Rosenthal and Strange,2008）都明确地指出人力资本对经济增长存在空间溢出效应,而且这种溢出是正向的,即相邻地区人力资本水平的提高对考察地区的经济增长具有显著的促进作用。然而奥勒杰尼克（Olejnik,2008）却质疑这种观点,他实证发现人力资本对经济增长的空间溢出效应是负向的,相邻地区的人力资本水平提高对考察地区人均收入增长将产生不利影响,他给出的解释是,不同地区的人力资本为了在高附加值部门获取就业机会而展开激烈竞争或者相邻地区能够吸引更多高质量劳动力和经济资源以实现集聚经济（Agglomeration Economies）①。持类似观点的还有安德森等人（Adamson et al.,2004）等。巴勒瑞恩等人（Valerien et al.,2007）率先提出的空间本哈比-斯皮格尔模型,利用美国 1969～2003 年间面板数据分析人力资本对经济增长的空间影响,研究发现,人力资本对经济增长具有显著的负向空间溢出效应。其中,在低收入地区,人力资本的空间溢出是负向的;而在高收入地区,空间溢出是正向的(尽管这种效应并不显著)。随后,劳尔等人（Raul et al,2009）进一步考虑到人力资本异质性,利用西班牙 1980～2005 年面板数据分别考察不同教育水平人力资本的空间溢出效应,研究发现,中等教育和高等教育对生产率增长和经济增长具有显著促进作用,在空间滞后模型设定下,初等教育对生产率增长存在正向溢出效应,而高等教育却存在出负向溢出效应。

现实中,任何一个地区的经济活动都不可能独立存在,总是与其他相邻或者周边的经济体有着密切联系。正如雷伊和加尼卡斯（Rey and Janikas,2005）所言,如果研究样本仅以行政边界为限,那么技术外溢、贸易往来、迁移活动以及公共政策等能将经济体连接起来的因素往往被忽略。目前国内研究尚未发现有学者将空间溢出效应纳入到人力资本与全要素生产率增长的研究中,因而存在进一步拓展的空间。基于此,我们在巴勒瑞恩等人（Valerien et al.,2007）率先提出的空间本哈比-斯皮格尔模型下,采用较为前沿的空间计量分析方法,实证检验人力资本对全要素生产率增长的空间溢出效应,以此作为对现有文献的补充与拓展,而这也就成为本章研究的一个重要出发点。

---

① 许多研究文献分别从不同角度强调了与经济活动集聚效应有关的空间外部性（Spatial Externalities）的重要性。尽管这些文献几乎一致地认为集聚经济在解释区域经济增长和产业布局方面起到关键作用,但由于研究侧重点的差异,不同学者就集聚经济为何及如何产生持有不同观点。比如,杰考布斯（Jacobs,1969）认为城市的外部性促成集聚经济的产生;卢卡斯（Lucas,1988）则认为经济活动在地理空间的集聚是由技术溢出和人力资本的外部性促成的;克鲁格曼（Krugman,1999）认为是规模报酬递增以及市场干预引起经济活动在地理空间上的集聚。关于集聚经济更详尽的文献综述可参考汉森（Hanson,2000）。

在具体分析过程中,我们首先介绍巴勒瑞恩等人(Valerien et al.,2007)提出的空间本哈比-斯皮格尔模型的理论观点,即某一地区的全要素生产率增长不仅仅取决于本地区人力资本水平和追赶效应,也依赖于相邻地区人力资本水平。与巴勒瑞恩(Valerien et al.,2007)不同的是,我们允许人力资本不同组成部分可以对全要素生产率产生不同的空间影响,而不仅仅是作为整体的人力资本。

第二节　模型、方法与变量说明

如果说第四章是在本哈比-斯皮格尔模型的基础上进行分析,那么,本章则是在纳入空间因素后的空间本哈比-斯皮格尔拓展模型进行研究的。

正如本哈比和斯皮格尔(Benhabib and Spiegel,1994)所言,一国或一地区的全要素生产率增长来自于两个渠道:一是该国或该地区的人力资本水平,这直接决定了国内技术创新能力;二是人力资本与技术落后程度的交叉乘积项,即该国的技术追赶效应(Catch-up effect),这暗含着初始水平处于较低位置的国家或地区将经历更快的生产率增长。模型表示如下:

$$\log A_t - \log A_0 = c + gH_i + mH_i[(Y_{max} - Y_i)/Y_i] \tag{5.1}$$

需要说明的是,本哈比-斯皮格尔模型是将经济体(国家或地区)视为相互独立的个体进行研究的。然而,随着经济全球化以及区域经济一体化不断发展,跨国间或地区间的经济联系日益密切。因此,经济体之间的相互依赖、相互影响对彼此经济增长的作用不容忽视。近些年来,新经济地理理论以及空间计量分析方法的发展,拓宽了有关经济增长问题的研究视野和思路,经典的增长理论模型也得到进一步地拓展和完善,使其对经济现实更具解释力。毫无例外地,经典的本哈比-斯皮格尔模型也在巴勒瑞恩等人(Valerien et al.,2007)的学术努力下得到进一步发展。巴勒瑞恩等学者率先将人力资本的空间溢出效应与技术追赶随着距离衰减效应纳入到本哈比-斯皮格尔模型,构建了空间本哈比-斯皮格尔模型。他们认为一国或一地区的全要素生产率增长主要来自于三个方面:一是该国或该地区人力资本水平,这直接决定国内技术创新能力,这一点与本哈比和斯皮格尔(Benhabib and Spiegel,1994)观点完全一致;二是邻近国家或地区的人力资本水平,反映了人力资本的空间溢出效应;三是随距离衰减的技术追赶效应。空间本哈比-斯皮格尔模型表示如下:

$$\log A_t - \log A_0 = c + gH_i + r\sum_J \frac{1}{d_{ij}}H_j + m\frac{H_i}{d_{i,max}}[(Y_{max} - Y_i)/Y_i] \tag{5.2}$$

其中,d_{ij} 表示地区 i 与地区 j 之间的地理空间距离;$d_{i,\max}$ 表示地区 i 与技术领先者之间的地理空间距离;r 表示相邻地区人力资本积累对地区 i 的影响系数(也就是空间溢出效应),当 $r>0$,表明存在正向溢出效应,当 $r<0$,则表明存在负向溢出效应。从上式可知,地区 i 生产率增长依赖三个因素:①本地人力资本的直接效应,②外地人力资本的空间溢出效应,③技术追赶效应,当地区 i 与技术领先者的地理距离越远,这种技术追赶效应就越小(假定 $m > 0$)。

借鉴本哈比和斯皮格尔(Benhabib and Spiegel,1994)、巴勒瑞恩等人(Valerien et al.,2007)学术思想,结合本研究着眼点,我们构建如下几类模型:

模型1:

$$logTFP_{it} = \beta_0 + \beta_1 \cdot H_{it} + \rho \cdot Spatial\_H_{it}$$
$$+ m \cdot Dist\_Catch_{it} + \beta_2 \cdot Z_{it} + \eta_i + \varepsilon_{it} \tag{5.3}$$

其中,下标 i,t 分别表示省份和年份,η_i 表示与各省份相关的、时间上恒定的未观测因素,ε_{it} 为随机误差项;Z_i 表示影响生产率增长的一系列控制变量;TFP_{it} 为全要素生产率增长率;H_{it} 表示省份的人力资本水平;$Dist\_Catch_{it}$ 表示随地理距离而衰减的追赶效应(distance decay effect in the catch-up term),等价于 $1/d_{i,\max}[H_{it}(Y_{\max} - Y_i)/Y_i]$,在本研究实证过程中,我们分别计算了各地区与上海之间的地理距离($d_{i,\max}$)[①];$Spatial\_H_{it}$ 为人力资本空间滞后项,表示为其他相关省份人力资本水平,其具体结构为 $Spatial\_H_{it} = \sum_j W_{ij} H_{jt}$,其中 H_{jt} 表示省份 j 的人力资本水平,W_{ij} 表示为空间权重矩阵,在具体计算过程中,需要将空间权重矩阵进行标准化处理,即令矩阵每行之和等于1;系数 ρ 反映了外省人力资本对省份 i(所要考察的省份)全要素生产率增长的空间影响(溢出效应):当 $\rho > 0$,表明人力资本存在正向的空间溢出效应;当 $\rho < 0$,表明人力资本存在负向的空间溢出效应。

由于人力资本的异质性存在,各种不同教育水平人力资本空间溢出效应应该有所不同,因此有必要分不同教育水平进行分析。相应的模型(模型2)为:

$$logTFP_{it} = \beta_0 + \beta_1 \cdot Pri_{it} + \beta_2 \cdot Sec_{it} + \beta_3 \cdot Hig_{it} + \rho_1 \cdot Spatial\_Pri_{it}$$
$$+ \rho_2 \cdot Spatial\_Sec_{it} + \rho_3 \cdot Spatial\_Hig_{it} + m \cdot Dist\_Catch_{it}$$
$$+ \beta_4 \cdot Z_{it} + \eta_i + \varepsilon_{it} \tag{5.4}$$

上式中 $Spatial\_Pri_{it}$、$Spatial\_Sec_{it}$、$Spatial\_Hig_{it}$ 分别表示小学教育人力资本的空间滞后项、中等教育人力资本的空间滞后项以及高等教育人力资本的空间滞后项。

---

① 各省(区、市)与上海之间的地理距离,用铁路距离和公路距离的算术平均数来表示,数据来源于《新编实用交通地图册》,北京:中国地图出版社,2006年版。

不同教育人力资本对生产率增长的空间溢出效应体现在系数 ρ_1、ρ_2、ρ_3 上。

根据 DEA-曼奎斯特指数方法,全要素生产率增长可进一步分解为技术进步($TECH$)和技术效率变化($EFFCH$),因此在模型 1 和 2 的基础上加以拓展,分别分析人力资本对技术进步和效率变化的影响及空间溢出效应。

对于技术进步方程:

模型 3:

$$\log TECH_{it} = \beta_0 + \beta_1 \cdot H_{it} + \rho \cdot Spatial\_H_{it}$$
$$+ m \cdot Dist\_Catch_{it} + \beta_2 \cdot Z_{it} + \eta_i + \varepsilon_{it} \tag{5.5}$$

模型 4:

$$\log TECH_{it} = \beta_0 + \beta_1 \cdot Pri_{it} + \beta_2 \cdot Sec_{it} + \beta_3 \cdot Hig_{it} + \rho_1 \cdot Spatial\_Pri_{it}$$
$$+ \rho_2 \cdot Spatial\_Sec_{it} + \rho_3 \cdot Spatial\_Hig_{it} + m \cdot Dist\_Catch_{it}$$
$$+ \beta_4 \cdot Z_{it} + \eta_i + \varepsilon_{it} \tag{5.6}$$

对于技术效率变化方程:

模型 5:

$$\log EFFCH_{it} = \beta_0 + \beta_1 \cdot H_{it} + \rho \cdot Spatial\_H_{it}$$
$$+ m \cdot Dist\_Catch_{it} + \beta_2 \cdot Z_{it} + \eta_i + \varepsilon_{it} \tag{5.7}$$

模型 6:

$$\log EFFCH_{it} = \beta_0 + \beta_1 \cdot Pri_{it} + \beta_2 \cdot Sec_{it} + \beta_3 \cdot Hig_{it}$$
$$+ \rho_1 \cdot Spatial\_Pri_{it} + \rho_2 \cdot Spatial\_Sec_{it} + \rho_3 \cdot Spatial\_Hig_{it}$$
$$+ m \cdot Dist\_Catch_{it} + \beta_4 \cdot Z_{it} + \eta_i + \varepsilon_{it} \tag{5.8}$$

特别指出的是,在计算人力资本等变量的空间滞后项时,需要用到空间权重矩阵。关于空间权重矩阵的选择,常见的有 3 种不同方法:①0-1 空间权重矩阵;②地理距离空间权重矩阵;③经济距离空间权重矩阵。其中,0-1 空间权重矩阵是依据空间地理是否相邻来设定,地理相邻的地区被赋予"1",其他的地区被赋予"0",该权重矩阵定义如下:

$$W_{ij} = \begin{cases} 1 & \text{当区域 } i \text{ 与 } j \text{ 相邻} \\ 0 & i = j \text{ 或不相邻} \end{cases} \tag{5.9}$$

地理距离空间权重矩阵是根据两个地区之间地理距离的倒数来设定,两个地区之间的距离越近,则赋予较大权重,距离越远,则赋予较小权重。定义如下:

$$W_{ij} = \begin{cases} \dfrac{1}{d_{ij}} & \text{若 } i \neq j \\ 0 & \text{若 } i = j \end{cases} \tag{5.10}$$

这里的 d_{ij} 是指 i 省与 j 省省会城市之间距离,用铁路距离和公路距离的算术平均数计算得到[①]。

经济距离空间权重矩阵一般依据两个省份人均收入水平的差距的倒数来设定,两省之间收入差距越小,则经济水平越接近,因而赋予较大的权数,反之则赋予较小的权数(林光平等,2006),定义如下:

$$W_{ij} = \begin{cases} \dfrac{1}{|\bar{Y}_i - \bar{Y}_j|} & \text{若 } i \neq j, \\ 0 & \text{若 } i = j, \end{cases} \qquad \bar{Y}_i = \frac{1}{T - T_0} \sum_{t=T_0}^{T} Y_{it} \tag{5.11}$$

这里 Y_{it} 表示第 i 省第 t 年的实际人均 GDP 水平。

在本章研究中,被解释变量:logTFP、logTECH、logEFFCH 分别是累积生产率指数、累积技术进步指数和累积效率变化指数。解释变量:H 为人力资本水平;Pri、Sec、Hig 分别表示小学教育人力资本、中等教育人力资本和高等教育人力资本;$Catch\_up$ 表示追赶项;$Spatial\_H$ 为人力资本空间滞后项,$Spatial\_Pri$、$Spatial\_Sec$、$Spatial\_Hig$ 分别表示不同教育水平人力资本的空间滞后项,其估计系数的大小及符号是我们所重点关注的。控制变量:外商直接投资(FDI)、贸易开放度($open$)、制度变迁($insti$)、政府规模(gov)、基础设施($infra$)、城市化(urb)、投资率(inv)以及劳动增长率($labor$)。除了四个空间滞后项之外,本章其余变量的数据说明与第四章一致,这里不再赘述。表 5.1 分别报告了不同空间权重矩阵设定形式下空间滞后项的统计特征。

本章使用的是 1990～2007 年间我国 29 个省份面板数据。除非特别说明,数据均来源于《新中国 55 年统计资料汇编》、《中国人口统计年鉴》、《中国统计年鉴》以及各省市历年《统计年鉴》。

表 5.1 人力资本及不同教育水平人力资本空间滞后项的统计特征

	变量名称	观测数	平均值	标准差	最小值	最大值
地理距离权重矩阵	$Spatial\_H$	522	7.372	0.734	5.976	8.978
	$Spatial\_Pri$	522	0.360	0.041	0.259	0.436
	$Spatial\_Sec$	522	0.454	0.060	0.339	0.568
	$Spatial\_Hig$	522	0.047	0.024	0.015	0.126

---

① 全国省会城市之间铁路与公路里程数的原始数据来源:《新编实用交通地图册 2006》,北京:中国地图出版社,2006 年版。

续表

	变量名称	观测数	平均值	标准差	最小值	最大值
0-1 权重 矩阵	*Spatial_H*	522	7.219	0.861	4.896	9.626
	Spatial_Pri	522	0.375	0.058	0.217	0.505
	Spatial_Sec	522	0.443	0.077	0.273	0.601
	Spatial_Hig	522	0.040	0.027	0.007	0.171
经济距离 权重矩阵	*Spatial_H*	522	7.372	0.734	5.976	8.978
	Spatial_Pri	522	0.376	0.043	0.256	0.470
	Spatial_Sec	522	0.441	0.067	0.295	0.584
	Spatial_Hig	522	0.039	0.023	0.010	0.144

第三节 实证分析与讨论

一、空间自相关检验

空间计量经济学理论认为,一个地区空间单位上的某种经济地理现象或某一属性值与邻近地区空间单元上同一现象或者属性值是相关的,也就是说各区域之间的数据与时间序列存在相对应的空间相关,空间计量经济方法将地理空间相互作用纳入模型,对经典的基本线性回归模型通过一个空间权重矩阵 W 进行修正(吴玉鸣等,2006)。首先需要对空间自相关性进行检验。

检验区域变量是否存在空间自相关性的常用方法主要有莫兰(Moran)I 指数,其计算公式为:

$$Moran\ I = \frac{\sum_{i=1}^{n} \sum_{j=1}^{n} W_{ij}(Y_i - \bar{Y})(Y_j - \bar{Y})}{S^2 \sum_{i=1}^{n} \sum_{j=1}^{n} W_{ij}} \tag{5.12}$$

其中,$S^2 = \sum_{i=1}^{n}(Y_i - \bar{Y})^2$,$\bar{Y} = \frac{1}{n}\sum_{i=1}^{n}Y_i$,$Y_i$ 代表第 i 个地区的观察值,n 为地区总数,W 为 N 阶方块的空间权重矩阵。

Moran I 取值范围为[-1,1],取值大于 0 表示各地区之间为空间正相关,数值越大,正相关程度越强;小于 0 表明各地区存在之间空间负相关;等于 0 表示各地区之间互不相关。进一步,可通过 Moran I 散点图来划分四种空间联系类型:第一象限为高值区域的周围是高值区域(高—高型);第二象限为低值区域周围是高值区域(低—高型);第三象限为低值区域的周围是低值区域(低—低型);第四象限是高值区域周围是低值区域(高—低型)。

首先我们以国内文献较为普遍使用的 0-1 权重矩阵进行空间自相关性检验。需要说明的是,由于海南是一个岛,在地理上没有与之接壤的省份,但考虑到海南与广东、广西仅相隔一个海峡,而且与这两个省区之间有非常频繁的经济活动,因此将海南省的空间地理视为与广东、广西相邻(邓明、钱争鸣,2009)。有关地理相邻的信息由表 5.2 列出。根据 1991~2007 年我国各省份人力资本及其组成部分以及生产率增长相关数据,结合计算公式(5.11),可得到历年 Moran I 指数。由表 5.3 可以看出,样本期间我国全要素生产率增长与人力资本在空间分布上具有显著的正自相关关系(临界值为 1.96),说明全国人力资本及各组成部分以及全要素生产率增长的空间分布并不是表现出完全随机状态,而是表现出相似值之间的空间集群(Clustering)形态,正的空间相关性表示相邻地区特性相类似的空间联系结构。也就是说,具有高人力资本积累水平、较快生产率增长的省区趋于与较高人力资本积累水平、较快生产率增长的省区相靠近,反之则反然。因此,从整体上看,我国省区之间的人力资本和生产率增长的空间相关性是客观存在的,亦即存在明显的空间集群现象。

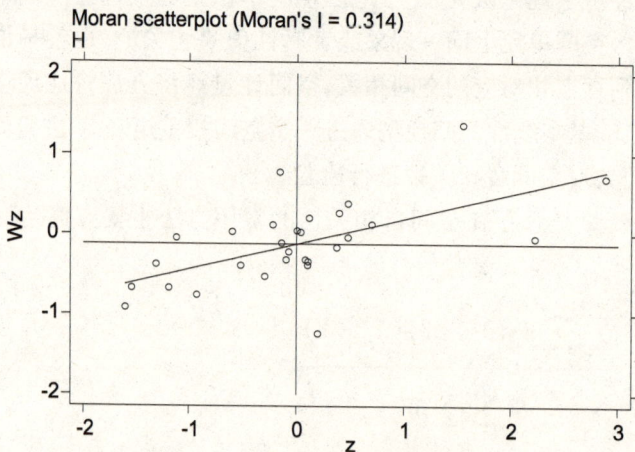

图 5.1　人力资本 Moran I 散点图

图 5.1 描绘了作为整体平均水平人力资本的 Moran I 散点图,从中可以看出,高—高和低—低类型区居于主导地位,绝大部分省区集聚在第一象限和第三象限,即较高人力资本水平省区趋于和较高人力资本的省区相邻近(第一象限),其中包括

北京、天津、辽宁、吉林、吉林、黑龙江、上海、江苏,这些省区多数位于东部地区;较低人力资本水平的省区相对趋于和较低人力资本水平的省区相邻近(第三象限),这些省区包括:广西、海南、四川、贵州、云南、甘肃、青海、宁夏,主要集中在中国西部地区。

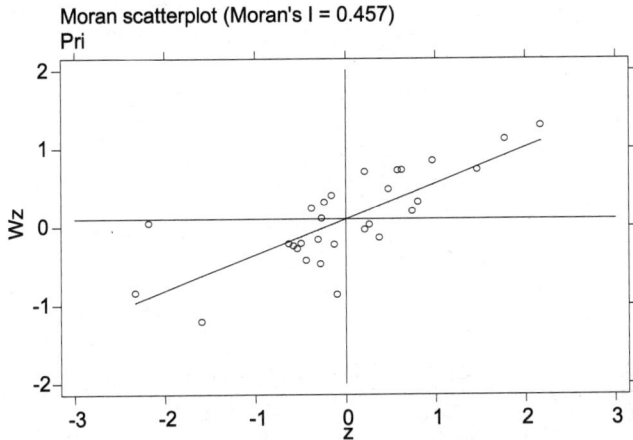

Moran scatterplot (Moran's I = 0.457)

图 5.2　初等教育 Moran I 散点图

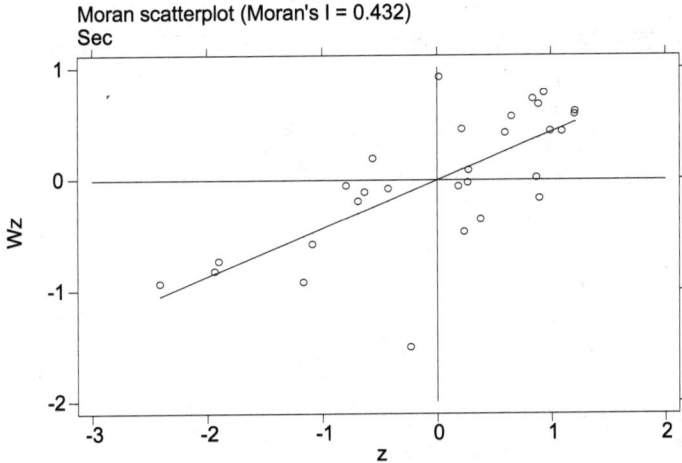

Moran scatterplot (Moran's I = 0.432)

图 5.3　中等教育 Moran I 散点图

同样地,图 5.2～图 5.4 分别描绘了不同教育水平人力资本的 Moran I 散点图,结果均表明我国各种不同教育水平人力资本具有明显的空间依赖性,绝大部分省份位于高—高和低—低类型区。一个有意思的发现是,在初等教育人力资本的 Moran I 散点图中,处于第一象限的省份多数来自于中国西部地区(比如四川、贵州、云南、甘

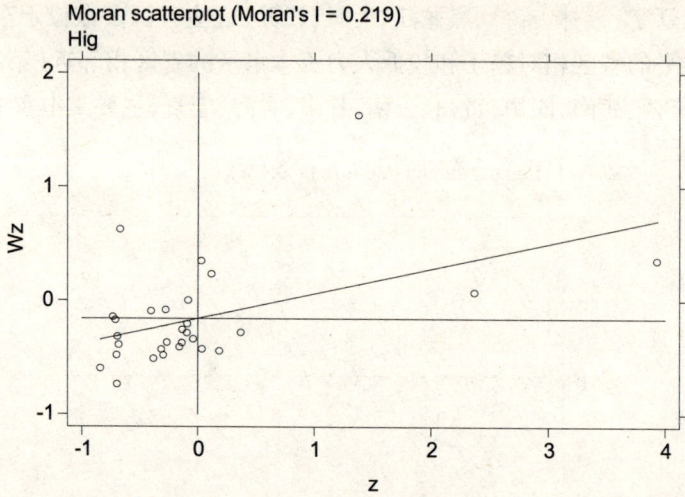

图 5.4　高等教育 Moran I 散点图

肃、青海、宁夏、新疆等），而处于第三象限的省份多数来自东中部（比如北京、天津、河北、辽宁、吉林、黑龙江、河南、湖北等）。与此相反的是，在高等教育人力资本的 Moran I 散点图中，处于第一象限的省份主要来自于东部沿海地区，而第三象限的主要由西部地区省份构成。这一结果也从另一个侧面反映了人力资本的空间分布存在明显的区域不平衡性。

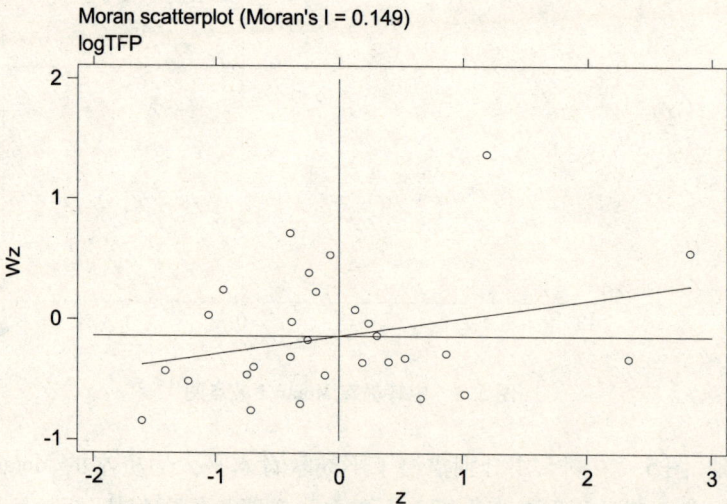

图 5.5　全要素生产率增长率 Moran I 散点图

　　同时注意到全要素生产率增长空间相关性,从图5.5清楚地发现,具有较高生产率增长的省区趋于和较高生产率增长的省区相邻近(第一象限);具有较低生产率增长的省区趋于和较低生产率增长的省区相邻近(第三象限)。其中,位于第三象限低—低类型的省区占绝大多数,而且这些省区多来自于中西部地区。这种低生产率增长的省区在地理空间上的高度集群给中国经济长期增长提出了一些严肃的问题,如何有效地促进落后地区生产率增长,实现经济增长的区域联动,显然是政策当局亟需关注的问题。

　　总而言之,中国的人力资本积累和全要素生产率增长呈现出明显的空间集群特征。为了更为全面地分析人力资本对生产率增长的影响,空间因素是不容忽视的。

表5.2　中国各省份与地理相邻省份列表

省份代码	考察省份	相邻省份
1	北京	天津、河北
2	天津	北京、河北
3	河北	北京、天津、山西、内蒙古、辽宁、山东、河南
4	山西	河北、内蒙古、河南、陕西
5	内蒙古	河北、山西、辽宁、吉林、黑龙江、陕西、甘肃、宁夏
6	辽宁	河北、内蒙古、吉林
7	吉林	内蒙古、辽宁、黑龙江
8	黑龙江	内蒙古、吉林
9	上海	江苏、浙江
10	江苏	上海、浙江、安徽、山东
11	浙江	上海、江苏、安徽、福建、江西
12	安徽	江苏、浙江、江西、山东、河南、湖北
13	福建	浙江、江西、广东
14	江西	浙江、安徽、福建、湖北、湖南、广东
15	山东	河北、江苏、安徽、河南
16	河南	河北、山西、安徽、山东、湖北、陕西
17	湖北	安徽、江西、河南、湖南、四川、陕西
18	湖南	江西、湖北、广东、广西、四川、贵州

省份代码	考察省份	相邻省份
19	广东	福建、江西、湖南、广西、海南
20	广西	湖南、广东、海南、贵州、云南
21	海南	广东、广西
22	四川	湖北、湖南、贵州、云南、陕西、甘肃、青海
23	贵州	湖南、广西、四川、云南
24	云南	广西、四川、贵州
25	陕西	山西、内蒙古、河南、湖北、四川、甘肃、宁夏
26	甘肃	内蒙古、四川、陕西、青海、宁夏、新疆
27	青海	四川、甘肃、新疆
28	宁夏	内蒙古、陕西、甘肃
29	新疆	甘肃、青海

表 5.3　1991～2007 年人力资本与全要素生产率增长的 Moran I 指数

	H	*Pri*	*Sec*	*Hig*	log*TFP*
1991	0.345	0.392	0.499	0.208	0.175
1992	0.345	0.392	0.500	0.208	0.420
1993	0.344	0.343	0.486	0.181	0.345
1994	0.345	0.392	0.501	0.208	0.309
1995	0.328	0.333	0.456	0.195	0.274
1996	0.290	0.374	0.483	0.114	0.261
1997	0.290	0.402	0.454	0.223	0.255
1998	0.310	0.369	0.521	0.172	0.214
1999	0.336	0.437	0.490	0.207	0.195
2000	0.364	0.439	0.424	0.240	0.195
2001	0.364	0.442	0.555	0.262	0.187
2002	0.322	0.436	0.490	0.194	0.196
2003	0.270	0.431	0.439	0.207	0.194
2004	0.341	0.481	0.492	0.257	0.200

	H	Pri	Sec	Hig	$logTFP$
2005	0.399	0.480	0.525	0.267	0.181
2006	0.345	0.442	0.499	0.217	0.167
2007	0.314	0.457	0.432	0.219	0.149

二、实证分析结果

空间自相关检验表明人力资本及各种教育水平的空间集群性是客观存在的。那么,人力资本及各种教育水平对全要素生产率增长是否具有空间溢出效应呢? 如果存在,这种溢出效应是正向还是负向的呢? 为回答这一问题,我们基于空间本哈比-斯皮格尔模型,运用最新发展的空间计量方法进行实证检验。同时,为了增加研究结论的可靠性,分别采用三种不同形式的空间权重矩阵进行估计。

首先分析全要素生产率增长模型,模型 1 对应表5.4 中第(1)、(3)、(5)列,模型 2 对应表5.4 中第(2)、(4)、(6)列。从回归结果看,在 3 种不同的空间权重矩阵设定下,人力资本空间滞后项 $Spatial\_H$ 的估计系数都显著为正,结果较为稳健,分别为 0.108、0.094、0.103,说明我国人力资本对全要素生产率增长确实存在明显的空间溢出效应,而且这种溢出是正向的。具体而言,在其他条件不变的前提下,外省人力资本水平每增加 1 单位(平均受教育年限每增加 1 年),本省全要素生产率增长率将提高 0.108%、0.094% 和 0.103%。考虑人力资本异质性,不同教育水平人力资本对全要素生产率增长的空间溢出效应存在差异。从结果看,3 种不同的空间权重矩阵的回归结果都一致支持中等教育人力资本具有显著的正向空间溢出效应,估计系数分别为 2.511、0.957、1.607,地理距离权重矩阵和经济距离权重矩阵回归结果表明小学教育人力资本具有正向空间溢出(估计系数分别为 2.372 和 1.438),地理距离权重矩阵表明高等教育人力资本具有显著的负向空间溢出,其估计系数分别为 −1.128[①]。总体而言,异质型人力资本的空间溢出效应表现出一定差异,即外省中小学教育人力资本对本省全要素生产率增长有正向空间溢出,外省高等教育人力资本对本省全要素生产率增长具有负向空间溢出。

针对于这一独特的经济现象,卢卡斯(Lucas,1990)观点可以作为很好的解释:由

---

① 实际上,在 0-1 空间权重矩阵设定下,高等教育人力资本空间滞后项 $Spatial\_Hig$ 的估计系数为负,达到 17% 显著水平。经济距离权重矩阵设定下,$Spatial\_Hig$ 的估计系数亦为负(尽管不显著)。

于在实际生产过程中,物质资本和人力资本之间往往存在一定的互补关系(Complementary in Production),人力资本水平较高的地区往往具有较强的物质资本和技术的吸收能力,从而更容易吸引物质资本和技术。换言之,在其他条件不变的情况下,资本和技术更倾向于流向人力资本相对丰裕的地区。正是由于外省具有较强的经济集聚能力和竞争优势,从而引发本省经济资源和生产要素的外流,使得本省生产率增长受到负面影响(奥勒杰尼克,2008)。相比于高等教育具有较强的集聚能力和竞争优势,中小学教育人力资本显然是存在不足的,因而,外省中小学教育人力资本比重提高,难以对本省生产率增长产生负的外部性。综合以上分析,我们进一步认为,外省不同教育水平人力资本对本省全要素生产率增长的空间影响可能并不是单调的线性关系,而表现出较为复杂的非线性特征。

需要提及的是,单从模型 1 和模型 2 的回归结果看,二者似乎存在相悖的现象。模型 1 回归结果告诉我们,外省人力资本平均水平的提高将有助于本省份生产率的增长。而模型 2 回归结果表明,对生产率增长具有正向空间溢出效应的只有中等教育人力资本,而高等教育人力资本(当然也包括初等教育人力资本,这里暂不分析)空间溢出效应为负,这表明,随着外省人力资本水平的提高,其对生产率的空间影响并不必然提高。表面上看,二者存在相互矛盾的现象。但如果从人力资本指标数据来分析的话,我们可以发现这两列回归结果所要解释的问题是一致的。因为目前我国平均人力资本水平(空间滞后, $Spatial\_H$)仍处于中等教育阶段,以 2007 年为例,人力资本空间滞后项的全国平均水平为 8.39 年,其中排在前三位的分别是天津(8.98 年)、河北(8.74 年)、北京(8.69 年),排在后三位的分别是新疆(8.03 年)、云南(8.05 年)、四川(8.09 年)[①]。可见,全国及各省平均受教育年限的空间滞后水平尚处于中等教育阶段,而模型 2 的回归结果中等教育人力资本对生产率增长具有正向空间溢出效应,恰好与模型 1 回归结果人力资本存在正向空间溢出效应相一致。

由于全要素生产率增长可以进一步分解为技术进步和技术效率变化,那么,被解释变量为技术进步和技术效率变化的回归结果分别列于表 5.5 和 5.6。我们首先分析技术进步 logTECH 作为被解释变量的回归结果,对比全要素生产率增长率的回归结果,发现二者具有较大的相似性:在 3 种不同形式的空间权重矩阵设定下,人力资本空间滞后项都为正,且达到 1% 高度显著水平,表明随着外省人力资本水平的提高,本省技术进步也将加快,即人力资本对技术进步存在显著的正向空间溢出;同时发现,异质型人力资本空间溢出效应存在差异,其中,中小教育人力资本具有正的空

---

① 在地理距离空间权重矩阵设定下计算得到。

间溢出效应,高等教育人力资本具有负的空间溢出效应。就技术效率变动模型而言,在3种不同形式的空间权重矩阵设定下,人力资本的空间滞后项回归系数为负,中等教育人力资本空间滞后项为负,小学教育和高等教育人力资本的溢出效应并不明确。

关注随距离衰减的追赶效应 *Dist_Catch* 回归结果,可以发现,空间本哈比-斯皮格尔模型追赶效应的系数符号与本哈比-斯皮格尔模型中 *Catch_up* 完全一致。具体来说,*Dist_Catch* 在生产率增长模型和技术效率变动模型中回归系数都显著为负,这表明,考虑到地理距离因素的影响,我国落后地区非但没有表现出一定的"后发优势",反而在进一步弱化了在生产率和技术效率方面的追赶效应,而这将导致全国整体在生产率增长和效率增进方面的"马太效应"特征更为鲜明。在技术进步模型中,*Dist_Catch* 回归系数为正,且高度显著,表明我国各省区技术进步存在追赶现象。其原因可能是:近些年来,由于区域经济一体化进程日益加快,经济发达地区对落后地区的技术溢出以及落后地区强化技术模仿、学习、吸收能力在很大程度上缩小了地区之间技术进步差距。

控制变量在各个模型的回归结果与第四章基本一致,详细讨论可参考第四章内容,这里就不再对此做一一说明。

表5.4　全要素生产率增长模型(被解释变量:log*TFP*)

	地理距离权重矩阵		0-1权重矩阵		经济距离权重矩阵	
	(1)	(2)	(3)	(4)	(5)	(6)
H	0.030		0.039		0.034	
	(1.133)		(1.574)		(1.392)	
Spatial_H	0.108 * * *		0.094 * * *		0.103 * * *	
	(3.746)		(3.668)		(3.934)	
Pri		−0.901 * * *		−0.086		−0.552 * *
		(−3.519)		(−0.344)		(−2.401)
Sec		−0.662 * * *		−0.414 *		−0.437 *
		(−2.673)		(−1.671)		(−1.781)
Hig		3.216 * * *		3.281 * * *		3.178 * * *
		(7.833)		(7.879)		(7.665)
Spatial_Pri		2.372 * * *		−0.809 * *		1.438 * * *

续表

	地理距离权重矩阵		0-1 权重矩阵		经济距离权重矩阵	
	（1）	（2）	（3）	（4）	（5）	（6）
		（3.880）		（-2.296）		（3.378）
Spatial_Sec		2.511＊＊＊		0.957＊＊＊		1.607＊＊＊
		（6.516）		（3.074）		（4.822）
Spatial_Hig		-1.128＊＊		-0.700		-0.650
		（-2.065）		（-1.396）		（-1.135）
Dist_Catch	-3.521＊＊	-2.756＊＊	-3.408＊＊	-2.693＊＊	-3.770＊＊＊	-2.985＊＊
	（-2.442）	（-2.128）	（-2.366）	（-2.042）	（-2.607）	（-2.130）
FDI	1.024＊＊＊	0.848＊＊＊	1.045＊＊＊	1.061＊＊＊	1.053＊＊＊	0.872＊＊＊
	（3.984）	（3.613）	（4.068）	（4.440）	（4.108）	（3.598）
open	0.152＊＊＊	0.064＊＊	0.147＊＊＊	0.089＊＊＊	0.149＊＊＊	0.079＊＊＊
	（4.881）	（2.162）	（4.734）	（3.028）	（4.799）	（2.651）
insti	0.229＊＊＊	0.224＊＊＊	0.242＊＊＊	0.192＊＊＊	0.232＊＊＊	0.238＊＊＊
	（3.858）	（4.149）	（4.107）	（3.454）	（3.926）	（4.325）
gov	-0.499＊＊	-0.590＊＊＊	-0.481＊＊	-0.962＊＊＊	-0.478＊＊	-0.724＊＊＊
	（-2.372）	（-2.767）	（-2.290）	（-4.793）	（-2.282）	（-3.379）
infra	0.065＊	0.048	0.069＊＊	-0.003	0.063＊	0.017
	（1.870）	（1.496）	（2.010）	（-0.086）	（1.818）	（0.533）
urb	-0.006	-0.007	0.015	-0.224	0.034	0.132
	（-0.029）	（-0.036）	（0.070）	（-1.118）	（0.161）	（0.670）
inv	-0.569＊＊＊	-0.282＊＊＊	-0.539＊＊＊	-0.382＊＊＊	-0.561＊＊＊	-0.333＊＊＊
	（-6.777）	（-3.523）	（-6.508）	（-4.794）	（-6.731）	（-4.117）
labor	-0.050	-0.114	-0.048	-0.213＊	-0.067	-0.139
	（-0.370）	（-0.926）	（-0.355）	（-1.696）	（-0.491）	（-1.107）
常数项	-0.558＊＊＊	-1.105＊＊＊	-0.537＊＊＊	0.510＊＊	-0.542＊＊＊	-0.611＊＊
	（-8.497）	（-3.368）	（-8.353）	（2.452）	（-8.440）	（-2.190）
hausman	19.07＊＊＊	30.78＊＊＊	17.68＊	22.25＊	23.71＊＊	25.93＊＊
R^2	0.585	0.673	0.585	0.660	0.586	0.655
adj-R^2	0.552	0.643	0.551	0.629	0.553	0.624

表5.5　技术进步模型(被解释变量:logTECH)

	地理距离权重矩阵		0-1权重矩阵		经济距离权重矩阵	
	(1)	(2)	(3)	(4)	(5)	(6)
H	0.030		0.044 * *		0.048 * *	
	(1.369)		(2.120)		(2.335)	
Spatial_H	0.141 * * *		0.120 * * *		0.117 * * *	
	(5.855)		(5.605)		(5.347)	
Pri		−0.082		0.368 *		0.108
		(−0.404)		(1.840)		(0.589)
Sec		−0.716 * * *		−0.484 * *		−0.468 * *
		(−3.670)		(−2.430)		(−2.377)
Hig		3.285 * * *		3.509 * * *		3.548 * * *
		(10.147)		(10.461)		(10.684)
Spatial_Pri		1.833 * * *		0.278		1.259 * * *
		(3.802)		(0.981)		(3.691)
Spatial_Sec		3.180 * * *		2.140 * * *		2.313 * * *
		(10.466)		(8.528)		(8.666)
Spatial_Hig		−1.114 * * *		−1.066 * * *		−1.357 * * *
		(−2.589)		(−2.639)		(−2.958)
Dist_Catch	2.889 * *	3.148 * * *	3.046 * *	3.453 * * *,	2.682 * *	3.850 * * *
	(2.397)	(3.083)	(2.525)	(3.251)	(2.204)	(3.430)
FDI	1.138 * * *	0.842 * * *	1.166 * * *	0.961 * * *	1.180 * * *	0.869 * * *
	(5.297)	(4.548)	(5.420)	(4.992)	(5.471)	(4.479)
open	0.111 * * *	0.014	0.104 * * *	0.046	0.105 * * *	0.027
	(4.248)	(0.585)	(3.986)	(1.972)	(4.005)	(1.138)
insti	0.176 * * *	0.168 * * *	0.194 * * *	0.140 * * *	0.186 * * *	0.187 * * *
	(3.550)	(3.955)	(3.926)	(3.132)	(3.739)	(4.245)
gov	−0.572 * * *	−0.819 * * *	−0.549 * * *	−0.987 * * *	−0.542 * * *	−0.926 * * *
	(−3.256)	(−4.871)	(−3.117)	(−6.105)	(−3.074)	(−5.398)
infra	0.054 *	0.051 * *	0.060 * *	0.027	0.053 *	0.030
	(1.871)	(2.023)	(2.087)	(1.029)	(1.828)	(1.155)

续表

	地理距离权重矩阵		0-1 权重矩阵		经济距离权重矩阵	
	（1）	（2）	（3）	（4）	（5）	（6）
urb	0.948 * * *	0.955 * * *	0.981 * * *	0.937 * * *	1.029 * * *	1.189 * * *
	(5.346)	(6.186)	(5.546)	(5.818)	(5.858)	(7.519)
inv	−0.128 *	0.122 *	−0.089	0.075	−0.110	0.084
	(−1.823)	(1.923)	(−1.280)	(1.177)	(−1.562)	(1.290)
labor	0.065	−0.018	0.068	−0.071	0.046	−0.048
	(0.574)	(−0.190)	(0.594)	(−0.707)	(0.406)	(−0.477)
常数项	−1.267 * * *	−1.905 * * *	−1.238 * * *	−1.093 * * *	−1.236 * * *	−1.554 * * *
	(−23.095)	(−7.363)	(−23.008)	(−6.519)	(−22.889)	(−6.955)
hausman	68.03 * * *	286.52 * * *	162.49 * * *	243.13 * * *	244.82 * * *	244.37 * * *
R^2	0.832	0.882	0.831	0.872	0.830	0.872
$adj\text{-}R^2$	0.818	0.871	0.817	0.860	0.816	0.860

表 5.6　技术效率变动模型（被解释变量：logEFFCH）

	地理距离权重矩阵		0-1 权重矩阵		经济距离权重矩阵	
	（1）	（2）	（3）	（4）	（5）	（6）
H	−0.000		−0.005		−0.014	
	(−0.015)		(−0.265)		(−0.749)	
Spatial_H	−0.033		−0.026		−0.015	
	(−1.501)		(−1.341)		(−0.737)	
Pri		−0.822 * * *		−0.454 * *		−0.663 * * *
		(−3.852)		(−2.257)		(−3.558)
Sec		0.057		0.073		0.032
		(0.276)		(0.364)		(0.162)
Hig		−0.070		−0.229		−0.370
		(−0.204)		(−0.679)		(−1.101)
Spatial_Pri		0.539		−1.097 * * *		0.175
		(1.057)		(−3.847)		(0.506)
Spatial_Sec		−0.673 * *		−1.187 * * *		−0.710 * * *

续表

	地理距离权重矩阵		0-1 权重矩阵		经济距离权重矩阵	
	(1)	(2)	(3)	(4)	(5)	(6)
		(−2.095)		(−4.710)		(−2.630)
Spatial_Hig		−0.012		0.368		0.707
		(−0.026)		(0.907)		(1.523)
Dist_Catch	−6.452***	−5.945***	−6.496***	−6.191***	−6.493***	−6.873***
	(−5.873)	(−5.509)	(−5.919)	(−5.802)	(−5.875)	(−6.053)
FDI	−0.115	0.006	−0.122	0.101	−0.128	0.003
	(−0.585)	(0.031)	(−0.623)	(0.520)	(−0.653)	(0.015)
open	0.042*	0.050**	0.043*	0.042*	0.044*	0.052**
	(1.748)	(2.044)	(1.832)	(1.782)	(1.869)	(2.149)
insti	0.053	0.055	0.048	0.051	0.046	0.051
	(1.167)	(1.231)	(1.073)	(1.144)	(1.018)	(1.136)
gov	0.077	0.234	0.071	0.029	0.068	0.206
	(0.482)	(1.314)	(0.445)	(0.177)	(0.423)	(1.187)
infra	0.010	−0.004	0.008	−0.031	0.009	−0.014
	(0.364)	(−0.159)	(0.306)	(−1.178)	(0.328)	(−0.525)
urb	−0.949***	−0.957***	−0.960***	−1.157***	−0.990***	−1.052***
	(−5.867)	(−5.866)	(−5.970)	(−7.151)	(−6.204)	(−6.579)
inv	−0.440***	−0.403***	−0.450***	−0.457***	−0.451***	−0.416***
	(−6.889)	(−6.043)	(−7.129)	(−7.095)	(−7.080)	(−6.353)
labor	−0.115	−0.095	−0.116	−0.142	−0.113	−0.091
	(−1.115)	(−0.931)	(−1.120)	(−1.397)	(−1.091)	(−0.896)
常数项	0.708***	0.801***	0.700***	1.608***	0.693***	0.946***
	(14.152)	(2.930)	(14.302)	(9.549)	(14.132)	(4.187)
hausman	49.36***	103.53***	71.48***	90.69***	21.29***	80.99***
R^2	0.551	0.576	0.550	0.584	0.549	0.577
$adj-R^2$	0.514	0.538	0.514	0.547	0.512	0.539

第四节　本章小结

　　本章是在第四章内容的基础上作进一步拓展研究。我们首先借鉴了由巴勒瑞恩等人(Valerien et al. ,2007)率先提出的空间本哈比-斯皮格尔模型的基本思想,将人力资本空间溢出效应纳入到全要素生产率增长模型,即某一地区的全要素生产率增长不仅仅取决于本地区人力资本水平和追赶效应,也依赖于相邻地区人力资本水平。与巴勒瑞恩等人(Valerien et al. ,2007)所不同的是,我们允许人力资本不同组成部分可以对全要素生产率产生不同的空间影响,实证检验不同教育水平人力资本对全要素生产率增长的空间溢出。此外,根据数据包络分析原理,我们还进一步考察人力资本及组成部分分别对技术进步和效率增进的空间影响。

　　本章分别采用地理距离权重矩阵、0-1权重矩阵、经济距离权重矩阵等3种不同形式的空间权重矩阵进行实证检验。结果表明,3种空间权重矩阵设定下的回归结果一致支持了人力资本对全要素生产率增长和技术进步具有显著的正向空间溢出效应,而对效率增进的空间效应是负向的。就异质型人力资本而言,3种空间权重矩阵回归结果都表明中等教育人力资本对全要素生产率增长和技术进步都具有显著的正向空间溢出效应,小学教育人力资本也基本表现出负向空间溢出效应的特征,而高等教育人力资本对全要素生产率增长和技术进步有负向的空间影响。异质型人力资本的空间溢出效应存在差异,即中小学教育人力资本基本表现为正向的空间溢出、而高等教育表现出一定的负向空间溢出。对于这一结果的原因解释可能是,人力资本水平较高的地区往往具有较强的物质资本和技术的吸收能力,从而更容易吸引物质资本和技术。换言之,在其他条件不变的情况下,资本和技术更倾向于流向人力资本相对丰裕的地区(卢卡斯,1988)。正是由于外省具有较强的经济集聚能力和竞争优势,从而引发本省经济资源和生产要素的外流,使得本省生产率增长受到负面影响。相比于高等教育具有较强的集聚能力和竞争优势,中小学教育人力资本显然是存在不足的,因而,外省中小学教育人力资本比重提高,难以对本省生产率增长产生负的外部性。

　　本章的研究结论对各地区人力资本投资政策究竟有何借鉴意义呢?首先需要强调的是,人力资本平均水平对全要素生产率增长的空间溢出效应是客观存在的,而且异质型人力资本的空间溢出是存在明显差异的,当外省人力资本积累处于较低水平,其对本省生产率增长具有正向空间溢出。然而,当外省人力资本积累超过一定门槛水平,亦即高等教育人口比重增加,其对本省生产率增长的空间溢出是负向的。事实上,高层次人力资本在空间上的负向溢出在一定程度上蕴含了区域间人力资本投资的政策涵义:即地理上接壤地区之间人力资本差距不宜过大。就我国目前各地区人力资本发展状况来看,人力资本发展水平较快的地区多集中于东部沿海发达省份,而中西部地区人力资本发展状况相对滞后,因此,期望落后地区在短期内实现人力资本的追赶是不切实际的。为尽可能利用人力资本空间溢出,一个可行的方法应该是选择适宜的人力资本水平和结构。尤其需要指出的是,由于人力资本空间溢出效应是否起作用以及作用大小往往与本地区禀赋特征存在一定的适配性。因此,适宜人力资本投资的选择应该是要充分考虑到本地区现有的要素禀赋因素。总的说来,我们不能将人力资本投资政策视为孤立的外生变量,而应该注重它与其他变量之间形成有效的互补和匹配[①]。

---

① 由于地理位置、要素禀赋、对外开放等方面的差异,人力资本对生产率增长的影响存在很大区域差异。进一步确定人力资本增长效应的影响因素,并对各经济变量影响人力资本效应的“门槛”水平进行具体测算,对于深入认识人力资本作用、促进当地生产率和经济增长具有重要的现实意义和针对性的政策导向作用。基于这种考虑,我们将在下一章节进行进一步研究。

第六章　人力资本与省际全要素生产率增长：门限特征

第一节　引言

中国作为一个地域辽阔、人口众多、区域差异鲜明的发展中国家，人力资本增长效应在不同地区间具有不同的表现形态。此前我们曾在第四章中就中国三大区域的人力资本增长效应进行详细讨论，发现东部、中部、西部地区存在明显差异：东部地区的人力资本增长效应最大、中部次之、西部最小。这一结果提醒我们，人力资本增长效应至少受到地理区位的影响。显然，较之于中西部地区，东部沿海省份在地理区位上具有天然的优势。然而需要说明的是，尽管地理区位在一定程度上解释了人力资本增长效应的区域差异性，但并不足以完全解释区域间甚至省际间的差异性（即便在同一区域内部、不同省份的人力资本增长效应也是不尽相同的）。事实上，一个地区的用于表征其经济特征的环境变量对于人力资本效应的发挥更具关键性作用。从现实来看，某一地区的经济发展水平、对外开放程度、物质资本积累、基础设施以及城市化水平等方面都是构成了该地区经济环境的重要因素，它们共同营造了人力资本效应发挥的外部环境。正如前文所述，人力资本对生产率增长的影响并不是作为孤立变量而单独发挥作用的，而是要与其他经济变量形成密切联系的。由此，一些问题就被自然而然地提出来，即这些经济变量究竟会对人力资本增长效应产生怎样的影响？这种影响是表现出单调的线性特征还是非线性的"门限特征"？对于这些问题的回答显然有助于我们更为深刻全面地理解人力资本对生产率增长的影响过程。

在本章讨论中，我们并不仅停留在对人力资本增长效应的地区差异性的简单判断上，而是进一步分析诸多经济变量对人力资本效应的影响是否存在门限特征，如果存在,将进一步估计出具体的门槛值。因此,本章着力采用新近发展的门限面板回归(Threshold panel data)方法,分别就经济发展水平、对外开放程度、物质资本积累、基础设施建设以及城市化水平等因素实证检验人力资本增长效应的门限特征,以描述人力资本影响生产率增长的非线性关系,为各地区结合自身经济环境制定行之有效的人力资本投资政策提供实证依据。

在介绍门限面板回归方法之前,有必要对变量门槛值的估计方法进行简要说明。从以往研究来看,主要有两种方法可以用来估计出经济变量的门槛值:一是分组检验和交叉乘积项方法。分组检验的基本思想是根据一定指标将检验的数据分成两组或若干组的子样本,分别对不同组的子样本进行回归,根据子样本所确定的估计系数大小来判断该变量对人力资本增长效应的具体影响(张宇,2008)。然而,由于分组检验是按照某种影响变量指标进行平均分组,容易产生人为主观设定门槛的问题,从而导致回归结果的偏误。而交叉乘积项方法的基本思想则是在模型中添加其他变量和人力资本的交叉乘积项,通过对交叉乘积项系数的估计与检验来考察门槛值[①]。然而就计量方法而言,采用交叉乘积项的方法仍无法对内生的门槛效应和门槛值进行相关实证检验与估计。可见,无论是分组检验还是交叉乘积项方法都存在一定局限性。近些年来,门限面板回归技术的研究得到很大的推进。作为一种非线性计量方法,门限面板回归技术具有两个优点:一是能估计出具体的门槛值;二是能对门槛值的正确性及内生的门槛效应进行显著性检验。因而,门限面板回归技术可以很好地克服分组检验和交叉乘积项的不足。有鉴于此,本章将运用最新发展的门限面板回归方法对我国人力资本影响全要素生产率增长的门限特征进行实证检验。

第二节　模型设定

本章实证模型依然借鉴本哈比和斯皮格尔(Benhabib and Spiegel,1994)学术思想,即一国或一地区的人力资本水平及对先进经济体的技术追赶影响了该国或该地区全要素生产率增长。此外,在知识经济的时代背景下,一国或一地区的研发创新能力对生产率增长乃至经济增长具有不可或缺的作用。罗默(Romer,1990)、格罗斯曼和赫尔普曼(Grossman and Helpman,1991)从理论分析角度强调了研发创新对于

---

① 交叉乘积项方法在有关吸收能力的研究文献中多有体现。

一国或地区生产率增长的关键作用。格瑞利奇斯(Griliches,1994)、科和赫尔普曼(Coe and Helpman,1995)等学者也从经验研究角度证实了研发创新对生产率增长具有积极促进作用。因此本章在实证分析过程中,将某一地区全要素生产率增长视为由该地区科技创新活动、人力资本以及技术追赶效应共同决定。考虑到某一地区人力资本的生产率增长效应会受该地区经济环境的影响,而一地区的经济环境应该至少涵盖着经济发展水平、对外开放程度、物质资本积累状况以及基础设施完备性等因素。因此,本章将结合这些变量因素分析人力资本增长效应的门限特征。

由于门限面板回归方法有其特定的模型设定方式,结合这一方法,实证检验模型设定如下(以单一门槛模型为例):

$$\log TFP_{it} = \eta_i + \theta_1 \cdot inno_{it} + \theta_2 \cdot Catch\_up_{it}$$
$$+ \beta_1 H_{it} I(q_{it} \leq \gamma) + \beta_2 H_{it} I(q_{it} > \gamma) + \varepsilon_{it} \tag{6.1}$$

式(6.1)中的几个变量简单说明如下:变量 TFP、H、$Catch\_up$ 的指标含义与前文完全一致,这里不再赘述;变量 q 表示门槛变量,即下文中所要分析的用于反映经济特征的诸多变量;γ 则表示门槛值,是我们通过具体估计得到的;需要重点说明的是变量 $inno$,它表示某一地区研发创新活动。

由于创新是一个动态的过程,加之它是众多构成要素综合作用力的结果,因此很难找到一个全面而客观指标来表示。起初经济学家利用 R&D 这种创新投入来近似表示创新活动(徐磊、黄凌云,2009),随着专利保护制度的不断健全和完善,专利保护能更好地服务于技术创新(贝尼托,2006),越来越多的科研人员选择以申请专利的形式对其研究成果进行保护(杨俊等,2009)。因此,一个地区的发明者向专利审查机构提交专利申请并获取专利授权,在很大程度上反映了该地区研发创新能力,而且由于专利数据具有易得、完整、准确的特点,故本研究参考以往文献的做法选择每百万人专利申请授权量作为研发创新活动的替代指标。数据来自于《中国科技统计年鉴》(历年)。

第三节　研究方法

有关门限面板回归方法的介绍,参阅汉森(Hansen,1999)的原文以及连玉君等(2006)、封福育(2009)的表述。单一门槛模型设定如下:

$$y_{it} = \eta_i + \beta'_1 x_{it} I(q_{it} \leq \gamma) + \beta'_2 x_{it} I(q_{it} > \gamma) + \varepsilon_{it} \tag{6.2}$$

其中,i 表示省份,t 表示年份,η_i 反映个体未观测特征,q_{it} 门槛变量,γ 为特定的门槛值,$I(\cdot)$ 为示性函数,$\varepsilon_{it} \sim iid.\, N(0,\sigma^2)$ 为随机干扰项。式(6.2)亦可表示为:

$$y_{it} = \begin{cases} \eta_i + \beta'_1 x_{it} + \varepsilon_{it}, & q_{it} \leq \gamma \\ \eta_i + \beta'_2 x_{it} + \varepsilon_{it}, & q_{it} > \gamma \end{cases}$$

或采用矩阵形式来表示,如下:

$$y_{it} = \eta_i + \beta' x_{it}(\gamma) + \varepsilon_{it} \tag{6.3}$$

其中,$x_{it}(\gamma) = (x_{it}I(q_{it} \leq \gamma) x_{it}I(q_{it} > \gamma))$,$\beta = (\beta'_1 \beta'_2)'$。

进行门限面板回归时,关键是要解决两个方面问题:一是联合估计门槛值 γ 和斜率 β;二是进行门槛效应的相关检验。为了对(6.3)式进行参数估计,首先要消除个体效应,常用的方法是从每个观测值中减去组内平均值。组内平均值表示为:

$$\overline{y}_i = \eta_i + \beta' \overline{x}_i(\gamma) + \overline{e}_i \tag{6.4}$$

其中,$\overline{y}_i = \dfrac{1}{T^{-1}} \sum_{t=1}^{T} y_{it}, \overline{e}_i = \sum_{t=1}^{T} e_{it}$,且

$$\overline{x}_i(\gamma) = \sum_{t=1}^{T} x_{it}(\gamma)$$
$$= \Big(\sum_{t=1}^{T} x_{it}(\gamma)I(q_{it} > \gamma) \Big)$$

(6.3)-(6.4)得到,

$$y_{it}^* = \beta' x_{it}^*(\gamma) + \varepsilon_{it}^* \tag{6.5}$$

其中,$y_{it}^* = y_{it} - \overline{y}_i$,$x_{it}^*(\gamma) = x_{it}(\gamma) - \overline{x}_i(\gamma)$,$\varepsilon_{it}^* = e_{it} - \overline{e}_i$。

令 $y_i^* = \begin{bmatrix} y_{i2}^* \\ \vdots \\ y_{iT}^* \end{bmatrix}, x_i^* = \begin{bmatrix} x_{i2}^*(\gamma)' \\ \vdots \\ x_{iT}^*(\gamma)' \end{bmatrix}, e_i^* = \begin{bmatrix} e_{i2}^* \\ \vdots \\ e_{iT}^* \end{bmatrix}$ 表示对某一个体的堆积数据,然后再

对所有个体进行堆积,分别表示为 $Y^*, X^*(\gamma), e^*$,比如

$$X^*(\gamma) = \begin{bmatrix} x_1^*(\gamma) \\ \vdots \\ x_T^*(\gamma) \end{bmatrix}$$

采用这种形式,可将(6.5)式写成

$$Y^* = X^*(\gamma)\beta + e^* \tag{6.6}$$

对于给定门槛值 γ,可以通过 OLS 方法估计(6.5)式得到斜率 β 的估计值:

$$\hat{\beta}(\gamma) = (X^*(\gamma)'X^*(\gamma))^{-1} X^*(\gamma)'Y^* \tag{6.7}$$

相应的残差向量为：

$$\hat{e}^*(\gamma) = Y^* - X^*(\gamma)\hat{\beta}(\gamma) \tag{6.8}$$

残差平方和为：

$$S_1(\gamma) = \hat{e}^*(\gamma)'\hat{e}^*(\gamma) = Y^{*'}(I - X^*(\gamma))'(X^*(\gamma)'X^*(\gamma))^{-1}X^*(\gamma)'Y^* \tag{6.9}$$

进一步地,通过最小化(6.9)式对应的 $S_1(\gamma)$ 来求得 γ,陈(Chan,1993)和汉森(Hansen,1999)建议采用最小二乘法,即

$$\hat{\gamma} = \underset{\gamma}{\mathrm{argmin}}\, S_1(\gamma) \tag{6.10}$$

由此可得 $\hat{\beta} = \hat{\beta}(\hat{\gamma})$,残差向量 $\hat{e}^*(\gamma) = \hat{e}^*(\hat{\gamma})$ 以及残差方差为：

$$\hat{\sigma}^2 = \frac{1}{n(T-1)}\hat{e}^{*'}\hat{e}^* = \frac{1}{n(T-1)}S_1(\hat{\gamma}) \tag{6.11}$$

得到了参数的估计值后,还需要进行两个方面的检验：一是门槛效应是否显著,二是门槛的估计值是否等于真实值。第一个检验的原假设为 $H_0:\beta_1 = \beta_2$,对应的备择假设为 $H_1:\beta_1 \neq \beta_2$,检验统计量为：

$$F_1 = (S_0 - S_1(\hat{\gamma}))/\hat{\sigma}^2 \tag{6.12}$$

其中,S_0 为在原假设 H_0 下得到的残差平方和。在原假设 H_0 下,门槛值 γ 是无法识别的,因此 F_1 统计量的分布是非标准的(non-standard distributions)。Hansen 建议采用"自助抽样法"(bootstrap)获得其渐进分布,继而构造其 P 值。第二个检验的原假设为 $H_0:\hat{\gamma} = \gamma_0$,其中 γ_0 是 γ 的真实值,相应的似然比统计量为：

$$LR_1(\gamma) = (S_1(\gamma) - S_1(\hat{\gamma}))/\hat{\sigma}^2 \tag{6.13}$$

LR_1 同样是非标准分布,但 Hansen 提供一个简易的计算公式,可以计算出其非拒绝域。即当 $LR_1(\gamma_0) \leq c(\alpha)$ 时,不能拒绝 $\hat{\gamma} = \gamma_0$ 原假设。其中 $c(\alpha) = -2\ln(1 - \sqrt{1-\alpha})$,$\alpha$ 表示显著水平。

上述推导过程是在单一门槛模型下进行的,然而在一些应用实例中,可能出现两个或两个以上的门槛值。因此,在实证分析中必须重复上述步骤去搜寻第二个门槛值。我们以双重门槛模型为例做简要说明,多重门槛模型可基于此进行拓展。双重门槛模型可以表示为：

$$y_{it} = \eta_i + \beta'_1 x_{it} I(q_{it} \leq \gamma_1) + \beta'_2 x_{it} I(\gamma_1 < q_{it} \leq \gamma_2) + \beta'_3 x_{it} I(q_{it} > \gamma_2) + \varepsilon_{it} \tag{6.14}$$

其中,$\gamma_1 < \gamma_2$。

至于第二个门槛是否存在,其方法是先假定此前估计得到的门槛值 γ_1 为已知,再进行第二个门槛值的估计。其估计和检验方法与第一个门槛值相同,同样以使得第二个门槛值的残差平方和 $S_2(\gamma_2)$ 最小的 γ_2 作为门槛估计值。最终得到:

$$S_2^T(\gamma_2) = \begin{cases} S(\hat{\gamma}_1, \gamma_2) & \text{若} \ \hat{\gamma}_1 < \gamma_2 \\ S(\gamma_2, \hat{\gamma}_1) & \text{若} \ \gamma_2 < \hat{\gamma}_1 \end{cases} \tag{6.15}$$

和

$$\hat{\gamma}_2^r = \underset{\gamma_2}{\text{argmin}} S_2^T(\gamma_2) \tag{6.16}$$

Bai(1997)研究表明 $\hat{\gamma}_2^r$ 是渐进有效的,但 $\hat{\gamma}_1$ 并不具有此性质。由此先确定 $\hat{\gamma}_2^r$,并对 $\hat{\gamma}_1$ 进行再次搜索,得到:

$$S_1^T(\gamma_1) = \begin{cases} S(\gamma_1, \hat{\gamma}_2^r) & \text{若} \ \gamma_1 < \hat{\gamma}_2^r \\ S(\hat{\gamma}_2^r, \gamma_1) & \text{若} \ \hat{\gamma}_2^r < \gamma_1 \end{cases} \tag{6.17}$$

和

$$\hat{\gamma}_1^r = \underset{\gamma_1}{\text{argmin}} S_1^T(\gamma_1) \tag{6.18}$$

在得到第二个门槛估计值 γ_2 之后,继续进行门槛效应的检验,此时的原假设 H_0:只有唯一门槛值存在;备择假设 H_1:存在两个门槛值。对应的 LM 检验统计量 F 为:

$$F_2 = (S_1(\hat{\gamma}_1) - S_2^r(\hat{\gamma}_2^r))/\hat{\sigma}^2 \tag{6.19}$$

其中, $\hat{\sigma}^2 = S_2^r(\hat{\gamma}_2^r)/n(T-1)$

与此同时,仍需进一步检验所得到的门槛值是否与真实值相一致,对应的似然比统计量分别为:

$$LR_2^r(\gamma) = (S_2^r(\gamma) - S_2^r(\hat{\gamma}_2^r))/\hat{\sigma}^2$$

$$LR_1^r(\gamma) = (S_1^r(\gamma) - S_1^r(\hat{\gamma}_1^r))/\hat{\sigma}^2 \tag{6.20}$$

如果拒绝原假设,表明所得到门槛值即为真实值。继续重复以上步骤,可实现多重门槛模型估计。

在本章讨论中,我们将分别就经济发展水平、对外开放程度、物质资本积累状况、基础设施以及城市化水平等方面,考察其对人力资本效应发挥的影响及其具体门槛水平。

第四节　实证分析与讨论

一、经济发展水平

一个地区的经济发展水平无疑是人力资本效应发挥最为基本的外部环境,某一地区经济发展水平越高,该地区就越有能力进行人力资本投资与积累。因此,我们首先将地区经济发展水平作为门槛变量,考察人力资本增长效应的非线性特征。按照以往文献常用做法,采用实际人均 GDP(简记为:$rgdp$)作为地区经济发展水平的衡量指标。就实际人均 GDP 而言,我国存在着非常明显的差异:从区域来看,东部地区远远大于中西部地区,2007 年,东部地区的平均实际人均 GDP 为 10220.81 元(以1978 年不变价,下同),中部地区为 4208.41 元,西部地区仅为 3281.27 元,西部地区人均 GDP 水平尚未达到东部地区的三分之一;从省际来看,上海(27348.04 元)、天津(13902.08 元)、北京(12419.15 元)分别是我国排名最靠前的三个地区,而贵州、云南、广西、青海则是我国人均 GDP 排名最靠后的四个省份,分别为 1633.28 元、2217.26 元、2276.77 元、2906.55 元,就比较而言,贵州的实际人均 GDP 尚不足上海的 6%。我国经济发展的地区差异,必然会对我国人力资本增长效应的发挥产生重要影响,由此可能形成人力资本增长效应的非线性"门限特征"。基于这种初步判断,我们将采用门限面板回归方法进行估计与检验。计算过程由软件 STATA 10.1实现①。

首先需要寻找经济发展水平这一变量的门槛个数,以便确定模型形式,在此基础上,进一步考察人力资本增长效应在不同区制下的表现。在具体的估计过程中,我们依次在不存在门槛、存在一个门槛以及存在两个门槛的设定下进行估计,从而得到 F 统计量和采用"自助抽样法"得到的 P 值,结果由表 6.1 提供。从中不难发现,单一门槛在 0.017 显著水平下统计显著,而双重门槛和三重门槛都未能通过显著性检验。因此选择单一门槛模型。

在完成门槛模型筛选之后,仍需要进一步对门槛模型的门槛值进行检验和估计。表 6.2 报告了单一门槛的估计值与相应的 95% 置信区间,图 6.1 绘制的是似然

---

① 在计算过程中,需要调用门限面板回归程序,该程序是由中山大学岭南学院连玉君博士编写并提供使用,感谢他的慷慨大方和热心帮助。

比值与门槛参数的关系图,虚线为似然比统计量的临界值。其中门槛参数的估计值是指似然比检验统计量 LR 为零时 γ 的取值,此时得到的单一门槛值为 7071.84 (元),这是我们感兴趣的结果之一。

表6.1　门槛效应检验

模型	F 值	P 值	临界值		
			1%	5%	10%
单一门槛	20.754 * *	0.017	25.563	14.164	10.189
双重门槛	11.354	0.233	39.823	25.116	19.536
三重门槛	5.488	0.583	50.330	30.680	26.868

说明:(1)P 值和临界值均采用"自助抽样法"(Bootstrap)反复抽样 300 次得到的结果;(2) * * *、* * 和 * 分别代表 1%、5% 和 10% 水平下统计显著,下同。

表6.2　门槛值回归结果

	估计值	95% 置信区间
单一门槛值	7071.84	[6369.64, 7696.97]

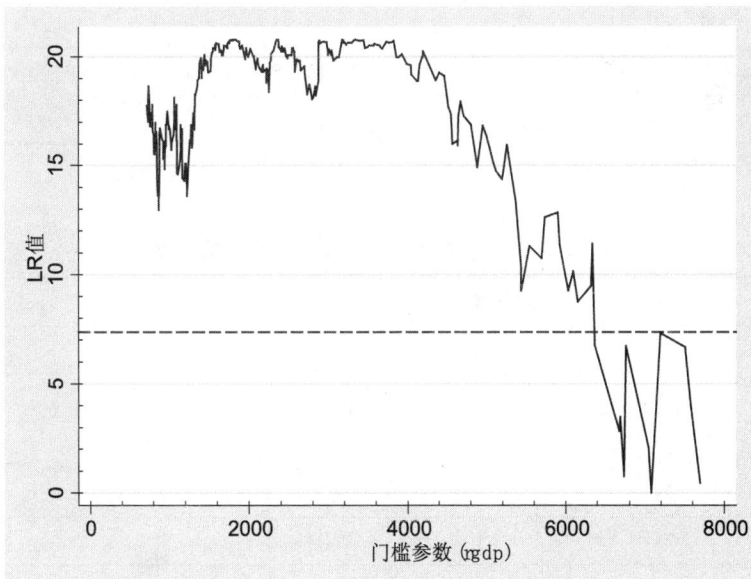

图6.1　经济发展水平单一门槛的估计值和置信区间

　　表6.3显示了门限面板回归结果,从回归结果看,创新($inno$)对全要素生产率增长具有显著促进作用,具体而言,每百万人口中专利申请授权量每增加1单位,我国全要素生产率增长率就将提高0.02个百分点。追赶项($Catch\_up$)估计系数为-0.006,且达到1%显著水平,表明全要素生产率增长存在马太效应,落后地区并没有表现出对发达地区生产率增长的追赶。这一结论与第四章的发现完全一致,进一步说明了此前回归结果的稳健性。我们所重点关注的是在不同经济发展水平下,人力资本对全要素生产率增长影响的差异性。从结果看,当人均GDP低于门槛值7071.84元时,人力资本边际影响系数为0.15,而当人均GDP跨越7071.84元这一门槛值时,人力资本边际影响系数提高为0.164。这一回归结果表明,人力资本增长效应的发挥与地区总体经济发展水平密切相关,经济发展水平较高的地区,人力资本的生产率增长效应越大;经济发展水平低的地区,人力资本增长效应相对较小。由此可见,地区经济发展状况对人力资本增长效应的确存在鲜明的门限特征。

表6.3　门限面板回归结果(门槛变量:rgdp)

变量	系数估计值	OLS t 统计量	White t 统计量
$inno$	0.020	3.99＊＊＊	3.27＊＊＊
$Catch\_up$	-0.006	-5.96＊＊＊	-5.86＊＊＊
$H \cdot I(rgdp \leqslant 7071.84)$	0.150	13.92＊＊＊	13.25＊＊＊
$H \cdot I(rgdp > 7071.84)$	0.164	15.35＊＊＊	13.90＊＊＊
常数项	-0.679	-12.34＊＊＊	-11.60＊＊＊

说明:OLS t 统计量为同方差假设下的 t 值,White t 统计量为异方差假定下的 t 值。下同。

表6.4　各年份按经济发展水平门槛划分的省份数

年份	$rgdp \leqslant 7071.83$	$rgdp > 7071.83$	年份	$rgdp \leqslant 7071.83$	$rgdp > 7071.83$
1990	29	0	1999	28	1
1991	29	0	2000	28	1
1992	29	0	2001	27	2
1993	28	1	2002	26	3
1994	28	1	2003	26	3
1995	28	1	2004	26	3
1996	28	1	2005	24	5

续表

年份	$rgdp \leqslant 7071.83$	$rgdp > 7071.83$	年份	$rgdp \leqslant 7071.83$	$rgdp > 7071.83$
1997	28	1	2006	23	6
1998	28	1	2007	22	7

根据各地区人均 GDP 水平与门槛值大小关系,我们进一步将样本划分为低区制(即人均 GDP 低于门槛值)和高区制(即人均 GDP 高于门槛值)两个部分。从表6.4和表6.5 不难发现,1990~2007 年间,我国大部分省份处于低区制,与此对应的是,这些省份的人力资本增长效应相对较低。比如在 1990 年,全国 29 个省份全部位于低区制,而随着时间推移,一部分省份开始进入高区制,在 2001 年有 2 个省份进入高区制,分别是上海和北京,而到 2007 年,共有 7 个省份位于高区制,分别为北京、天津、辽宁、上海、江苏、浙江以及广东,这些省份人力资本增长效应相对较大。

表 6.5　按经济发展水平门槛划分的省份分布(2007 年)

门槛变量	$rgdp \leqslant 7071.83$	$rgdp > 7071.83$
$rgdp$	河北、山西、内蒙古、吉林、黑龙江、安徽、福建、江西、山东、河南、湖北、湖南、广西、海南、四川、贵州、云南、陕西、甘肃、青海、宁夏、新疆	北京、天津、辽宁、上海、江苏、浙江、广东

二、对外开放程度

在经济全球化进程日益加快的今天,一个地区的对外开放状况将会在很大程度上影响人力资本效应的发挥。由于贸易开放(open)和外商直接投资(FDI)是衡量对外开放程度最具代表性的两个指标。因此,我们分别以这两个指标作为门槛变量进行实证检验。

从理论上讲,贸易开放不仅为各国经济发展提供了一条相互影响、相互依赖的重要渠道,也成为知识产品在国家之间流动传播的重要渠道。一个国家或地区的贸易开放程度越高,该国家或地区的企业就越容易接触国际市场,越有机会了解新产品和新技术,有助于技术创新与模仿。与此同时,较高的贸易开放程度会使国内企业面临更为激烈的外部竞争,在此情形下,竞争往往会激励国内企业加大研发创新,重视人员技术培训,提高"干中学"效率,最终促进人力资本积累水平(利默尔,1995)。此外,伴随着贸易开放程度的提高,国内人才等要素流动加快,使资源达到了一个相对较优的配置,从而提升整个社会的全要素生产率(赖明勇等,2003)。都梅兰德(Dömeland,2007)使用美国移民的数据研究贸易开放和人力资本形成的作用,结果表明贸易开放程度提高有利于人力资本积累。余官胜(2009)认为贸易开放和人力资本之间存在 U 型非线性关系,即当贸易开放度比较低时,贸易开放度的提高不利于人力资本形成;而当贸易开放度达到一定程度后,贸易开放度的提高则有利于人力资本形成。实际上,贸易开放不但能够促进人力资本积累,还可能与人力资本发生重要联系,共同影响全要素生产率的增长。正如米勒和阿帕德海耶(Miller and Upadhyay,2000)的研究所表明的,在低收入国家中只有当贸易开放度达到一定程度,人力资本才会对全要素生产率产生正的影响。国内学者许和连等(2006)利用中国 1981~1984 年间面板数据研究发现,人力资本和贸易开放存在重要联系,二者相互作用而影响全要素生产率增长。由此可见,贸易开放有助于促进一国人力资本积累与发展,并与人力资本形成密切联系,共同影响生产率增长。

与贸易开放的影响类似,外资流入和规模扩大也有助于促进东道国人力资本积累,其途径主要通过人员培训效应。这种培训效应面向两个层次:其一是面向跨国公司分支机构的当地员工,包括简单的生产性操作人员、监管人员、高级技术人员甚或上层经理人员,都几乎接受各种培训①;其二是面向东道国的企业,包括供应商和消费者。跨国公司在发展中国家的培训活动会带来先进经验和技术水平,当这些先进经验和技术水平外溢到东道国企业的时候,便会产生人员培训效应。需要进一步说明的是,这种人员培训效应的发挥依赖于两条途径的实现,一是联系效应,即借助于跨国公司于东道国企业之间的前向后向联系;二是人才回流(Labor Turnover),即东道国员工在跨国公司工作期间积累的各种技能和管理经验,会随着这些员工“跳槽”到东道国本土企业而随之外溢,进而促进东道国企业人力资本水平提升(郭英、陈飞翔,2005)。乔森伯格(Gersenberg,1987)曾就跨国公司在肯尼亚培训和传播经营能力情况作过调查,结果表明,现有当地私人或国有企业曾经受训过的经理人员中,大多数曾任职于跨国公司子公司。经理人员的流动,大大加速了专有经营管理技术的扩散。毫无疑问,外商直接投资的流入会通过人员培训效应提升东道国人力资本积累水平。除此之外,外商直接投资也可以通过劳动力市场的信号效应来影响东道国人力资本积累。因为在劳动力市场上,就业机会与工资报酬具有信号显示功能,能够影响到潜在就业人群的人力资本投资决策。当劳动者拥有更多的替代工作机会时,往往会选择以“跳槽”的方式寻求符合其个人能力和努力程度的工资报酬。相比于国内企业,外商企业的报酬制度一般更具市场化,能够提供与个人技能水平

---

① 培训方式往往具有多样化:既有现场指导,也有专家讨论会,甚至派往海外接受正规教育。

相匹配的工资报酬,因此,工资水平的高低不但能够反映出劳动力市场的供求关系,而且可以反映出企业内部不同职工之间人力资本禀赋和工作努力(蔡昉、王德文,2004)。可见,外商企业能够为那些具有较高技能水平的劳动者提供与其相匹配的就业机会和工资报酬,提高专业人力资本的预期收益率,因而在短期内能激励人们增加专业教育投入,进行专业人力资本投资,而随着外商直接投资持续稳定的信号机制扩散,将形成长期教育投资的良好预期,带动包括基础教育在内的所有教育投入增加,促进一般人力资本的积累(陈浩、刘葆金,2007)。

1. 贸易开放度

我们首先分析门槛变量为贸易开放度(open)的情形。与经济发展水平作为门槛变量的处理办法类似,首先确定贸易开放度的门槛个数及模型具体形式,在此基础上,进一步考察在不同区制下人力资本对全要素生产率增长影响。从表6.6可以发现,单一门槛和双重门槛都非常显著,相应的自助抽样P值分别为0.003和0.053,而三重门槛并不显著,自助抽样P值为0.133。因此选择双重门槛模型。

两个门槛的估计值和相应的95%置信区间列示于表6.7,似然比函数与门槛参数之间关系在图6.2和图6.3中得以体现。从中得到,贸易开放度的两个门槛值分别是0.202和0.784。

表6.6　门槛效应检验

模型	F值	P值	临界值		
			1%	5%	10%
单一门槛	53.305 * * *	0.003	39.975	25.955	18.097
双重门槛	18.735 *	0.053	35.306	19.642	14.807
三重门槛	4.907	0.133	13.159	7.624	5.717

表6.7　门槛值回归结果

	估计值	95%置信区间
第一个门槛值	0.202	[0.184, 0.202]
第二个门槛值	0.784	[0.716, 0.943]

从表6.8上半部分的回归结果不难发现,我国人力资本增长效应与贸易开放度之间存在显著的非线性关系。当一个地区的贸易开放度低于第一门槛值(0.202)时,人力资本的边际影响系数为0.158;当一个地区的贸易开放度介于0.202~0.784

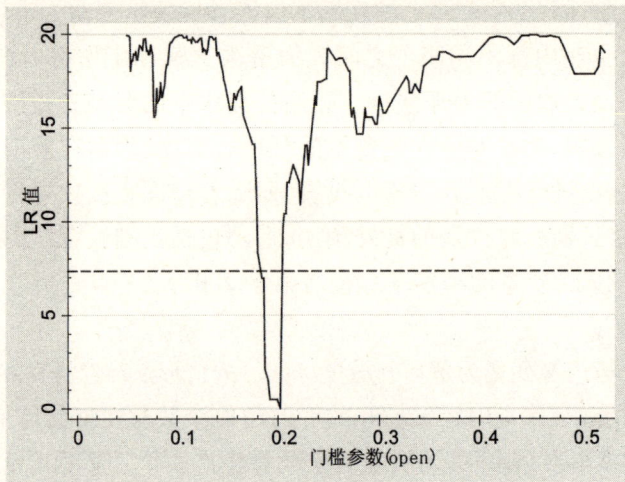

图 6.2　贸易开放度第一个门槛的估计值和置信区间

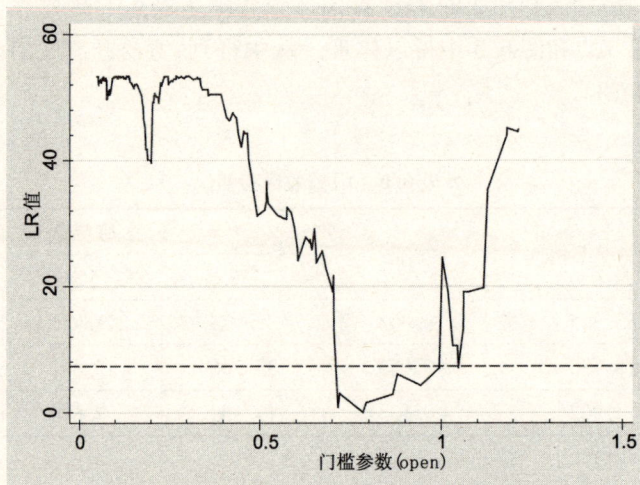

图 6.3　贸易开放度第二个门槛的估计值和置信区间

之间,人力资本边际影响系数略微有所下降,为 0.145;而当一个地区的贸易开放度跨越 0.784 这一门槛时,人力资本对地区全要素生产率增长的影响系数最大,为 0.169。表 6.9 上半部分显示了按贸易开放度门槛划分的省份分布,从中可知,1990 ~ 2007 年间,我国大部分省份的贸易开放度低于第一个门槛值(0.202),仅有少数几个省份贸易开放度高于第二个门槛值(0.784)。以 2007 年为例,全国共有 17 个省份贸易开放度低于第一个门槛值 0.202,有 7 个省份贸易开放度介于两个门槛值之间,而仅有 5 个省份贸易开放度跨越第二个门槛值 0.784。值得注意的是,与直观判断一致,跨越第二个门槛的省份均来自于东部沿海地区。东部发达地区较高的贸易发展水平为人力资本增长效应的发挥创造了有利条件。就我国现阶段而言,促进进出口贸易发展,提高贸易开放程度有助于促进人力资本对全要素生产率的增长效应。

2. 外商直接投资(FDI)

将外商直接投资作为门槛变量的处理过程与前述完全一致,这里不再赘述。我们重点关注回归结果:在外商直接投资作为门槛变量情况下,模型存在显著的双重门槛效应,门槛值分别为 0.004 和 0.031。从回归结果看(见表 6.8 下半部分),当外商直接投资比重低于第一门槛水平(0.004)时,人力资本边际影响系数为 0.127;当外商直接投资比重介于 0.004 ~ 0.031 之间时,人力资本边际影响系数提高到 0.139;而当外商直接投资比重跨越第二个门槛水平(0.031)时,人力资本对地区全要素生产率增长的影响系数进一步提高到 0.148。从表 6.9 下半部分可以清楚地发现,在 2007 年,北京、上海等多个东部省份以及江西省的外商直接投资比重跨越第二个门槛水平(0.031),而甘肃和新疆这两个西部省份的外商直接投资比重依然低于第一门槛水平(0.004),全国其余省份的外商直接投资比重都位于两个门槛水平之间。以上分析表明,在经济全球化和跨国公司全球战略背景下,外资的流入和规模扩大能为一地区人力资本效应发挥创造良好的条件,外资企业通过人员培训效应以及劳动力市场的信号机制都在很大程度上影响东道国人力资本积累与发展,进而影响人力资本的生产率增长效应。正是由于外商直接投资占国内生产总值比重在不同省际之间存在差异,使得我国各地区人力资本的增长效应存在复杂的门限特征。

表 6.8　门限面板回归结果(门槛变量:open 和 FDI)

门槛变量	解释变量	系数估计值	OLS t 统计量	White t 统计量
open	inno	0.017	3.58 * * *	2.88 * * *
	Catch_up	−0.006	−6.49 * * *	−6.15 * * *
	$H \cdot I(open \leq 0.202)$	0.158	14.9 * * *	13.92 * * *
	$H \cdot I(0.202 < open \leq 0.784)$	0.145	14.14 * * *	13.24 * * *
	$H \cdot I(open > 0.784)$	0.169	16.52 * * *	14.09 * * *
	常数项	−0.706	−13.34 * * *	−12.44 * * *

续表

门槛变量	解释变量	系数估计值	OLS t 统计量	White t 统计量
FDI	inno	0.029	6.66＊＊＊	4.92＊＊＊
	Catch_up	−0.006	−6.13＊＊＊	−6.04＊＊＊
	$H \cdot I(FDI \le 0.004)$	0.127	10.93＊＊＊	10.40＊＊＊
	$H \cdot I(0.004 < FDI \le 0.031)$	0.139	12.51＊＊＊	11.71＊＊＊
	$H \cdot I(FDI > 0.031)$	0.148	13.99＊＊＊	13.24＊＊＊
	常数项	−0.605	−10.71＊＊＊	−10.63＊＊＊

表6.9　按贸易开放度和外商直接投资门槛划分的省份分布(2007年)

门槛变量	open≤0.202	0.202<open≤0.784	open>0.784
open	河北、山西、内蒙古、吉林、黑龙江、安徽、江西、河南、湖北、湖南、广西、四川、云南、陕西、甘肃、青海、宁夏	辽宁、浙江、福建、山东、海南、贵州、新疆	北京、天津、上海、江苏、广东
门槛变量	FDI≤0.004	0.004<FDI≤0.031	FDI>0.031
FDI	甘肃、新疆	河北、山西、内蒙古、吉林、黑龙江、安徽、河南、湖北、湖南、广西、四川、贵州、云南、陕西、青海、宁夏	北京、天津、辽宁、上海、江苏、浙江、福建、江西、山东、广东、海南

三、物质资本积累状况

无论从理论分析还是从现实判断,任何单独的生产要素都不可能一直对经济增长产生单方向的作用,它有可能在不同时期、不同阶段处于相对的过度状态、短缺状态或适当状态。也就是说,经济增长各生产要素并非孤立地起作用,而是彼此互补、相互耦合地作用于经济增长。正是由于要素之间的互补效应,才可能导致规模报酬递增,为经济持续增长提供动力源泉[①](云鹤等,2004)。在现代经济增长中,物质资本和人力资本是两个最为基本的要素,它们之间的互补效应的强弱在很大程度上影响一国经济增长进程。首先,人力资本是"投资吸收能力"的决定性因素,能促使物质资本生产更具效率。如卢卡斯(Lucas,1990)所述,物质资本之所以不能流向穷国

---

① 从形式上看,要素之间的互补性体现在生产函数设定的变量关系上,而其互补性的强弱则体现在生产函数设定的参数组合上。关于要素之间"互补效应"概念的进一步理解,可参考云鹤等(2004)。

是因为这些国家缺乏相应的人力资本。人力资本存量水平提高可以增强一国或地区的物质资本吸收能力，进而促进物质资本得到更有效率的发挥，使一国或地区的实际经济增长速度尽可能接近于或达到潜在水平（李建民，1999）。其次，物质资本能为人力资本效能的有效发挥提供良好平台。如果一国或一地区缺乏必要的诸如先进机器、设备、产品等物质资本积累，纵然该国家或该地区具备一定的初始人力资本积累，也难以实现经济持续增长。因为，如果缺乏与之匹配互补的物质资本积累，人力资本尤其是专用性人力资本将极有可能陷于"英雄无用武之地"的尴尬境地，实现经济起飞及持续增长也就无从谈起。总的说来，现代经济增长进程中，物质资本和人力资本之间互补性是客观存在的，而且这种互补性将随着经济发展水平提高以及技术进步而日益加强。基于这种判断，我们将考察在不同物质资本积累情况下，人力资本增长效应是否存在差异？如果存在，这种差异是否存在规律性变化？

在具体实证过程中，我们选择两个用于衡量物质资本积累状况的指标：劳均物质资本水平（KL）和物质资本积累率（inv）。其中，劳均物质资本水平用于衡量每个劳动者所拥有的物质资本的丰裕程度，是存量数据；物质资本积累率则是流量数据，由各省份资本形成总额占 GDP 比重得到。以这两个指标作为门槛变量进行实证检验，得到回归结果见表 6.10。从中不难发现，一个地区人力资本的增长效应与该地区物质资本积累状况之间存在鲜明的非线性关系：首先，劳均物质资本对人力资本效应的影响呈现出正向的双门槛特征，两个门槛值分别为 1.995 和 3.428（单位：万元/人，下同）。当劳均物质资本水平低于 1.995 时，人力资本边际影响系数为 0.174，而当劳均物质资本水平介于 1.995～3.428 之间，人力资本边际影响系数最低，仅为 0.16。然而，随着劳均物质资本水平的进一步上升，并跨越 3.428 这一门槛值时，人力资本边际影响系数跃升到了 0.182。进一步考察各门槛水平下省份分布情况，不难发现，2007 年我国有 14 个省份的劳均物质资本水平介于 1.995～3.428 之间，这些省份的人力资本边际影响系数相对较低。跨越第二个门槛值 3.428 的省份数有 5 个，它们大都来自于东部地区，其对应的人力资本边际影响系数较高。其次，就物质资本积累率来看，其对人力资本的生产率增长效应的影响呈现单一门槛特征，单一门槛值为 0.591。当物质资本积累率低于 0.591 时，人力资本对生产率增长的影响系数系数为 0.173，而当物质资本积累率高于这一门槛水平时，人力资本增长效应降低为 0.157。以此标准来衡量，2007 年内蒙古等 6 个省份的物质资本积累率超过这一门槛水平，且这些省份多来自于西部地区，而东部所有省份以及大多数中部省份均低于门槛水平（见表 6.11）。

表 6.10 门限面板回归结果(门槛变量:劳均物质资本水平和积累率)

门槛变量	解释变量	系数估计值	OLS t 统计量	White t 统计量
KL	inno	0.023	5.21 * * *	3.97 * * *
	Catch_up	-0.007	-7.10 * * *	-6.76 * * *
	$H \cdot I(KL \leqslant 1.995)$	0.174	15.18 * * *	14.63 * * *
	$H \cdot I(1.995 < KL \leqslant 3.428)$	0.160	14.97 * * *	14.01 * * *
	$H \cdot I(KL > 3.428)$	0.182	17.30 * * *	13.73 * * *
	常数项	-0.803	-13.97 * * *	-13.30 * * *
inv	inno	0.023	5.14 * * *	3.76 * * *
	Catch_up	-0.006	-7.12 * * *	-7.09 * * *
	$H \cdot I(inv \leqslant 0.591)$	0.173	16.24 * * *	15.51 * * *
	$H \cdot I(inv > 0.591)$	0.157	15.10 * * *	15.09 * * *
	常数项	-0.796	-14.52 * * *	-13.03 * * *

表 6.11 按物质资本积累和投资率门槛划分的省份分布(2007 年)

门槛变量	$KL \leqslant 1.995$	$1.995 < KL \leqslant 3.428$	$KL > 3.428$
KL	黑龙江、安徽、福建、河南、湖南、广西、海南、四川、贵州、云南	河北、山西、辽宁、吉林、浙江、江西、山东、湖北、广东、陕西、甘肃、青海、宁夏、新疆	北京、天津、内蒙古、上海、江苏
门槛变量	$inv \leqslant 0.591$		$inv > 0.591$
inv	北京、天津、河北、山西、辽宁、黑龙江、上海、江苏、浙江、安徽、福建、江西、山东、河南、湖北、湖南、广东、广西、海南、四川、贵州、云南、甘肃、		内蒙古、吉林、陕西、青海、宁夏、新疆

四、基础设施与城市化水平

从现实来看,一定规模的城市往往拥有较为完善的生产、金融、信息与市场,因此,城市便成为人才荟萃、技术创新扩散以及产业高度集聚的天然场所。城市本身具有的集聚经济(Agglomeration Economies),在很大程度上推动了收益递增效应的实现并促进了经济增长。对于发展中国家而言,城市在孕育马歇尔外部性、培育创新、促使人力资本积累方面尤为重要。随着城市数量增加和规模扩大,集聚经济促进生产效率的提高,加速经济增长(程开明,2009)。正如贝克尔和墨菲(Becker and Murphy,1992)以及杨和博兰(Yang and Borland ,1991)所强调,城市方便人们之间的劳动分工,使人们专注于一定技能,从而促进人力资本快速积累,实现生产率增长。而基础设施(比如高速公路、通讯设施等)具有极强的网络特征,这些基础设施通常连接于区域之间,而相邻地区之间的经济联系往往较为密切,所以某一地区基础设施的发展能在一定程度上降低相邻地区的运输成本和交易费用,促进区域间要素(包括人力资本)流动。无疑,城市化和基础设施完善程度都能在一定程度上影响人力资本效应的发挥。下面分别以这两个指标作为门槛变量进行实证检验,结果由表6.12 所示。

表6.12 门限面板回归结果(门槛变量:基础设施和城市化)

门槛变量	解释变量	系数估计值	OLS t 统计量	White t 统计量
infra	inno	0.016	3.300 * * *	2.53 * *
	Catch_up	−0.006	−6.050 * * *	−6.03 * * *
	$H \cdot I(infra \leq 0.130)$	0.125	11.030 * * *	10.92 * * *
	$H \cdot I(0.130 < infra \leq 0.803)$	0.145	13.710 * * *	13.31 * * *
	$H \cdot I(infra > 0.803)$	0.161	15.600 * * *	14.30 * * *
	常数项	−0.624	−11.440 * * *	−11.06 * * *
urb	inno	−0.006	−1.280	−1.23
	Catch_up	−0.005	−6.250 * * *	−5.49 * * *
	$H \cdot I(urb \leq 0.520)$	0.141	15.430 * * *	13.59 * * *
	$H \cdot I(urb > 0.520)$	0.436	20.330 * * *	13.68 * * *
	常数项	−0.888	−18.450 * * *	−14.71 * * *

从表6.12 上半部分清楚地看出,人力资本增长效应与一地区基础设施完善程度存在显著的"双门槛"关系。当一地区公路里程占土地面积比重低于0.13 时,人力资本边际影响系数最低,仅为0.125,当该指标介于0.13~0.803 之间时,人力资本边际影响系数提高到0.145,而当该指标跨越0.803 这一门槛水平时,人力资本影响系数则进一步跃升到0.161。以基础设施作为门槛变量将全国各省份进行划分,可以清楚地发现,全国有11 个省市跨越第二个门槛值(0.803),其中7 个省市来自于东部地区,4 个省份来自于中部地区。尚未跨越第一个门槛值的省份只有3 个,分别为内蒙古、青海和新疆,基础设施发展的相对滞后,严重影响了当地人力资本增长效应的有效发挥。

从表6.12 下半部分清晰地表明城市化水平与人力资本增长效应之间的单门槛

特征。当一地区城市化水平低于门槛值 0.52 时,人力资本边际影响系数仅为 0.141,而当城市化水平跨越这一门槛值时,人力资本的边际影响系数跃升至 0.436。如果按这一门槛值划分全国的省份分布,可以发现,2007 年只有北京、上海和天津跨越了 0.52 门槛水平,其余省份的城市化水平都低于 0.52(表 6.13)。综述所述,一地区的人力资本增长效应与该地区基础设施完善程度和城市化水平具有一定的门槛关系,只有当这些指标达到并超过一定水平值时,人力资本才能对生产率增长产生较强的促进作用。

表 6.13　按基础设施和城市化门槛划分的省份分布(2007 年)

门槛变量	*infra*≤0.130	0.13<*infra*≤0.803	*infra*>0.803
infra	内蒙古、青海、新疆	河北、山西、辽宁、吉林、黑龙江、福建、江西、广西、海南、四川、贵州、云南、陕西、甘肃、宁夏	北京、天津、上海、江苏、浙江、安徽、山东、河南、湖北、湖南、广东
门槛变量	*urb*≤0.520		*urb*>0.520
urb	河北、山西、内蒙古、辽宁、吉林、黑龙江、江苏、浙江、安徽、福建、江西、山东、河南、湖北、湖南、广东、广西、海南、四川、贵州、云南、陕西、甘肃、青海、新疆		北京、天津、上海

第五节　本章小结

本章是对第四章内容的进一步拓展,由此前的讨论我们得知人力资本对全要素生产率增长的影响在不同区域有着各自不同的表现,说明地理区位差异是导致人力资本增长效应差异的一个重要因素,然而更为重要的是,人力资本增长效应的差异应该与一个地区特有的经济环境密切相关,而由于经济环境的差异可能导致人力资本对生产率增长的影响表现出一定的非线性特征(门限特征)。随后的计量检验证实了这种判断。

在实证分析过程中,我们采用汉森(Hansen,1999)提出的门限面板回归方法,分别选取地区经济发展水平(以实际人均 GDP 衡量)、对外开放程度(包括贸易开放度和外商直接投资比重 2 个指标)、物质资本积累状况(包括劳均物质资本水平和物质资本积累率 2 个指标)、基础设施以及城市化水平等因素作为门槛变量,检验这些变量对人力资本增长效应的影响。实证结果表明,地区经济发展水平、物质资本积累率以及城市化水平这3个指标变量与人力资本增长效应呈现出正向的单门槛关系,而贸易开放度、外商直接投资比重、劳均物质资本水平以及基础设施这4个指标变量与人力资本增长效应存在非单调的双门槛关系。无论是单门槛模型还是双门槛模型回归结果几乎都一致地表明,当指标变量跨越各自相应的高门槛水平时,人力资本对生产率增长的影响系数最大(在物质资本积累率作为门槛变量时,出现相反情况)。如果进一步按照对应变量的门槛水平进行省份划分,不难发现,那些跨越高门槛水平的省份大都来自于东部发达地区,而一些来自于中部地区尤其是西部地区的省份往往处于低水平状态,大部分尚未跨越相应的门槛水平,从而阻碍了人力资本对全要素生产率增长的促进作用。

基于以上结论,我们认为一个地区的人力资本对全要素生产率增长的促进作用并不是一个孤立的过程,而是与其他能反映地区经济特征的变量相互耦合、彼此共生。诸如一地区的经济发展水平、对外开放程度、物质资本积累以及基础设施等因素不但为人力资本效应的发挥创作外部环境,而且这些因素的发展与完善可能会在很大程度上促进一地区的人力资本积累,并提高该地区人力资本的生产率增长效应。

本章结论对于人力资本投资策略的制定有着很好的借鉴意义:既然一地区人力资本对生产率增长影响的门限特征依赖于该地区经济发展水平、对外开放程度、物质资本积累、基础设施以及城市化等指标变量,那么一地区在制定人力资本投资策略时,不能将人力资本因素作为孤立的外生变量,忽视它与其他因素的相互关联,而应该注重人力资本与其他因素之间相互耦合、相互促进的关系。

第七章　结论、启示与研究展望

第一节　主要结论

　　改革开放以来,我国经济高速发展,创造了人类经济增长历史上的奇迹,令世界瞩目(林毅夫等,1999)。那么,中国何以实现如此之快的经济增长? 中国经济增长质量又将如何? 这些问题引发了不少国内外学者浓厚的研究兴趣,由此产生了大量有关于中国经济增长源泉的研究成果。作为探索增长源泉与分析增长质量的主要工具,全要素生产率理所当然成为被讨论的焦点。正如霍尔和约翰斯(Hall and Jones,1999)所言,国家间生活标准的绝大多数差异都可以最终追溯到生产率的差异。同样地,全要素生产率问题也是作为研究中国经济可持续增长的核心问题(郑京海,2008)。为了清晰地勾勒出自改革开放以来(尤其是 20 世纪 90 年代以来)我国全要素生产率的动态演进情况,我们在相同的样本期间和数据来源的前提下,分别采用不同方法对我国历年全要素生产率变动进行基础性的测算,并基于中国适用性问题,对测算结果进行判断和甄选。这就成为本研究的第一个出发点。

　　当然,在完成对全要素生产率增长率测算的基础性工作之后,我们更感兴趣的是关于全要素生产率增长背后的决定性因素及作用机制。经典本哈比和斯皮格尔(Benhabib and Spiegel,1994)理论模型为本研究提供研究思路。该理论认为,人力资本作为知识和技术进步的载体,是决定全要素生产率增长最重要因素,它影响全要素生产率增长主要通过两条途径:一是人力资本决定一国国内的技术创新,即创造适宜于本国生产的新技术新工艺而直接影响生产率增长;二是人力资本会影响一国技术追赶的速度,从而影响生产率增长。本研究正是在本哈比-斯皮格尔模型以及拓展模型下进行实证检验。首先采用本哈比-斯皮格尔基本模型,分别考察平均水平人力资本、异质型人力资本对我国各省份全要素生产率增长的影响。作为模型拓展之一，我们进一步检验了人力资本不平等与全要素生产率增长的相关关系（第四章）。在区域一体化进程不断加快的时代背景下，地区间的相互依赖相互影响日益密切。我们在巴勒瑞恩等人（Valerien et al. ,2007）率先提出的空间本哈比-斯皮格尔模型下，实证检验人力资本对全要素生产率增长的空间溢出效应（第五章）。最后，考虑到人力资本效应的发挥离不开一地区特有的经济环境，比如一地区的经济发展水平、对外开放程度、物质资本积累、基础设施建设以及城市化水平都会在一定程度上影响到人力资本的增长效应，而且这种影响可能表现出非线性的门限特征。为此，我们采用最新发展的门限回归计量方法，对各个经济变量的门槛值进行具体估计，并考察在不同区制下人力资本增长效应的差异（第六章）。本研究的主要结论有如下几个方面：

第一，我国全要素生产率增长主要仰仗于技术进步的贡献，效率增进的积极作用相当有限。就技术效率值而言，我国整体平均水平偏低，表明目前仍存在着大量没有被发现的效率增进的机会。就全要素生产率增长的分解而言，技术进步支撑了我国全要素生产率增长，而效率增进的贡献不足。从区域上看，各地区的全要素生产率增长在时间模式上的变动趋势基本一致，但始终保持着相当的差距，呈现出东部>中部>西部梯次下降的特征。

第二，人力资本对全要素生产率增长具有积极的促进作用，异质型人力资本的增长效应存在差异，人力资本不平等对全要素生产率增长具有反向的影响效果。从全国范围来看，人力资本对20世纪90年代以来我国全要素生产率增长以及技术进步具有积极影响。不同教育水平人力资本的增长效应存在差异，其中，高等教育的增长效应最大，中等教育次之，小学教育的作用最小且不显著。显然，由于具备高等教育水平的人力资本能够更容易对新产品新工艺的模仿、吸收与创新，也就促成不同教育水平人力资本对生产率增长与技术进步影响的差异性。从技术效率变动模型来看，无论是作为整体的人力资本水平，还是不同教育水平的人力资本，都没有对技术效率改善产生积极影响。这可能是由于我国教育质量不高、劳动力市场缺乏流动性以及不适宜的制度安排造成的。从三大区域来看，东、中、西部地区人力资本对全要素生产率增长的影响存在明显的差异。由于东部地区拥有相对丰裕的人力资本存量，使其对世界前沿技术具备较强的吸收和模仿能力，能够在较短时间提升技术水平，从而表现出该地区的人力资本对生产率增长具有较强的促进效应。而对中西部地区来说，由于人力资本投资不足，加之近些年来"孔雀东南飞"的人才外流现象有增无减，使得本地区生产率增长深受人力资本"瓶颈"的制约。此外，基于中国数据的实证结果验证了人力资本不平等和全要素生产率增长之间存在长期稳定的关系,而且这种关系是显著负相关。

第三,平均水平人力资本对全要素生产率增长具有正向空间溢出效应,异质型人力资本的空间溢出效应存在差异。从空间溢出效应来看,作为整体平均的人力资本对全要素生产率增长和技术进步具有显著的正向溢出,而对效率增进具有负向溢出。分不同教育水平考察,中小教育人力资本对全要素生产率增长和技术进步都具有显著的正向空间溢出,而高等教育则表现出负向空间溢出。对于这一结果的原因解释可能是,人力资本水平较高的地区往往具有较强的物质资本和技术的吸收能力,从而更容易吸引物质资本和技术。换言之,在其他条件不变的情况下,资本和技术更倾向于流向人力资本相对丰裕的地区(卢卡斯,1990)。正是由于外省具有较强的经济集聚能力和竞争优势,从而引发本省经济资源和生产要素的外流,使得本省生产率增长受到负面影响。相比于高等教育具有较强的集聚能力和竞争优势,中小学教育人力资本显然是存在不足的,因而,外省中小学教育人力资本比重提高,难以对本省生产率增长产生负的外部性。

第四,人力资本对全要素生产率增长的影响表现出鲜明的门限特征。研究发现,地区经济发展水平、物质资本积累率以及城市化水平这3个指标变量与人力资本增长效应呈现出正向的单门槛关系,而贸易开放度、外商直接投资比重、劳均物质资本水平以及基础设施这4个指标变量与人力资本增长效应存在非单调的双门槛关系。无论是单门槛模型还是双门槛模型都存在一个共同点,即当指标变量跨越各自相应的高门槛水平时,人力资本对生产率增长的影响系数较大(在物质资本积累率作为门槛变量时,出现相反情况)。如果进一步按照对应变量的门槛水平进行省份划分,不难发现,那些跨越高门槛水平的省份大都来自于东部发达地区,而一些来自于中部地区尤其是西部地区的省份往往处于低水平状态,大部分尚未跨越相应的门槛水平,从而阻碍了人力资本对全要素生产率增长的促进作用。

第二节　政策启示

第一,促进人力资本积累,优化人力资本分布结构,提高我国整体技术创新和技术吸收能力。

人力资本对于我国全要素生产率增长、经济质量提升以及区域经济协调发展具有深远的影响,而教育是提高人力资本水平和改善人力资本不平等的最重要手段。

因而,在政策制定过程中,应努力促进人力资本积累,加大教育投资力度,提高我国财政性教育经费占 GDP 的比重①;强调财政教育支出中的地区平衡问题,促进地区间教育的均衡发展;应重视人力资本分布结构,使教育资源配置更为均等化,让社会各阶层人群拥有平等受教育机会,尤其应该重视低收入群体的受教育机会,实现教育公平性。在加大教育经费投入的同时,应确实改善教育环境、提高教育质量,尤其对于高等教育,应该由规模扩张向质量提升转变,以培养更多的能够满足现代经济发展需要的高素质人力资本。

第二,重视地区间的经济联动,充分利用人力资本空间溢出效应。

人力资本平均水平对全要素生产率增长的空间溢出效应是客观存在的,而且异质型人力资本的空间溢出是存在明显差异的,当外省人力资本积累处于较低水平,其对本省生产率增长具有正向空间溢出。然而,当外省人力资本积累超过一定门槛水平,亦即高等教育人口比重增加,其对本省生产率增长的空间溢出是负向的。因此,地理上相互接壤的地区之间人力资本差距不宜过大。而且,在制定人力资本投资政策时,应将空间的相关性和依赖性纳入其中,重视中西部内陆地区与东部沿海地区的空间联系,促进东—中—西部经济互动,实现整个国民经济协调健康持续发展。

第三,重视人力资本与其他经济环境变量的互补匹配关系。

正如前文分析的,一地区人力资本对生产率增长影响的门限特征依赖于该地区经济发展水平、对外开放程度、物质资本积累、基础设施以及城市化等指标变量,那么各地区在强调人力资本投资时,不能将将人力资本因素作为孤立的外生变量,忽视它与其他因素的相互关联,而应该注重人力资本与其他因素之间相互耦合、相互促进的关系,以促使人力资本增长效应的有效发挥。同时,各地区应努力加快本地区经济发展,扩大对外开放程度,促进物质资本积累、加大基础设施发展以及推进城市化,为人力资本效应的发挥创造良好的外部环境。

第四,建立和发展我国人力资本市场,促进人力资本效应的充分发挥。

长期以来,我国的工资政策并不鼓励受过较高教育水平的劳动力获取与其能力相对称的高回报,人力资本的投资收益与投资成本严重背离。同时,不同所有制之间、地区之间的人才流动障碍依然十分普遍,导致了"人不能尽其才、才不能尽其

---

① 长期以来,我国教育投入明显不足。就财政性教育经费占 GDP 比重的国际比较来看,2003 年发达国家(经济合作与发展组织成员国)平均比例高达 5.5%,而发展中国家的平均比例也达到 4.2%,而我国在 2005 年仅为 2.83%(胡瑞文,2007)。显然,教育投入的相对短缺在很大程度上制约了我国整体的人力资本积累。然而令人欣喜的是,根据教育部在其官方网站公布的最新消息:将在 2012 年实现我国财政性教育经费占 GDP 比重 4% 的目标。对此,有两点值得关注:一是 4% 的目标是否如期实现;二是教育经费的流向。

用",严重影响人力资本效应的发挥。为了促进人力资本效应的充分发挥,应建立和发展我国人力资本市场。而发展人力资本市场的关键在于建立人力资本供给与需求关系的市场调节机制、合理的人力资本市场价格、通畅的人力资本流动渠道、促进人力资本效能充分经济和社会条件,以及与人力资本投资市场的内在联系等(李建民,1999)。

第三节　研究展望

关于人力资本与全要素生产率增长这一主题研究,尽管笔者已经做了最大的努力,但限于个人研究能力以及对相关研究进展等方面的把握,本研究不可避免地存在一些不足与亟待完善的地方。

第一,关于人力资本不平等与全要素生产率增长之间的关系仍然需要进行更为详细的论述。尽管本研究从理论角度述及人力资本不平等影响全要素生产率增长的两条传导机制,即人力资本不平等通过人力资本积累以及收入不平等的中介作用而对生产率增长产生影响。然而从真实的经济世界来看,这两条传导机制并不能完全地表达人力资本不平等对全要素生产率增长的影响过程,其他未被述及的机制可能还显得更为重要。因此,从理论角度上进一步完善人力资本不平等对全要素生产率增长的影响机制,是下一步研究的方向之一[①]。

第二,有关人力资本对全要素生产率增长的空间溢出效应的现实解释仍需要进一步完善。尽管本研究采用最新发展的空间计量分析技术,发现人力资本、异质型人力资本对全要素生产率增长存在一定的空间溢出,并结合一定理论观点进行尝试性的解释,但客观而言,这些解释相对于本研究较为丰富的实证发现仍显不足。因此,如何从理论上阐述人力资本空间溢出的作用机理,并分析中国经济增长现实应该是一个值得深入研究的课题。

第三,本研究对各省区市人力资本的度量仅仅局限于教育获得(更确切讲是平均受教育年限),而忽略了诸如在职培训、干中学、就业迁移等其他形式的人力资本,因而可能会低估人力资本的实际效应。我相信,对于其他形式人力资本效应的研究是有必要的。

---

① 笔者甚至认为,人力资本不平等的影响机制之于人力资本的影响机制可能会更为复杂。因此,构建理论框架,阐述人力资本不平等与全要素生产率增长的关系,应该成为这一领域研究者重点关注的问题之一。

参考文献

〔1〕Adamson, D. W. ,Clark, D. E. and Partridge, M. D. *Do Urban Agglomeration Effects and Household Amenities have a Skill Bias.* Journal of Regional Science, 2004, 44 (2): 201 ~224.

〔2〕Ahmed, Sofia. *Human Capital and Regional Growth: A Spatial Econometric Analysis of Pakistan.* NBER Working Paper, 2009.

〔3〕Aigner, J. andChu, S. F. *On Estimating the Industry Production Function.* American Economic Review, 1968, (13):568 ~598.

〔4〕Aigner, J. , Lovell K. and Schmidt, P. *Formulation and Estimation of Stochastic Frontier Production Function Models.* Journal of Econometric, 1977, (6): 21 ~37.

〔5〕Aitken, B. and Harrison, A. *Do Domestic Firms Benefit from Direct Foreign Investment.* Evidence from Venezuela. American Economics Review, 1999, 89 (3): 605 ~618.

〔6〕Aiyar, S. and Feyrer, J. *A Contribution to the Empirics of Total Factor Productivity.* Dartmouth College Working Paper, 2002.

〔7〕Aschauer, D. *Is Public Expenditure Productive.* Journal of Monetary Economics, 1989, (23): 177 ~200.

〔8〕Azariadis, C. and Drazen, A. *Threshold Externalities in Economic Development.* Quarterly Journal of Economics, 1990, 105(2):501 ~526.

〔9〕Bai, J. *Estimating Multiple Breaks One at a Time.* Econometric Theory, 1997, (13): 315 ~352.

〔10〕Banks, Robert B. *Growth and Diffusion Phenomena.* 1994 (Springer Verlag, Berlin).

［11］Barro, R. J. and Sala-i-Martin, X. *Economic Growth*. First MIT Press Edition, 1999, originally published by McGraw-Hill, Inc. , 1995.

［12］Barro, R. J. *Determinants of Economic Growth: A Cross-Country Empirical Study*. Cambridge, MA: MIT Press, 1997.

［13］Barro, R. J. *Human Capital and Growth*. American Economic Review, Papers and Proceedings, 2001, 91(2):12~17.

［14］Barro, R. J. *Economic Growth in a Cross Section of Countries*. Quarterly Journal of Economics, 1991, (106): 407~443.

［15］Basu, Susanto, and Weil, David N. *Appropriate Technology and Growth*. Quarterly Journal of Economics, 1998, 113(4): 1025~1054.

［16］Battese, E. and Coelli, T. *A model of Technical Inefficiency Effects in Stochastic Frontier Production for Panel Data*. Empirical Economics, 1995, (20): 325~332.

［17］Battese, E. and Coelli, T. *Frontier Production Functions, Technical Efficiency and Panel Data: With Application to Paddy Farmers inIndia*. Journal of Productivity Analysis, 1992, (3): 153~169.

［18］Battese, E. and Corra, S. *Estimation of a Production Frontier Model: With Application to the Pastoral Zone of Eastern Australia*. Australian Journal of Agricultural Economics, 1977, (21): 169~179.

［19］Bauer, W. *Decomposing TFP Growth in the Presence of Cost Inefficiency, Nonconstant Returns to Scale, and Technological Progress*. Journal of Productivity Analysis, 1990, 1(4): 287~299.

［20］Becker, G. S. and Chiswick, B. R. *Education and the Distribution of Earnings*. American Economic Review, 1966, (56): 358~369.

［21］Becker, S. and Murphy M. *The Division of Labor, Coordination Costs, and Knowledge*. The Quarterly Journal of Economics, 1992, CVII (4).

［22］Beneito, P. *The Innovative Performance of in-House and Contracted R&D in Terms of Patents and Utility Models*. Research Policy, 2006, 35(4): 502~517.

［23］Benhabib, J. and Rustichini, A. *Socail Conflict and Growth*. Journal of Economic Growth, 1996, 1(1): 129~146.

［24］Benhabib, J. and Spiege, M. *Human Capital and Technology Diffusion*. 2002. In P. Aghion andS. Durlauf ed. , Handbook of Economic Growth, Edition 1, 2005, 1(13):935~966.

[25]Benhabib, J. and Spiegel, Mark M. *The Role of Human Capital in Economic Development: Evidence from Aggregate Cross−Country Data.* Journal of Monetary Economics, 1994, (34):143 ~173.

[26]Birdsall, N and Londonno, L. *Asset Inequality Matters: An Assessment of the World Bank's Approach to Poverty Reduction.* American Economic Review, 1997, (87): 32 ~37.

[27]Boernsztein E. , J. D. Greorio and J. W. Lee. *How Does Foreign Direct Investment Affect Economics Growth.* Journal of International Economics, 1997, 45 (1): 115 ~135.

[28]Castello, A. and Domenech, R. *Human Capital In−equality and Economic Growth: Some New Evidence.* The Economic Journal, 2002, (112): 187 ~200.

[29]Chan, K. S. *Consistency and Limiting Distribution of the Least Squares Estimator of a Threshold Autoregressive Model.* The Annals of Statistics, 1993, (21): 520 ~533.

[30]Chow, Gregory C and Lin, An−loh. *Accounting for Economic Growth in Taiwan and Mainland China: A Comparative Analysis.* Journal of Comparative Economics, 2002, 30(3):507 ~530.

[31]Coe, D. and Helpman, E. *International R&D Spillovers.* European Economic Review, 1995, (5): 859 ~887.

[32]Coe, D. and Helpman, E. *International R&D Spillovers.* European Economic Review,1995, 39(5):859 ~887.

[33] Coe, D. , Helpman, E and Hoffmeister. *North − South R&D Spillovers.* Economic Journal, 1997, (107): 134 ~149

[34]Coelli, T. *A Guide to DEAP Version* 2. 1: *A Data Envelopment Analysis (Computer) Program.* CEPA Working Paper, 1996a(8).

[35]Coelli, T. *A Guide to FRONTIER Version* 4. 1: *A Computer Program for Stochastic Frontier Production and Cost Function Estimation.* CEPA Working Paper, 1996b (8).

[36]Dees, Stephane. *Foreign Direct Investment inChina: Determinants and Effects.* Economics of Planning, 1998, (31): 175 ~194.

[37] Démurger, S. *Infrastructrure Development and Economic Growth: An Explanation for Regional Disparities in China.* Journal of Comparative Economics, 2001, 29(1): 95 ~117

[38]Dömeland, Dörte. *Trade and Human Capital Accumulation: Evidence fromU. S. Immigrants.* World Bank Policy Research Working Paper 4144, March 2007.

[39]Durlauf, Steven, N. and Paul A. Johnson. *Multiple Regimes and Cross-Country Growth Behavior.* Journal of Applied Econometrics, 1995: 365~384.

[40]Eaton, J. and Kortum, S. *Trade in Ideas Patenting and Productivity in the OECD.* Journal of Monetary Economics, 1996, (40):251~278.

[41]Engle, R. and Granger, C. *Co-integration and Correction: Representation, Estimation and Testing.* Econometrica, 1987, (55): 251~276.

[42]Färe, Rolf, Shawna, Grosskopf, Mary, Norris, and Zhongyang Zhang. *Productivity Growth, Technical Progress, and Efficiency Change in Industrialized Countries.* American Economic Review, 1994, 84(1): 66~83.

[43]Farrell, J. *The Measurement of Productivity Efficiency.* Journal of the Royal Statistics Society, Series A, General 120, 1957.

[44]Findley R. *Relative Backwardness, Direct Foreign Investment and Transfer of Technology: A Simple Dynamic Model.* Quaterly Journal of Economics, 1978, (37): 63~87.

[45]Fishman, A and Simhon, A. *The Division of Labor, Inequality and Growth.* Journal of Economic Growth, 2002, (7): 117~136.

[46]Fujita, M. , Krugman, P. R and Venables, A. J. *The Spatial Economy: Cities, Regions and International Trade.* Cambridge, Mass: MIT Press, 1999.

[47]Galor, O. and Tsiddon, T. *The Distribution of Human Capital and Economic Growth.* Journal of Economic Growth, 1997, 2(1):14~93.

[48]Galor, O. and Zeira, J. *Income Distribution and Macroeconomics.* Review of Economic Studies, 1993, (60): 35~52.

[49]Garcia-Milà T. , McGuire and Porter, R. *The Effect of Public Capital in State Level Production Functions Reconsidered.* Review of Economics and Statistics, 1996, (78): 177~180.

[50]Gerschenkron, A. *Economic backwardness in historical perspective.* Cambridge, Belknap Press of Harvard University Press, 1962.

[51]Gershenberg, L. *The Training and Spread of Managerial Know-how, a Comparative Analysis of Multinational and Other Firms in Kenya.* World Development, 1987, (15): 931~939

[52] Glaeser, Edward L. *Learning in Cities.* Journal of Urban Economics, 1999, 46 (2): 254 ~ 277.

[53] Griliches, Z. *Productivity, R&D, and the Data Constraint.* American Economic Review, 1994, (84): 1 ~ 23.

[54] Grossman, G and Helpman, E. *Innovation and Growth in the Global Economy.* Cambridge: MIT Press, 1991:59 ~ 83.

[55] Haddad, M. andHarrison, A. *Are There Positive Spillovers from Direct Foreign Investment? Evidence from Panel Data for Morocco.* Journal of Development Economics, 1993, 42(1):51 ~ 74.

[56] Hall, R. and Jones, C. *Why Do Some Countries Produce So Much More Output per Worker than Others.* Quarterly Journal of Economics, 1999, (114): 83 ~ 116.

[57] Hansen, B. E. *Threshold Effects in Non-dynamic Panels: Estimation, Testing, and Inference.* Journal of Econometrics, 1999, 93(2): 345 ~ 368.

[58] Hanson, Gordon. *Scale Economies and the Geographic Concentration of Industry.* NBER Working Papers, 2000.

[59] Holtz-Eakin, D. and Schwartz, A. *Spatial Productivity Spillovers from Public Infrastructure: Evidence from State Highways.* International Tax and Public Finance, 1995, (2): 459 ~ 468.

[60] Jacobs J. *The Economy of Cities.* New York: Random House, 1969:116 ~ 127.

[61] Jimenez, E. *Human and Physical Infrastructure: Public Investment and Pricing Policies in Developing Countries.* In Jere R. Behrman and T. -N. Srinivasan, Eds. , Handbook of Development Economics, 1995, (3):2773 ~ 2843.

[62] Jorgensen, Dale and Griliches, Z. *The Explanation of Productivity Change.* Review of Economic Studies, 1967, (34):249 ~ 283.

[63] Kao, C. *Spurious Regression and Residual - Based Tests for Cointegration in Panel Data When the Cross-section and Time Series Dimensions Are Comparable.* Journal of Econometrics, 1999, (90): 1 ~ 44

[64] Kao, C. and Chiang, M. H. *On the Estimation and Inference of a Cointegrated Regression in Panel Data.* Advances in Econometrics, 2000, (15): 179 ~ 222.

[65] Keller, W. *Trade and Transmission of Technology.* World Bank Economic Review, 2000, (14):17 ~ 47.

[66] Kodde, David A. and Palm, Franz C. *Wald Criteria for Jointly Testing*

Equality and Inequality Restrictions. Econometrica, 1986, (54):1243 ~ 1248.

[67]Krueger, A. B. and Lindahl, M. *Education for Growth: Why and for Whom.* Journal of Economic Literature, 2001, 39(4):1101 ~ 1136.

[68]Krugman, P. R. *Increasing Returns and Economic Geography.* Journal of Political Economy, 1991, (99): 483 ~ 499.

[69]Krugman, Paul. *Increasing Returns and Economic Geography.* The Journal of Political Economy, 1999, 99(3): 483 ~ 499.

[70]Kumar, S. , and Russell, R. *Technological Change, Technological Catch-up, and Capital deepening: Relative Contributions to Growth and Convergence.* American Economic Review, 2002, (92):527 ~ 548.

[71]Kumar, S. , and Russell, R. *Technological Change, Technological Catch-up, and Capital deepening: Relative Contributions to Growth and Convergence.* American Economic Review, 2002, (92): 527 ~ 548.

[72] Kumbhakar, S and Lovell, C. *Stochastic Frontier Analysis.* Cambridge University Press, 2000.

[73]Kumbhakar, S. *Estimation and Decomposition of Productivity Change when Production is not efficient: A Panel Data Approach.* Econometric Reviews, 200, 19(4): 425 ~ 446.

[74] Kumbhakar, S. , Ghosh, S. and McGuckin, J. *A Generalized Production Frontier Approach for Estimating Determinants of Inefficiency in U. S. Dairy Farms.* Journal of Business and Economic Statistics, 1991, (9):279 ~ 286

[75]Leamer, E. A. *Trade Economist's View of U. S. Wage and Globalization.* Seminar paper, Department of Agricultural and Resource Economics University of Connection, 1995.

[76]Levine, R. E. and Renelt, D. *A Sensitivity Analysis of Cross-Country Growth Regression.* American Economic Review, 1992, 82(4):942 ~ 963.

[77]Lihcnetbegr, F. and Van Pottelsbehgrede. *International R&D Spillovers: A reexamination.* NBER Working Paper, No. 5688.

[78]López-Bazo E, Vayá E, Artís M. *Regional Externalities and Growth: Evidence from European Region.* Journal of Regional Science, 2004, 44 (1): 43 ~ 73.

[79]Lucas, Robert. E. *On the Mechanics of Economic Development.* Journal of Monetary Economics, 1988, (22): 3 ~ 42.

[80] Lucas, Robert E. *Why Doesn't Captial Flow from Rich to Poor Countries*. American Economic Review, 1990, Paper and Proceedings 80: 92~96.

[81] Mankiw, G. N., Romer, D and Weil, D. N. *A Contribution to the Empirics of Economic Growth*. The Quarterly Journal of Economics, 1992, (107): 265~297.

[82] Meeusen, W. and Broeck, J. *Efficiency Estimation from Cobb-Douglas Production Functions with Composed Error*. International Economic Review, 1977, (18): 435~444.

[83] Miller, S. and Upadhyay, M. *The Effect of Openness, Trade Orientation and Human Capital on Total Factor Productivity*. Journal of Development economics, 2000, (63):399~423.

[84] Munnell, A. *Infrastructure Investment and Economic Growth*. Journal of Economic Perspectives, 1992, 6(4):189~198.

[85] Nelson, R. and Phelps, E. S. *Investment in Humans, Technological Diffusion, and Economic Growth*. American Economic Review, 1966, (56): 69~75.

[86] Nishimizu, M. and Page, J. M. *Total Factor Productivity Growth, Technological Progress and Technical Efficiency Change: Dimensions of Productivity Change inYugoslavia: 1965-78*. Economic Journal, 1982, (92):920~936.

[87] O'Neill, D. *Education and Income Growth: Implications for Cross-Country Inequality*. Journal of Political Economy, 1995, 103(6):1289~1301.

[88] Olejnick, A. *Using the Spatial Autoregressively Distributed Lag Model in Assessing the Regional Convergence of Per-capita Income in the EU25*. Papers in Regional Science, 2008, 87 (3): 371~385.

[89] Pedroni, P. *Critical Values for Cointegration Tests in Heterogenous Panels with Multiple Regressions*. Oxford Bulletin of Economics and Statistics, 1999, (17): 653~670.

[90] Pitt, M. and Lee, L. *The Measurement and Sources of Technical Inefficiency in Indonesian Weaving Industry*. Journal of Development Economics, 1981, (9):43~64.

[91] Pritchett, L. *Where has all the Education Gone*. World Bank Economic Review, 2001, (15):367~391.

[92] Psacharopoulous, G. *Unequal Access to Education and Income Distribution: An International Comparison*. De Economist, 1977, (125): 383~392.

[93] Ram, R. *Educational Expansion and Schooling Inequality: international*

evidence and some implications. The Review of Economics and Statistics, 1990, (72): 266～274.

[94] Raul R, Jordi S. and Manuel A. *Human Capital Spillovers and Regional Economic Growth inSpain.* NBER Working Paper, 2009.

[95] Rey, S and Janikas, M. *Regional Convergence, Inequality and Space.* Journal of Economic Geography. 2005, 5(2): 155～176.

[96] Romer, P. *Increasing Return and Long-run Growth.* Journal of Political Economy, 1986, (94): 1002～1037.

[97] Romer, P. *Human Capital and Growth: Theory and Evidence.* Carnegie-Rochester Conference Series on Public Policy, 1990, (32):251～286.

[98] Rosenthal, S and Strange, W. *The Attenuation of Human Capital Externalities.* Journal of Urban Economics 2008, 64 (2): 373～389.

[99] Schmidt, P. and Sickles, R. E. *Production Frontiers and Panel Data.* Journal of Business and Economic Statistics, 1984, (2):367～374.

[100] Sharif and Ramanthran. *Binomial Innovation Diffusion Models with Dynamic Potential Adopter Population.* Technological Forecasting and Social Change, 1981, (20): 63～87.

[101] Söderbom, M. and Teal, F. *Openness and Human Capital as sources of Productivity Growth: An Empirical Investigation.* Department for International Development of theUK Government, 2003.

[102] Solow, R. *Technical Change and the Aggregate Production Function.* Review of Economics and Statistics, 1957, (39):312～320.

[103] Thomas, V. , Yan Wang and Xibo Fan. *Measuring Education Inequality: Gini Coefficients of Education for 140 Countries, 1960～2000.* Journal of Education Planning and Administration, 2003, (17): 5～33.

[104] Valerien O. P, Raymond J. G. M. and Henri L. F. *Technological Leadership, Human Capital and Economic Growth: A Spatial Econometric Analysis for U. S. Counties.* Annales d'Économie et de Statistique, No. 87/88, Spatial Econometrics, Innovative Networks and Growth, 2007:103～124.

[105] Vandenbussche, J. , P. , Aghion and Meghir, C. *Growth, Distance to Frontier and Composition of Human Capital.* Journal of Economic Growth, 2006, (11): 97～127.

[106] Wang, Hung–Jen, P. Schmidt. *One–Step and Two–Step Estimation of the Effects of Exogenous Variables on Technical Efficiency Levels.* Journal of Productivity Analysis, 2002, (18): 129~144.

[107] Wang, Yan and Yudong, Yao. *Sources of China's Economic Growth 1952~1999: Incorporating Human Capital Accumulation.* China Economics Review, 2003, (14): 32~52.

[108] World Bank. *Chian 2020: Development Challenges in the New Century.* Washington D. C. : The World Bank, 1997.

[109] Yang, X and Borland, J. *A Microeconomic Mechanism for Economic Growth.* Journal of Political Economy, 1991, (99):460~482.

[110] Young, Alwyn. *Gold into Base Metals: Productivity Growth in the People's of China during the Reform Period.* Journal of Political Economy, 2003, 111 (6): 1226~1261.

[111] Young, Alwyn. *The Rozor's Edge: Distortions and Incremental Reform in the People's Republic of China.* Quarterly Journal of Economics, 2000, Vol. CXV, Issue 4: 1091~1135.

[112] 白重恩, 谢长泰, 钱颖一. 中国的资本投资回报率. 北京:中信出版社, 《比较》, 2007 年第 28 辑。

[113] 包群, 赖明勇, 阳小晓. 外商直接投资、吸收能力与经济增长. 上海:上海三联书店, 2006。

[114] 保罗·A·萨缪尔森, 威廉·D·诺德豪斯著, 高鸿业等译. 经济学. 北京:中国发展出版社, 1992。

[115] 蔡昉, 王德文. 外商直接投资与就业. 财经论丛, 2004(1):1~13。

[116] 陈浩, 刘葆金. 外商直接投资对我国人力资本发展的影响分析. 中国人口·资源与环境, 2007(2):127~130。

[117] 陈钊, 陆铭, 金煜. 中国人力资本和教育发展的区域差异:对于面板数据的估算. 世界经济, 2004(12):25~31。

[118] 成德宁. 城市化与经济发展——理论、模式与政策. 北京:科学出版社, 2005。

[119] 程开明. 城市化、技术创新与经济增长. 统计研究, 2009(5):40~46。

[120] 邓明, 钱争鸣. 我国省际知识存量、知识生产与知识的空间溢出. 数量经济技术经济研究, 2009(5):42~53。

[121]蒂莫西·J·科埃利等著,王忠玉译．效率与生产率分析引论(第二版,中译版)．北京:中国人民大学出版社,2008:300~301。

[122]樊纲,王小鲁．中国市场化指数——各地区市场化相对进程报告(2000)．北京:经济科学出版社,2001。

[123]菲利普·阿吉翁,彼得·霍伊特著,陶然等译．内生增长理论．北京:北京大学出版社,2004。

[124]封福育．名义利率与通货膨胀:对我国"费雪效应"的再检验．数量经济技术经济研究,2009(1):89~98。

[125]傅晓霞,吴利学．技术效率、资本深化与地区差异——基于随机前沿模型的中国地区收敛分析．经济研究,2006(10):52~61。

[126]傅晓霞,吴利学．随机生产前沿方法的发展及其在中国的应用．南开经济研究,2006(2):130~141。

[127]傅晓霞,吴利学．前沿分析方法在中国经济增长核算中的适用性．世界经济,2007(7):56~66。

[128]傅晓霞,吴利学．中国地区差异的动态演进及其决定机制:基于随机前沿模型和反事实收入分布方法的分析．世界经济,2009(5):41~55。

[129]龚六堂,谢丹阳．我国省份之间的要素流动和边际生产率的差异分析[J]．经济研究,2004(1):45~53

[130]郭庆旺,赵志耘,贾俊雪．中国省份经济的全要素生产率分析．世界经济,2005(5):46~53。

[131]郭英,陈飞翔．外商直接投资与发展中国家的人力资本发展．国际经贸探索,2005(4):77~90。

[132]郝睿．经济效率与地区平等:中国省际经济增长与差距的实证分析．世界经济文汇,2006(2):11~29。

[133]何元庆．对外开放与生产率增长:基于中国省际面板数据的经验研究．浙江大学博士论文,2006。

[134]何元庆．对外开放与全要素生产率(TFP)增长:基于中国省际面板数据的经验研究．经济学(季刊),2007 Vol.6, No.4:1127~1142。

[135]赫尔普斯著,王世华、吴筱译．经济增长的秘密．北京:中国人民大学出版社,2007:19~30。

[136]胡鞍钢,郑京海,高宇宁等．考虑环境因素的省级技术效率排名．经济学(季刊),Vol.7, No.3:933~960。

[137]胡瑞文．影响我国教育公平与质量提升的教育经费缺口分析．教育发展研究,2007(21):1~6。

[138]华萍．不同教育水平对全要素生产率增长的影响．经济学(季刊),2005 Vol. 5, No. 1:147~166。

[139]黄先海,石东楠．对外贸易对我国全要素生产率影响的测度与分析．世界经济研究,2005(1):22~26。

[140]黄勇峰,任若恩,刘晓生．中国制造业资本存量永续盘存法估计．经济学(季刊),2002,Vol. 1, No. 2: 377~396。

[141]克鲁格曼著,蔡荣译．发展、地理学和经济理论．北京:中国人民大学出版社,2000。

[142]赖明勇,许和连,包群．出口贸易与经济增长．上海:上海三联书店,2003。

[143]赖明勇,张新,彭水军,包群．经济增长的源泉:人力资本、研究开发与技术外溢．中国社会科学,2005(2):32~46。

[144]李建民．人力资本通论．上海三联书店,1999。

[145]李京文,钟学义．中国生产率分析前沿．北京:社会科学文献出版社,1998。

[146]李京文,钟学义．中国生产率分析前沿．北京:社会科学文献出版社,2007。

[147]李平．国际技术扩散对发展中国家技术进步的影响:机制、效果及对策分析．北京:三联书店,2007。

[148]李小平,卢现祥,朱钟棣．国际贸易、技术进步和中国工业行业的生产率增长．经济学(季刊),2008 Vol. 7, No. 2:549~564。

[149]李小平,朱钟棣．国际贸易、R&D溢出和生产率增长．经济研究,2006(2):31~43。

[150]李亚玲,汪戎．人力资本分布结构与区域经济差距．管理世界,2006(12):42~49。

[151]李治国,唐国兴．资本形成路径与资本存量调整模型．经济研究,2003(2):34~42。

[152]连玉君,程建．不同成长机会下资本结构与经营绩效之关系研究.当代经济科学,2006(2):97~103.

[153]林光平,龙志和,吴梅．中国地区经济 σ-收敛的空间计量实证分析．数

量经济技术经济研究,2006(4):14~21。

[154]林毅夫,蔡昉,李周.中国的奇迹:发展战略与经济改革.上海:上海三联书店,1999。

[155]林毅夫,刘培林.经济发展战略对劳均资本积累和技术进步的影响.中国社会科学,2003(4):18~32。

[156]刘凤良,高东明.人力资本、技术扩散与经济增长.北京:中国人民大学经济学院工作论文,2006。

[157]刘海英,赵英才,张纯洪.人力资本"均化"与中国经济增长质量关系研究.管理世界,2004(11):15~21。

[158]刘伟,李绍荣.所有制变化与经济增长和要素效率提升.经济研究,2001(1):3~9。

[159]刘智勇.人力资本、要素边际生产率与地区差异——基于全要素生产率视角的研究.湖南大学博士论文,2008。

[160]罗长远.FDI、国内资本与经济增长.世界经济文汇,2006(4):27~43。

[161]孟令杰,李静.中国全要素生产率的变动趋势.产业经济评论,2004(2):187~198。

[162]潘文卿.外商投资对中国工业部门的外溢效应:基于面板数据的分析.世界经济,2003(6):3~7。

[163]彭国华.我国地区全要素生产率与人力资本构成.中国工业经济,2007(2):52~59。

[164]沈坤荣,耿强.外国直接投资、地区差异与内生经济增长.中国社会科学,2001(5):82~93。

[165]沈坤荣.中国综合要素生产率的计量分析与评价.数量经济技术经济研究,1997(11):53~57。

[166]孙文杰,沈坤荣.技术引进与中国企业的自主创新.世界经济,2007(11):32~43。

[167]唐家龙.中国经济增长的源泉(1952~2007).南开大学博士论文,2009.

[168]唐纳德·A·R·乔治等著,马春文等译.经济增长研究综述.吉林:长春出版社,2009。

[169]涂正革,肖耿.中国的工业生产力.经济研究,2005(3):4~15。

[170]解垩.我国财政政策收敛的空间计量经济分析.社会科学战线,2008(7):63~69。

[171]王金营,黄乾. 中国各地区经济增长差异的制度变迁因素. 财经科学,2004(5):77~79。

[172]王金营. 人力资本与经济增长——理论与实证. 北京:中国财政经济出版社,2001。

[173]王丽,魏煜. 企业效率研究方法比较. 预测,1999(5):76~79。

[174]王小鲁. 中国经济增长的可持续性与制度变革. 经济研究,2000(7):3~15。

[175]王小鲁,樊刚. 我国工业增长的可持续性. 北京:经济科学出版社,2000。

[176]王志刚,龚六堂,陈玉宇. 地区间生产效率与全要素生产率增长率分解. 中国社会科学,2006(2):55~66。

[177]魏下海. 贸易开放、人力资本与中国全要素生产率——基于分位数回归方法的经验研究. 数量经济技术经济研究,2009(7):61~72。

[178]魏下海,李树培. 区域经济差异、生产率的分解及收敛分析. 财经问题研究,2009(5):32~39。

[179]魏下海,李树培. 人力资本、人力资本结构与区域经济增长. 财贸研究,2009(5):15~24。

[180]吴延瑞. 生产率对中国经济的贡献. 经济学(季刊),2008,Vol. 7,No. 3:827~842。

[181]吴玉鸣,李建霞. 中国区域工业全要素生产率的空间计量经济分析. 地理科学,2006(4):386~391。

[182]徐磊,黄凌云. FDI技术溢出及其区域创新能力门槛效应研究. 科研管理,2009(2):16~25。

[183]许和连,亓朋,祝树金. 贸易开放度、人力资本与全要素生产率:基于中国省际面板数据的经验分析. 世界经济,2006(12):3~10。

[184]颜鹏飞,王兵. 技术效率、技术进步与生产率增长:基于DEA的实证分析. 经济研究,2004(12):55~65。

[185]杨俊,胡玮,张宗益. 国内外R&D溢出与技术创新:对人力资本门槛的检验. 中国软科学,2009.3:31~41。

[186]杨俊,黄潇,李晓羽. 教育不平等与收入分配差距:中国的实证分析. 管理世界,2008(1):38~47。

[187]杨俊,李雪松. 教育不平等、人力资本积累与经济增长:基于中国的实证研究. 数量经济技术经济研究,2007(2):37~45。

[188]姚树洁,冯根福,韦开蕾.外商直接投资和经济增长的关系研究.经济研究,2006(12):35~46。

[189]姚先国,张海峰.教育、人力资本与地区经济差异.经济研究,2008(5):47~57。

[190]余官胜.贸易开放和人力资本形成的非线性关系.财经科学,2009(9):110~116。

[191]约翰·伊特韦尔,默里·米尔盖特,彼得·纽曼.新帕尔格雷夫经济学大辞典.北京:经济科学出版社,1996:1079。

[192]岳书敬,刘朝明.人力资本与区域全要素生产率分析.经济研究,2006(4):90~96。

[193]张海洋,刘海云.外资溢出效应与竞争效应对中国工业部门的影响.国际贸易问题,2004(3):76~81。

[194]张焕明.我国经济增长的地区性趋同理论及实证分析.安徽:合肥工业大学出版社,2007。

[195]张军,施少华.中国经济全要素生产率变动:1952~1998.世界经济文汇,2003(2):17~24。

[196]张军,吴桂英,张吉鹏.中国省际物质资本存量估算:1952~2000.经济研究,2004(10):35~44。

[197]张宇.FDI技术外溢的地区差异与吸收能力的门限特征.数量经济技术经济研究,2008(1):28~39。

[198]赵红军.交易效率、城市化与经济增长.上海:上海人民出版社,2005。

[199]赵伟,汪全立.人力资本与技术溢出:基于进口传导机制的实证研究.中国软科学,2006(4):66~74。

[200]郑京海,胡鞍钢,Arne Bigsten.中国的经济增长能否持续———一个生产率视角.经济学(季刊),2008,Vol.7,No.3:778~808。

[201]郑京海,胡鞍钢.中国改革时期省际生产率增长变化的实证分析(1979~2001年.经济学(季刊),2005 Vol.4,No.2:263~296。

[202]周晓艳,韩朝华.中国各地区生产效率与全要素生产率增长率分解(1990~2006).南开经济研究,2009(5):26~48。

[203]朱勇.新增长理论.北京:商务印书馆,1999.

后 记

本书稿是在博士论文基础上形成的。回首过往,感念良多。在此,谨向所有关心和帮助过我的老师、同学和家人致以最深切的谢意。

首先感谢我的导师李建民教授。遇见李老师并成为他的学生是我生命中的大幸,李老师"天道酬勤"的教诲,严谨认真的治学作风以及潇洒淡定的人生态度让我在纷繁芜杂的万事万物中看到简单生活的睿智和气度。南开求学三年,李老师不仅引导我步入人力资本研究的殿堂,更是授予我治学和为人的人生哲理。师恩厚重,谨记在心,践行于外,以求不辜负恩师的殷切期望。

感谢南开大学人口与发展研究所为我提供了一个积极健康的学习环境,感谢原新教授、朱镜德教授、陈卫民教授、黄乾教授、沈士仓副教授、姚从容副教授对我的指导和帮助,感谢宋厚淳老师的辛勤劳动。

感谢师兄王金营教授、赵细康研究员、刘毅研究员、刘汉辉博士、张士斌博士、谢周亮博士、唐家龙博士,感谢师姐罗丽艳教授、张学英教授、邹国防博士、娄世艳博士,感谢周兴、胡耀岭、王芳、周垚、朱翠华、田青、朱礼华等博士,感谢大家彼此生活在一个幸福的大家庭中。

感谢华南师范大学李永杰教授、林勇教授、吴超林教授、彭璧玉教授、张建武教授、谌新民教授、董志强教授、朱琪教授、罗燕副教授、潘文庆书记等领导及同事的关心,感谢你们对青年教师开展学术工作的帮助与支持。本书出版得到华南师范大学"211 工程"经济学重点学科经费资助,在此表示谢意。

特别感谢人民出版社的邵永忠编辑为本书校对、出版付出了大量宝贵时间和辛勤劳动。

感谢我亲爱的父亲母亲,我生命中的每一次点滴进步都凝聚着你们的含辛茹苦。感谢我的姐姐哥哥,感谢你们从小到大对我的关心和爱护。感谢我的妻子余玲铮女士,你的陪伴为我的生活平添了许多乐趣。

本书稿能够顺利出版得益于国内外富有价值的前期研究成果。但因本人才疏学浅,难免有理解偏漏,恳请诸位学仁读者见谅,亦表示诚挚的谢意。

魏下海

2012 年 5 月